LIVING SPANISH

D1136317

LIVING SPANISH

R. P. LITTLEWOOD, B.A., F.I.L., F.I.A.L.

HODDER AND STOUGHTON
LONDON SYDNEY AUCKLAND TORONTO

Tape recordings of *Living Spanish* are available from the Tutor-Tape Company Ltd, 2 Replingham Road, London SW18. They can be inspected at their Central London Demonstration Room, 102 Great Russell Street, London WC1.

British Library Cataloguing in Publication Data
Littlewood, Robert Percy
    Living Spanish.—2nd ed.
    1. Spanish language—Grammar—1950—
    I. Title
    468'.2'421   PC4112

    ISBN 0–340–23669–8

First published 1949
Second edition 1979
Fourth impression 1984
Copyright 1979 R. P. Littlewood

Printed in Great Britain for
Hodder and Stoughton Educational,
a division of Hodder and Stoughton Ltd,
Mill Road, Dunton Green, Sevenoaks, Kent,
by Hazell Watson & Viney Limited,
Member of the BPCC Group,
Aylesbury, Bucks

PREFACE

This book is intended for students in schools, colleges and polytechnics and also for private students preparing for the G.C.E. and the preliminary examinations of the Institute of Linguists, the Royal Society of Arts, etc. The book can hardly be said to be commercial in character, nor is such intended. It has been my experience that students enrolling for language courses usually fall into two broad categories: those who wish to learn 'commercial Spanish' for business reasons and who state that they are not otherwise interested in the language, and those who desire to learn the language for cultural reasons or for purposes of travel. The latter either give no opinion at all or state categorically that they desire to avoid 'school Spanish' at all costs. What is meant by 'commercial Spanish' is usually not at all clear, but it will be agreed that it is essential from the outset to stress the point that a language is something living, with a wide background, and not merely a mechanical means of communicating thought. Once a student becomes interested in the language for its own sake, the rest follows naturally, and he will be able to fit his own specialised requirements into the general scheme later on. As for 'school Spanish', there is much to support the student's insistence upon a more intensive course than is usually possible with younger people, for, after all, the average student will be in a position to devote at the most only two hours per week to actual class work, and, unless progress is both rapid and tolerably interesting, his enthusiasm will tend to wane.

The present book is based largely on material that has been used in evening classes over a course of years, and a definite attempt has been made to provide a fairly broad background to the language and a solid foundation on which to build further studies. The average student should have no difficulty in assimilating the material over the period of a year's evening classes. The chapters cover a wide range of topics, which, it is hoped, will prove of interest to the student.

Each chapter is divided into four sections: the reading piece, notes, grammar, and exercises.

The reading pieces are based for the most part on personal impressions and experiences, but in two cases the text was suggested by Spanish writers. For instance, the chapter entitled 'Las Moscas' is a version of the anecdote to be found in Julio Camba's *Londres*, and the chapter entitled 'Viaje en Tercera Clase' contains the story as suggested by Jacinto Benavente's play *No Fumadores*. The vocabulary of these pieces is fairly wide and varied and, whilst there is intended repetition, it is hoped that this is not too obvious. All the pieces have been tried out in actual class teaching.

The purpose of the notes is fourfold: to afford explanations of difficult or linguistically interesting words and expressions, to expand existing vocabulary, to supplement certain grammatical points, and finally to provide material for discussions in either Spanish or English. It is, in fact, an excellent plan to devote perhaps a quarter of an hour to such discussions or lecturettes, even at the very early stages of learning the language.

The grammar is intended to cover the more elementary points and is introduced, as far as possible, in correlation with the reading pieces. The arrangement is, of necessity, sometimes rather scattered, but it is hoped that the table of contents will prove helpful in enabling students to locate any section for the purpose of reference. Again there is repetition which is intentional.

No list of words is given after the reading pieces, since it is intended that the teacher should deal orally with the subject before any attempt is made to read or translate.

The pieces are designed to this end and generally each piece bears some relation, either from the point of view of subject or vocabulary, to the preceding text. In all cases it should be possible to 'get across' the general meaning at any rate by action, gesture, and simple explanation. The private student should endeavour to puzzle out the meaning of words before having recourse to the vocabulary at the end of the book.

Most of the exercises are based on the direct method, but material is provided for translation from English into Spanish, based on the reading pieces. Certain exercises are, by their construction, designed to lead up to the writing of free composition, which, of course, should evolve gradually from the outset.

After each fifth chapter are added recapitulation exercises.

Finally, vocabularies are appended at the end of the book. The Spanish–English vocabulary is comprehensive and illustrated by numerous examples. The meanings given are usually those occurring in the texts.

There are no separate lists of irregular verbs, radical changing verbs, etc., since it has been thought more convenient to include them in the Spanish–English vocabulary in alphabetical order. Thus, in the case of the verb *poner*, for example, the student will find the irregular forms, the idiomatic uses, etc., all under the one heading.

The introduction contains notes and exercises on pronunciation, etc., but it will be realised that to acquire a correct pronunciation it is essential to have access to a fluent Spanish speaker. Alternatively, several tape recordings and gramophone records of spoken Spanish are now available. Particularly useful for beginners are those dealing with the sounds of Spanish.

CONTENTS

CONTENTS

Notes to vocabulary.

Grammar: Preterite tense—radical changing verbs, *dormir, sentir, pedir*. The present participle affected by the same root changes. Irregular present participles—*diciendo, viniendo, pudiendo*. The past anterior tense—formation, uses. Irregular verbs of the preterite tense—*ver, ir, querer, haber, decir, dar*. Further expressions relating to time—*ayer, mañana*, etc. The 'former' and the 'latter'—*aquél, éste*.

Exercises.

Notes to vocabulary.

Grammar: The superlative of adjectives. Juxtaposition of adverbs. The regular comparison of adverbs. Irregular verbs of the preterite tense—*poner, andar, conducir, traer*. The pluperfect tense. Further irregular past participles—*hecho, puesto, vuelto, muerto*.

Exercises.

Notes to vocabulary.

Grammar: The irregular comparison of adjectives —*menor, mayor, mejor, peor*, etc. The irregular comparison of adverbs. The comparison of equality—*tanto . . . como . . .* The passive voice—formation, uses, agent *por* or *de*, replaced by reflexive verb. Idiomatic use of the infinitive with *por*.

Exercises.

Notes to vocabulary.

Grammar: Changes of spelling affecting the preterite tense—*pagar, empezar, buscar, caer, zambullir, teñir*. Similar changes affecting the present participle. Irregular verbs of the preterite—*venir*,

INTRODUCTION

THE SPANISH ALPHABET

The Spanish alphabet has 29 letters. Of these, 25 are common to English and Spanish. *W* does not exist in Spanish. In addition, Spanish counts as separate letters:

ch	China	ñ	niño
ll	calle	rr	perro

The letter *k*, however, is little used, and occurs only in a few words of foreign origin:

kilómetro

PRONUNCIATION

Vowels

In Spanish the pronunciation of the vowels is constant. Wherever Spanish is spoken, the vowels have the same value. Compared with English, the pronunciation of the Spanish vowel is much more tense. English vowels are generally 'diphthongised' and very often vary in value according to position. For instance:

a cantata—where each *a* has a different sound.

Remember that Spanish vowels have always the same value, but vary occasionally in length and are pronounced more or less open, according as to whether they occur in open or closed syllables. For example:

In an open syllable (i.e. not closed by a consonant)

me-sa   co-mo

the vowels are more closed in pronunciation than in the case of a closed syllable (i.e. a syllable closed by a consonant):

el   ver-de

Thus, in the pronunciation of **postre**, the *o* is more open than in the case of **poco**.

A. The Spanish *a* is not like the English *a*, either as in *father* or as in *sat*, but rather resembles the French *chat*. The Spanish *a* is pronounced with the tongue flat and the mouth fairly open.

casa   **criar**

Note that in such a word as **patata**, each *a* has precisely the same value: **pa-ta-ta**.

In front of a vowel or consonant which is pronounced at the back of the mouth, and in front of *l*, the vowel *a* is pronounced correspondingly farther back.

causa   **paja**   **canal**

Exercise

Read the following:

casa   mata   patata   pan   la   al   paja   pausa   sal

E. The pronunciation of the Spanish *e* in an open syllable almost corresponds to the French *é*, as in *café*, and in a closed syllable to the more open sound, as in *mais*.

Beware of pronouncing the closed sound as in the English *pay*, where the vowel is 'diphthongised'. It is good practice to prolong the closed sound of *é*, making quite sure that there is no tendency to pronounce a diphthong instead of the pure vowel.

In open syllables and in syllables closed by -*s* or -*n*, the Spanish *e* is closed:

me-sa   **es-to**   **sen-ta-da**

In closed syllables the Spanish *e* is more open:

sa-ber   **el**   **ver-de**

Before the consonant *rr* the *e* is very open:

pe-rro

Exercise

Read the following:

este   pelo   enero   ser   saben   le   entrar   madre

I (also *y* at the end of a word). The Spanish *i* is not pronounced as the English *fit*, but rather resembles the French as in *fille*. It is similar to the English *me*, but is more closed, more tense, and never 'diphthongised'.

ri-ca   mil   pi-la   rey

Exercise

Read the following:

gritar   escribir   ley   casita   si   sin

O. In the pronunciation of the Spanish *o*, the lips are more rounded than in the case of the English.

In an open syllable the Spanish *o* resembles the French as in *beau*.

co-mo   la-go   can-to   lo

In closed syllables the Spanish *o* is more like the French as in *chose*.

en-can-ta-dor   mon-te   son-ri-sa

Exercise

Read the following:

comestible   contar   cola   cacao   los   cosecha   col

U. The sound resembles the English *pool*, but the lips are more rounded and pushed farther forward than in the case of the English. Compare the French *poule*. The Spanish *u* is generally closed and is never loosely pronounced as in English.

cum-bre   cu-na   cu-ca-ra-cha

Exercise

Read the following:

culebra   legumbre   mudar   museo   música   suma

Diphthongs

When strong vowels (i.e. *a, e, o*) come together, they retain their individual values and are pronounced separately.

ca-o-ba   co-rre-o   co-rre-a

When a strong vowel is followed by a weak vowel (*i, u*), the strong vowel takes the main stress and the weak vowel loses some of its value.

AI	baile	EI	rey	OI	soy
AU	causa	EU	Europa		

When a weak vowel precedes a strong vowel and follows a consonant, the strong vowel again takes the stress, and the weak vowel becomes itself semi-consonantal.

IA, UA	hacia	cuando
IE, UE	bien	cuento
IO, UO	patio	antiguo

When two weak vowels come together, the second takes the main stress and the first becomes semi-consonantal.

IU   ciudad   UI   cuidado

Triphthongs

When three vowels (two weak and one strong) come together, the strong vowel again takes the stress.

UEI(Y)	buey	IAI	estudiáis	IEI	estudiéis
		UAI(Y)	Uruguay		

Exercise

Read the following:

soy ley cambia Paraguay cielo cual cuenta

Consonants

B, V. In the spoken language no distinction is made between these two letters. There are two pronunciations, according to position:

(*a*) Pronounced as the English *b* at the beginning of a breath group, and after *n* or *m*.

Buenos Aires   también   vamos al teatro

un buen plato   buen vino

(*b*) The other sound is neither the English *b* nor the English *v*. The Spanish sound is produced if one tries to pronounce the English *b*, but with the lips slightly open, so that the air passes through a narrow slit. This pronunciation occurs whenever the Spanish *b* or *v* are in positions other than those mentioned in (*a*):

saber   lavar   estaba   una copa de vino   esta ventana

The English *v* does not exist at all in Spanish. The uneducated Spaniard has, in fact, great difficulty in distinguishing the written letters, and it is no uncommon thing to see painted on the walls of country inns:

Aquí se bende bino (for Aquí se vende vino—wine sold here).

C. This letter has two pronunciations in Spanish:

(*a*) Pronounced as *k* when followed by *a*, *o*, or *u*, or by a consonant:

calor   costar   cumbre   clase

(b) Pronounced as the English *th* (as in *think*), when followed by *i* or *e*:

cielo   celoso   céntimo   preciso

K. The same sound as the *c* followed by *a*, *o*, *u*. Is found only in one or two words of foreign origin.

kilómetro   kilogramo

Q. The letter *q* is always found in conjunction with *u*. *qu* is always followed either by *i* or *e*. The hard *c*, *k*, and *qu* have precisely the same sound.

quitar   que   quinta   querer

Z. *z* has the same sound as *c* followed by *i* or *e*, i.e. the sound of *th* as in the English *think*.

zapato   zorro   zumo

Occasionally *z* is followed by *i* or *e*.

zeta (the name of the letter *z*)   **zinc**

CH. This letter has the same sound as the English *ch* in *chip*. It never has the sound of the French *ch*.

muchacho   mucho

D. This letter has three distinct pronunciations, according to position.

(a) At the beginning of the breath group or after *l* and *n* the Spanish *d* is similar to the English.

duro   un día   el día   Don Alberto iba a la iglesia

(b) In the middle of a word or breath group the Spanish *d* is very much softer and resembles the English *th* as in *though*.

cuidar   **padre**   **nada**   **le he dado el libro**

(*c*) At the end of a word or in the termination -*ado* the Spanish *d* has even a softer pronunciation, and in popular speech tends to disappear altogether.

usted   **ciudad**   **hemos terminado**

F. This letter has the same value as the English.

flor   **filósofo**

Notice that the English *ph* is always replaced by *f* in Spanish.

phonetic—fonético   **telephone—teléfono**

G. This letter has three distinct pronunciations according to position.

(*a*) At the beginning of a breath group, before *a, o, u,* and after *n* the *g* has the same sound as the English in *gorse.*

gastar   **golondrina**   **gustar**   **tengo**

(*b*) Within a word or breath group the *g* is pronounced much more softly than the English.

esto me gusta   **una golondrina**   **agua**   **cargar**

(*c*) Before *i, e,* the Spanish *g* has a harsh, guttural sound, similar to the *ch* of the Scottish *loch.* It is very much stronger than the English aspirate *h.*

gesto   **ágil**   **gente**   **gitano**

J. The Spanish *j* has the same sound as the *g* when followed by *i* or *e.*

jamón   **jurar**   **joya**

The *j* is also found followed by *i* or *e*, and has the same sound.

jinete   **extranjero**

H. This letter is not sounded in Spanish.

hielo   **hermano**   **hierba**

L. The *l* has almost the same sound as the English, but the tongue is farther forward in the Spanish.

limpio   **cielo**

LL. Considered as a separate letter in Spanish. The sound is that of *l* followed by a 'yod'. It resembles the English *li* as in *million*, but is actually between the English and French pronunciations of the word.

pitillo   **llamar**   **calle**

M. The same sound as the English.

mano   **suma**

N. The *n* is pronounced in several ways according to position.

(*a*) As in English.

noche   **poner**   **son**

(*b*) Before *g*, *j*, or hard *c* (*qu*) the sound is pronounced farther back and resembles the English *n* as in *sink*.

un gato   **un jamón**   **conque**

(*c*) Before *f* the *n* has the sound of a nasalised *m*, i.e. the *n* is attracted by the *f* and the tongue no longer touches the ridge behind the teeth, as in the normal pronunciation.

don Fernando **enfermo**

(d) Before *p*, *b*, *v*, the *n* is pronounced as *m*, again by attraction.

enviar **un vaso** **un pico** **un billete**

(e) *nm* is pronounced as *mm*.

inmenso

Ñ. This is considered as a separate letter in Spanish. Pronounced almost like the *ni* in the English *onion*, but with more of the 'yod' sound.

niño **caña** **España**

P. Pronounced as in English.

papá **pasta** **soplar**

R. The Spanish *r* is always trilled and is *always* pronounced. According to its position it is more or less trilled.

(a) The weakest *r* is that which is at the end of a word.

cantar **encantador**

(b) *r* in the middle of the word is slightly more trilled.

enero **Carlos**

(c) At the beginning of the word or after *n*, *l*, and *s*, the *r* is pronounced with several vibrations of the tongue.

río **honra** **alrededor**

Note that after *s*, the *r* is pronounced almost as the double letter (*rr*), and that in rapid speech the *s* is elided.

los reyes católicos

Note also that the 'French' (uvular) *r* does not exist in Spanish.

RR. The double letter is very trilled, with four vibrations of the tongue.

ferrocarril

It is very important to distinguish the single and double letters, especially in such cases as:

pero (but)	**perro** (dog)
para (in order to)	**parra** (vine)

S. This letter has two pronunciations according to position.

(*a*) As a sibilant (i.e. as the English *s* in *house*) when final, initial, intervocalic or before unvoiced consonants.

canciones   saco   casa   Castilla

(*b*) As the sound of the English *z* (for instance: *ease*, *cheese*) when followed by a *voiced* consonant such as *m, g, d, n, v, b.*

**mismo   desde   los gatos   las niñas   los baños
los vinos**

We have remarked already how the *s* disappears in rapid speech before the *r*.

los ríos   muchas ratas

T. Pronounced as in English, but with the tongue against the teeth.

trenes   patata

X. Before a vowel, pronounced as *eks* or *eggs*, and in rapid speech before a consonant as *s*.

Before a vowel: éxito'

Before a consonant: **extraordinario**
                     excepto
                     extranjero

Y. As in English.

              yo   **ya**   **yacer**

Remember, however, that *y* is also a semi-vowel when preceded by a vowel.

              rey   **ley**   **soy**

W. Although, strictly speaking, *w* is not a letter of the Spanish alphabet, remember that the *sound* is produced when *u* precedes a vowel.

              hueso   **agua**

ACCENTUATION

If a Spanish word ends in a vowel or in the consonants *n* or *s*, the stress falls naturally on the last syllable but one.

canta'mos   can'to   muchachi'to   tie'nen   sombre'ro
                          ca'sas

If a word ends in any consonant other than *n* or *s*, the stress falls naturally on the last syllable.

       corra'l   canta'r   acto'r   relo'j   ciuda'd

The *written accent* is used to indicate exceptions to the above rules.

              canción   **jícara**

Similarly, the written accent is used to stress a weak vowel which otherwise could not bear the accent.

país   río   hacía   me mareé

To distinguish words that have two meanings.

si (if)	**sí** (yes)
el (the)	**él** (he)
de (of)	**dé** (give)
cuando (when)	**¿cuándo?** when? (interrogative)

THE DIÆRESIS

We have noticed already that when *g* is followed by *i* or *e*, it has the harsh, guttural sound of *j*.

If, however, we wish to harden the *g* before either of these two vowels, *u* must be inserted.

Guerra (the g is hard as in *gone*. The *u* is *not* sounded).

Of course if the *g* is followed by *a*, *o*, or *u*, the sound is naturally hard (**gato, gusto, golpe**), and if *u* is inserted, the *u* assumes semi-consonantal value.

guapo (pronounced as *w*)

Sometimes it is necessary to preserve this sound of *w* even when the *g* is followed by *i* or *e*, and it is then that the diæresis is used.

averiguar (to ascertain)

but **averigüé** (I ascertained)

and similarly **pingüino** (penguin)

antigüedad (antiquity)

'SINALEFA'

When, within a breath group, a word ending in a vowel is followed by a word beginning with a vowel, both vowels are linked together in pronunciation, although both retain their full vocalic value. In other words, there can be no pause in Spanish.

For instance, in the following sentence:

El campesino‿andaluz/iba‿a la‿aldea

It is most essential to learn to pronounce in the correct manner in order to be able to follow the flow of Spanish as spoken by a native. It is very important to form this habit from the very beginning, since otherwise it will be difficult to acquire the necessary fluency later on.

Exercises

Read the following:

1. un vaso	buenas tardes	el cabo	sabio	costar	ciento
chino	todo el mundo	doy	padre	fenicio	gorra
algo	agua	gemelo	jícara	girar	alegre
hilar	jota	viaje	caja	hallar	llover
música	alma	nombre	nueve	un casco	infancia
un poco	un billete	inmoral	peña	señal	pastor
que	cuando	quien	queso	rata	enero
enredo	sin razón	perro	pero	criar	el río
mismo	los dedos	sal	piso	ante	tapar
tres	los ríos	extraño	exaltar	excusa	yate
yo	soy	zapato	alzar	cuenta	puente

2. No tengo nada que decirle.

Mañana va a salir para Madrid.

Los numerosos arroyuelos que lo cruzan en todas direcciones.

La fama de aquel hecho llenó al instante toda Andalucía.

Cataluña es la región más oriental de España.

Buenos Aires es una ciudad muy agradable.

Zaragoza está a orillas del río Ebro.

General gusto causó el cuento del cabrero.

El abuelo murió a la edad de ochenta años.

Es un territorio montañés y risueño, bien poblado y cultivado.

PUNCTUATION

Usage is the same in Spanish and English, but notice that inverted question and exclamation marks are placed at the beginning of the sentence.

¿A qué hora llegó Vd.?	What time did you arrive?
¡Qué niño tan estúpido!	What a stupid child!

Notice that at the beginning of a letter a colon is used in Spanish where a comma is preferred in English.

Dear John,

I have just received ...

Querido Juan:

Acabo de recibir ...

CAPITAL LETTERS

Capital letters are used in Spanish at the beginning of a sentence or line of poetry and with proper names.

Notice the difference between the English and Spanish:

Carlos y yo.	Charles and I.
Habla inglés.	He speaks English.
El mes de mayo.	The month of May.
Vendrá el sábado que viene.	He will come next Saturday.

DIFFERENCES IN PRONUNCIATION

We have already stated that Spanish vowels are pronounced the same wherever Spanish is spoken. It is not so, however, with the consonants. In Latin America little distinction is made between *s*, *c*, and *z* (all being pronounced very often as the sibilant *s*), and the *ll* often becomes a yod sound or *j* (like the French *j* in *Jean*). Similarly, the Spanish of Castile (el castellano) often differs from the Spanish of Andalusia or Galicia. Again, each region and each country uses words which have only local value. Of course the same may be said of English as spoken in the various parts of Great Britain and Ireland and throughout the world. In other words, it is no more necessary to learn a special brand of Spanish in order to go to Mexico or Chile than it is to learn North American English in order to go to the United States or Canada.

CHAPTER I

EL CAMPESINO

Un campesino va por el camino. ¿Quién es el campesino? El nombre del campesino es Ramón. Ramón trabaja mucho en el campo. Vuelve a la aldea, donde vive con la familia. Un buey va al lado del hombre.

Conchita es la mujer de Ramón. Cuando Ramón entra en la casa, Conchita prepara la comida. ¿Qué come Ramón? Come pan y un plato de sopa. ¿Qué bebe? Bebe un vaso de vino.

Ramón tiene un hijo y una hija. El nombre del hijo es Manuel y el nombre de la hija es Manolita. Manuel es el hermano y Manolita es la hermana. Ramón es el padre y Conchita es la madre.

El campesino tiene también un burro. No tiene vaca, pero tiene una cabra.

NOTES

El campo

This word has two meanings: (1) *country* as opposed to town. (2) *field*.

El campesino vive en el campo. The peasant lives in the country.

Ramón trabaja en el campo. Ramón is working in the field.

El buey

In rural parts of Spain the bullock is still used for ploughing and drawing carts.

Trabaja

The Spanish *j* (jota) often corresponds to the French 'yod'. Thus:

trabaja	travaille (he works)
el ojo	œil (eye)
la abeja	abeille (bee)
el ajo	ail (garlic)
la paja	paille (straw)

La mujer

The word means either 'woman' or 'wife'. A more polite word for 'wife' is, however, **la señora** or **la esposa** (spouse). **Señora** also corresponds to the English 'Mrs'.

La señora Rodríguez

Similarly:

El señor Rodríguez   (Mr)
La señorita Álvarez   (Miss)
Los señores de Pérez (Mr and Mrs P)

Señorito (Master) is often used by servants when addressing the master of the house.

Notice the use of the definite article in the above cases. If, however, a person is addressed directly and not merely referred to, the article is omitted:

Buenos días, señor Álvarez.
Good morning, Mr Alvarez.

El hijo

You will have noticed that the feminine form of this word is obtained by changing the *-o* into *-a*. **El hijo**—the son. **La hija**—the daughter.

This applies in many other cases:

el hermano	la hermana	brother; sister
el primo	la prima	cousin; girl cousin
el abuelo	la abuela	grandfather; grandmother
el tío	la tía	uncle; aunt
el nieto	la nieta	grandson; grand-daughter

La vaca

Many peasants in Spain are too poor to possess cows and the country is often too barren and mountainous to supply adequate fodder. On the other hand, goats thrive and cost little to support. In country towns the animals are often led through the streets and milked on the spot. Use is also made of sheep's milk, from which cheese is made.

GRAMMAR

Definite and Indefinite Articles

Nouns in Spanish are either masculine or feminine.

The definite article EL is used before masculine nouns and the definite article LA before feminine nouns.

   el hijo the son   la hija the daughter

The indefinite article UN is used before masculine nouns and the indefinite article UNA before feminine nouns.

  un burro a donkey   una aldea a village

Gender of Nouns

Most nouns in Spanish end in *-o* or *-a*. With very few exceptions nouns ending in *-o* are masculine and those ending in *-a* are feminine.

el camino	the road	la comida	the meal
el vaso	the glass	la casa	the house

Other nouns end in -e and are mostly masculine. There are, however, important exceptions to this rule, which will be pointed out as they occur.

el hombre   the man   el nombre   the name

Nouns which end in other letters are of varying genders, and it is advisable to learn all such nouns *together with the article*.

el buey   the ox, bullock   la mujer   the woman

In some cases it is not difficult to remember the correct genders. It is obvious that **buey** is masculine by meaning, and **mujer** feminine for the same reason.

Contraction of Article

When the masculine singular form of the definite article is preceded by the prepositions A (to, at) or DE (of), the following contractions take place:

A plus EL becomes AL	Al lado del campesino.
	At the side of the peasant.
DE plus EL becomes DEL	El nombre del hijo.
	The name of the son.

Possession

Such a form as the English 'the son's name' is not possible in Spanish. This must be expressed as:

el nombre del hijo   the name of the son

Verbs

The third person singular of the present indicative of practically all verbs in Spanish ends in either -a or -e.

El campesino trabaja.	The peasant works (or is working).
La mujer come pan.	The woman eats (or is eating) bread.

An exception is ES—is:

El nombre del hijo es Manuel.   The son's name is Manuel.

In order to look up a verb in a dictionary, however, it is necessary to know the infinitive. There are three types of infinitive in Spanish, ending respectively in -ar, -er, and -ir. Thus the following verbs:

trabaja, entra, prepara

belong to the first conjugation or -ar type, the infinitives being:

trabajar (to work), entrar (to enter), preparar (to prepare).

Verbs of which the third person singular ends in -e may belong to either of the remaining conjugations. Thus:

vuelve, come, bebe, tiene

belong to the second conjugation or -er type, the infinitives being:

volver (to return), comer (to eat), beber (to drink), tener (to have).

One verb is of the third conjugation or -ir type:

vive

the infinitive being: vivir (to live).

The two forms **es** and **va** are irregular.

es comes from the verb **ser** (to be)
and **va** comes from the verb **ir** (to go, walk).

Omission of Personal Pronouns

You will have noticed that it is not always necessary in Spanish to express the subject pronouns. If it is clear what the subject is, the pronoun may be left out, unless special emphasis is required.

Ramón es el nombre del campesino. Vive en el campo. Tiene una cabra.

Ramón is the name of the peasant. He lives in the country. He has a goat.

Questions

The simplest way to make an affirmative sentence interrogative is to invert the order of subject and verb.

El campesino tiene una casa.	The peasant has a house.
¿Tiene el campesino una casa?	Has the peasant a house?

And where the subject is understood but not expressed:

Tiene una cabra.	He has a goat.
¿Tiene una cabra?	Has he a goat?

In the written question the interrogation marks are the only indication in such a case that the interrogative is intended. In the spoken question this would, of course, be indicated by the interrogative pitch of the voice. You will now understand why the inverted question marks are written at the beginning of a question in Spanish.

As in English a question may also begin with an interrogative word.

¿Quién es Ramón?	Who is Ramón?
¿Dónde vive?	Where does he live?

Notice that all such interrogative words bear the written accent.

Be careful to note that such forms as 'does he eat?' are peculiar to English.

Does Ramón eat?	¿Come Ramón?

Negation

This is expressed by placing NO immediately in front of the verb.

El campesino trabaja.	The peasant is working.
El campesino no trabaja.	The peasant isn't working.
¿Come Conchita?	Is Conchita eating?
¿No come Conchita?	Isn't Conchita eating?
Ramón tiene una cabra.	Ramón has a goat.
Ramón no tiene cabra.	Ramón hasn't a goat.

Notice that the *indefinite* article is usually omitted after the negative.

Similarly, when the noun is used in a partitive sense, the article is omitted.

Ramón come pan.	Ramón is eating (some) bread.

EXERCISES

(1) Answer the following questions in Spanish:

1. ¿Quién va por el camino? 2. ¿Qué es Ramón? 3. ¿Dónde trabaja Ramón? 4. ¿Trabaja Ramón mucho? 5. ¿Qué va al lado del hombre? 6. ¿Qué prepara Conchita? 7. ¿Qué come Ramón? 8. ¿Qué bebe? 9. ¿Quién es Manuel? 10. ¿Qué nombre tiene la hija? 11. ¿Tiene Ramón una vaca? 12. ¿Qué es un campesino? 13. ¿Dónde vive la familia? 14. ¿Quién es la madre? 15. ¿Quién tiene una cabra?

(2) Insert appropriate words in the blank spaces.
(Example: La cabra es un ——. La cabra es un animal.)

1. El hombre va por el ——. 2. El burro es un ——. 3. Manuel es el ——. 4. El nombre de la mujer es ——. 5. Ramón —— en el campo. 6. Ramón vive en la ——. 7. Conchita prepara la ——. 8. El campesino vuelve a la ——. 9. Ramón bebe —— y come ——. 10. Manolita es el —— de la hija.

(3) Write the appropriate definite and indefinite articles.
(Example: camino. el camino, un camino.)

buey   sopa   hombre   mujer   burro   plato   vaca
         hijo   campesino   cabra

(4) Re-write the following sentences, making the contraction of preposition and article where necessary.
(Example: El nombre de (el hijo). El nombre del hijo.)

1. La casa de (el hombre). 2. La cabra de (la mujer). 3. El buey va a (el lado) de (el hombre). 4. El campesino vuelve a (la aldea). 5. El nombre de (la hija) es Manolita. 6. El nombre de (el campesino) es Ramón. 7. La casa de (un campesino). 8. El pan de (el hermano). 9. El hijo de (el padre). 10. La casa de (la familia).

(5) Insert appropriate verbs in the blank spaces.
(Example: Manuel —— el hijo. Manuel es el hijo.)

1. Ramón —— la sopa. 2. La mujer —— la comida. 3. El buey —— al lado del hombre. 4. El campesino —— en la casa. 5. El campesino no —— vaca. 6. La hermana de Manuel —— Manolita. 7. Ramón —— a la aldea. 8. Con-

chita —— un hijo y una hija.   9. Manuel —— mucho pan.
10. El burro no —— vino.

(6) Make the following statements interrogative.
(Example: Ramón bebe vino. ¿Bebe Ramón vino?)
1. Ramón va por el camino.   2. El campesino vuelve a la
aldea.   3. Manuel es el hijo.   4. El padre tiene una cabra.
5. Manolita no bebe vino.

(7) Make the following sentences negative.
(Example: El campesino va por el camino. El campesino no
va por el camino.)
1. El nombre del padre es Manuel.   2. Ramón tiene un
burro.   3. ¿Tiene Manuel un plato de sopa?   4. El buey va
al lado del hombre.   5. ¿Entra el campesino en la casa?

(8) Put into Spanish:
Ramón lives with Conchita in a house in the country. Ramón
has a son and a daughter. The daughter's name is Manolita.
Ramón works hard in the field, and when he returns to the
village, Conchita prepares a meal of soup, bread, and wine.
An ox works with Ramón in the field. The peasant has also
a donkey and a goat, but he has no cow.

CHAPTER II

LA ESCUELA DEL CAMPO

En el centro de la aldea está la escuela, blanca y pequeña.

El maestro, don Alfonso, enseña en la escuela. Es un hombre viejo pero es muy simpático, tiene mucha paciencia y contesta siempre a las preguntas que hacen los discípulos.

Don Alfonso está sentado en una silla detrás de la mesa. Da una lección de geografía. Habla de las provincias de España. Escribe con tiza en la pizarra los nombres de las provincias. Es una lección interesante y útil. Los niños escuchan con atención.

Durante la semana los niños aprenden muchas cosas— hacen cálculos sencillos, copian letras en los cuadernos con pluma y tinta, con bolígrafo o lápiz, cantan canciones, leen libros y dibujan. Cuando el maestro cuenta un cuento o describe episodios históricos los discípulos escuchan con alegría.

Detrás de la escuela está el patio. Aquí en el patio juegan los niños durante las horas de recreo.

NOTES

El niño

El niño—little boy. La niña—little girl. Los niños—children, girls and boys.

The masculine plural denotes both sexes. Thus: 'El hombre tiene cuatro hijos' might mean that the man has four sons, or that he has four sons and daughters. If he has four daughters it is, of course, 'cuatro hijas'.

Similarly:

el padre, la madre, los padres (parents).

el rey—the king, la reina—the queen, los reyes—the sovereigns.

el tío—la tía—los tíos (uncle and aunt).

los hermanos—brothers and sisters.

El maestro

El maestro is usually the village schoolmaster. A secondary school teacher is el profesor, and a university professor is el catedrático.

El discípulo usually refers to a child at school; el alumno to a pupil in a secondary school or college; el estudiante to a university student.

La escuela is the ordinary word for school; el instituto is usually a state secondary school; la universidad is the university. There is also el colegio, which is generally a private or Church-controlled secondary institution, often for girls.

Enseña

From enseñar—to teach. La enseñanza is teaching or education.

Simpático

This word is difficult to translate. It means *kind, affable, easy to get on with*, and has often the vague sense of *nice*. The word is very much used in Spanish.

Contesta

The 'answer' is **la contestación.**

La letra

This is a letter of the alphabet—**las letras del alfabeto. A** letter in the sense of epistle is **la carta.**

Aprender

School subjects in Spanish are called **las asignaturas.** The principal ones are:

la lectura	reading
la aritmética	arithmetic (los cálculos—sums)
la geografía	geography
la historia	history
el dibujo	drawing
el canto	singing (la canción—song)

Con atención

Notice the adverbial use of nouns.

con atención—attentively (with attention)
con alegría—merrily, joyfully (with merriment)

Juegan

The noun corresponding to this verb is **el juego**—game, play. This word also has the meaning of *gambling*, but the context will always indicate the sense.

En

You will have noticed that EN means 'in', 'into', and also 'on'. E.g. **Entra en la casa**—'he comes into the house'. **Está en la escuela**—'he is in the school'. **Está sentado en la silla**—'he is seated on the chair'.

There is another word in Spanish, SOBRE, which is often interchangeable in the sense of 'on'. E.g. **La tiza está sobre la mesa**—'the chalk is on the table'.

Don

A title used in Spanish, but only before a Christian name. For instance: **Don Juan Rodríguez** or simply **Don Juan**. It is usual to use this title even after **señor**, if the Christian name is also given.

Señor don Juan Rodríguez

There is no equivalent in English.

Similarly:

(Señora) doña Emilia

GRAMMAR

Definite and Indefinite Articles

The plural form of EL is LOS, and the plural form of UN is UNOS.

Similarly for the feminine articles: LA becomes LAS, UNA becomes UNAS.

el niño	the child	los niños	the children
un libro	a book	unos libros	some books
la casa	the house	las casas	the houses
una mujer	a woman	unas mujeres	some women

The plural indefinite article is not always expressed however.

No tengo libros.	I have no books.
Tengo lápices.	I have some pencils.

But

Tengo unos lápices rojos. I have $\left\{ \begin{array}{l} \text{some} \\ \text{several} \end{array} \right\}$ red pencils.

Plural of Nouns

Nouns ending in -o, -a, or -e form the plural by adding -s.

el vino	the wine	los vinos	the wines
la casa	the house	las casas	the houses
el nombre	the name	los nombres	the names

Nouns ending in a consonant or the semi-consonant -y take -es in the plural.

la mujer	the woman	las mujeres	the women
el buey	the bullock	los bueyes	the bullocks

Nouns which end in -z regularly form their plural by adding -es, but the -z followed by -e becomes -c.

el lápiz   the pencil   los lápices   the pencils

You will notice that some nouns such as **la canción** bear a written accent on the last syllable. In the plural such nouns lose their written accent since, as the stress falls naturally on the last syllable but one in Spanish, the written accent is no longer required.

la canción   the song   las canciones   the songs

Gender of Nouns

Most nouns in Spanish ending in *-ión* are feminine.
la canción   the song   la ambición   ambition
              la atención   attention

Adjectives

Adjectives agree in gender and number with the noun they qualify. They usually follow the noun.

una casa blanca   a white house
casas blancas   white houses

Adjectives in the masculine singular end in *-o*, *-e*, or a consonant, as in the case of nouns.

simpático   interesante   útil

In the case of adjectives ending in *-o*, four forms exist, corresponding to the masculine and feminine, singular and plural.

un lápiz blanco   lápices blancos
la casa blanca   las casas blancas

Adjectives ending in *-e* have two forms only, one for the singular and one for the plural.

un libro interesante   libros interesantes
una lección interesante   lecciones interesantes

Adjectives ending in a consonant normally form the plural

by the addition of *-es*. There are, however, some exceptions to this rule, which will be discussed later.

una lección útil	lecciones útiles
un libro útil	libros útiles

Nouns used as Adjectives

A noun cannot be used as an adjective in Spanish, as is often the case in English.

a geography lesson   una lección de geografía

This use of the noun is, of course, very common in English. Very often Spanish expresses the idea by the use of a different word.

a book	un libro
an exercise book	un cuaderno

Verbs

The third person plural of the present indicative is formed by adding *-n* to the singular.

el campesino trabaja	los campesinos trabajan
la mujer come	las mujeres comen

The plural of ES is SON.

Manuel es el hijo.   Manuel y Manolita son los hijos.

You will have noticed that there are two verbs in Spanish to express the English 'is', 'are'.

Don Alfonso **es** un maestro viejo.	Don Alfonso is an old teacher.
Don Alfonso **está** en la clase.	Don Alfonso is in the classroom.
Los niños **son** inteligentes.	The children are intelligent.
Los niños **están** en el patio.	The children are in the playground.

Whenever the English 'is' can be replaced by 'is situated' the verb **está** must be used.

Remember that whenever *situation* is indicated, **está, están** are to be used.

Madrid **es** la capital de España.   Madrid **está** en España.
Madrid is the capital of Spain.   Madrid is in Spain.

EXERCISES

(1) Answer in Spanish:

1. ¿Dónde está la escuela?   2. ¿De qué color es la escuela?
3. ¿Dónde enseña don Alfonso?   4. ¿Es don Alfonso un hombre muy viejo?   5. ¿Tiene el maestro mucha paciencia?
6. ¿Qué hacen los discípulos?   7. ¿Dónde está sentado don Alfonso?   8. ¿Dónde está la silla?   9. ¿De qué habla el maestro?
10. ¿Cómo [how] escuchan los niños?   11. ¿Qué aprenden los niños?   12. ¿De qué color es la tiza?   13. ¿Con qué escribe don Alfonso los nombres en la pizarra?   14. ¿Cuándo escuchan los niños con alegría?   15. ¿Qué hacen los niños durante las horas de recreo?

(2) Put the following sentences into the plural.
(Example: El niño tiene un libro.   Los niños tienen libros.)

1. La lección es interesante.   2. El niño juega.   3. La mujer prepara la comida.   4. La escuela es pequeña.   5. El discípulo está sentado en la silla.   6. Una lección de geografía.   7. El libro es útil.   8. El buey va al lado del hombre.   9. ¿De qué color es el lápiz?   10. El maestro escribe en la pizarra.

(3) Make the adjectives agree where necessary.
(Example: La casa **blanco**.   La casa blanca.)

1. Un cálculo **sencillo**.   2. Una lección **útil**.   3. Un libro **útil**.   4. Las canciones son **interesante**.   5. El patio es **pequeño**.
6. La mujer es muy **viejo**.   7. La mujer está **sentado** en una silla.   8. Las preguntas son **útil**.   9. El maestro describe unos episodios **histórico**.   10. Los niños cantan canciones **sencillo**.

(4) Replace the blanks by **es, está, son, están**, whichever form is appropriate.
(Example: Don Alfonso —— el maestro.   Don Alfonso es el maestro.)

1. Manuel —— el hijo, Manolita —— la hija. 2. Las escuelas —— pequeñas. 3. Los niños —— en el patio. 4. La silla —— detrás de la mesa. 5. El niño —— sentado en la silla. 6. La lección de geografía —— muy interesante. 7. La tiza —— sobre la mesa. 8. Los libros —— útiles. 9. Los discípulos —— en la sala de clase. 10. La pizarra —— negra.

(5) Replace the blanks by an appropriate word, or words.

(Example: Don Alfonso da una ——. Don Alfonso da una lección.)

1. Los niños —— en el patio. 2. El maestro cuenta un ——. 3. Don Alfonso es viejo pero es muy ——. 4. Los discípulos hacen ——. 5. El maestro escribe con —— en la pizarra. 6. La lección es ——. 7. Detrás de la mesa está la ——. 8. Los niños juegan ——. 9. Los discípulos escuchan ——. 10. El maestro da una lección de ——.

(6) Make up sentences using the following words or expressions.

(Example: mucho   Tiene mucha paciencia.)

detrás de   al lado de   sobre   con alegría   por

(7) The following are answers to questions. What are the original questions?

1. Ramón tiene una cabra. 2. Los niños juegan en el patio. 3. Los niños juegan durante las horas de recreo. 4. El maestro da una lección de geografía. 5. Don Alfonso escribe con tiza. 6. La escuela está en el centro de la aldea. 7. La escuela es blanca. 8. Es una lección interesante. 9. Los niños escuchan con atención. 10. Conchita prepara la comida.

(8) Put into Spanish:

The children are playing in the yard behind the school. The teacher is an old man, but he is very patient. The children learn many things at school. They write, read, draw, and do simple sums. But they always listen very attentively when don Alfonso tells a story or describes historical episodes.

CHAPTER III

LA CASA DE MANUEL

UN día en la escuela Manuel hace una descripción de la casa donde habita.

— Vivimos en la casa blanca en la calle de Atocha al otro lado del río. Es una casa bonita. Por encima de la puerta crece una parra que da uvas sabrosas. Las ventanas

del piso bajo tienen rejas y las de arriba balcones de hierro, donde por la tarde tomamos el fresco. En el piso bajo hay una cocina muy grande que da al corral detrás de la casa y otro cuarto que llamamos la sala. Arriba hay dos dormitorios con una alcoba. En la alcoba no hay mucha luz.

En el corral hay una fuente de agua cristalina y un gallinero. También tenemos una huerta donde cultivamos hortalizas y legumbres.

El maestro interrumpe a Manuel y pregunta: — ¿Tienes tú ganas de vivir en la ciudad?

El niño contesta: — Sí, señor maestro, deseo mucho ir a Barcelona como mi hermano. Él tiene una casa moderna con comedor, sala, cuarto de baño y muchos dormitorios. Y Vd. señor ¿tiene Vd. también ganas de vivir en la ciudad?

— No, Manuel, yo soy demasiado viejo para dejar la aldea.

NOTES

Una parra

This is the climbing vine. An ordinary vine is **la vid.**

El piso bajo

El piso is floor or storey. 'La casa tiene cinco pisos.'—The house has five floors. **El piso bajo** is the ground floor; **el piso principal** is usually the first floor, whilst **el primer piso** would correspond to our second floor. **El piso** is also used in the sense of *flat*. Note also: **el apartamento**—apartment.

Reja

The ground floor windows of Spanish houses are generally protected by a grille, whilst upstairs windows usually open out on to balconies.

Tomar el fresco

It is the custom in Spain to sit on the balcony and enjoy the cool of the evening when the sun has lost its power.

Dormitorio

Bedroom. Also **el cuarto de dormir, la alcoba, la habitación. Alcoba** is of Moorish origin; an alcove built into the corner of the bedroom. Such an alcove has no windows and often little ventilation. By extension **alcoba** often means the bedroom itself.

La habitación has also the meaning of bedroom. For instance: El hotel tiene cien habitaciones. The hotel has a hundred bedrooms.

El cuarto is also used in the general sense of room. Other rooms are:

la cocina — kitchen
el comedor — dining-room (we have already met with the verb **comer** — to eat)
la sala (de estar) — living-room. Note also **la sala de clase** — classroom.
el cuarto de baño — bathroom
el sótano — basement, cellar

El corral

A yard, usually at the back of a building. Sometimes, as for instance in South America, an enclosure for cattle.

El patio

El patio is a courtyard surrounded by buildings and usually possessing a well or fountain. They are very often planted with shrubs or covered with the climbing vine. The patios of some buildings, particularly in Moorish Spain, are very elaborate. The old inn-yards of Shakespearean England are perhaps the nearest approach to the Spanish patio.

We have already met with **el patio de recreo** — playground.

El gallinero

La gallina is the hen, and the place where hens are kept **el gallinero**. **Gallinero** is also used in a slang sense, meaning the upper gallery of a theatre. **El gallo** is the cock. A pullet is **el pollo** and a small chicken **el pollito**.

La huerta

La huerta is the kitchen garden. A flower garden is **el jardín**. Notice also **el huerto** — orchard.

Huerta is the name given to land which is irrigated and cultivated. This applies particularly to the Valencian district. Many of the early novels of Blasco Ibáñez deal with life in the 'huerta valenciana'.

Por encima de

Above, over. The simple preposition is **encima de**. For instance: **el reloj está encima de la puerta** — the clock is over the door.

Por encima de suggests motion, i.e. the vine climbs up and over the doorway. This distinction will be discussed later.

GRAMMAR

Conjugation of Verbs. Present Indicative

As stated before, there are three conjugations in Spanish. The infinitives end respectively in *-ar*, *-er*, or *-ir*.

	HABLAR—to speak		COMER—to eat
(yo)	hablo	I speak	como—I eat, etc.
(tú)	hablas	thou speakest	comes
(él)	habla	he speaks	come
(ella)	habla	she speaks	come
(Vd.)	habla	you speak	come
(Nosotros)	hablamos	we speak	comemos
(Vosotros)	habláis	you speak	coméis
(ellos)	hablan	they speak	comen
(ellas)	hablan	they speak	comen
(Vds.)	hablan	you speak	comen

	VIVIR—to live
(yo)	vivo—I live, etc.
(tú)	vives
(él)	vive
(ella)	vive
(Vd.)	vive
(Nosotros)	vivimos
(Vosotros)	vivís
(ellos)	viven
(ellas)	viven
(Vds.)	viven

The endings of the three conjugations are therefore:

-ar: -o, -as, -a, -amos, -áis, -an
-er: -o, -es -e -emos, -éis, -en
-ir: -o, -es, -e, -imos, -ís, -en

Notice that the endings of the second and third conjugations are identical with the exception of the first and second persons plural. It will be noticed that there are two forms for 'you' in Spanish:

tú hablas; Vd. habla   vosotros habláis; Vds. hablan

The first form is known as the *familiar* and is used only within the family or when addressing personal friends, children, or animals. The mother speaking to her child would say: **tú hablas**, or to her children: **vosotros habláis**.

The second form is known as the *polite* form and is a relic of the old days when an inferior would address one of superior rank as 'Your Honour', 'Your Worship'. Instead of saying, for instance, 'you are speaking,' one would say: 'Your Worship is speaking'—hence the form used in Spanish, which is equivalent to the *third person*.

'Your Worship' was, in Spanish, 'Vuestra Merced', which has been contracted to **usted**. In the written form it is further contracted to **Vd.** The plural of these forms is **ustedes, Vds.**

The polite form must always be used when addressing strangers. Unless on very intimate terms, a foreigner would never address a Spaniard in the familiar form.

Naturally it is essential to be able to recognise both forms but, remember, always use the polite form when writing to or addressing Spaniards.

As has been pointed out before, the personal subject pronouns are not normally expressed in Spanish, unless special emphasis is desired, or in order to avoid ambiguity.

Yo leo y él escribe.   *I* read and *he* writes.
¿Cuántos lápices tiene usted?   How many pencils have you?

Usted, ustedes (Vd., Vds.), having been expressed once in a sentence, may afterwards be omitted in the same sentence, unless there is any likelihood of confusion.

In such a sentence as **nosotros comemos** (we eat), it is assumed that the speakers are of masculine or mixed genders. If they were all feminine, one would say **nosotras comemos.** Similarly: vosotros, vosotras; ellos, ellas.

'It' is not normally expressed.

El burro bebe.   Bebe el agua de la fuente.
The donkey is drinking. It is drinking the water of the well.

Irregular Verbs

TENER—to have, possess. This verb is irregular. The present indicative is:

> tengo, tienes, tiene, tenemos, tenéis, tienen

Personal 'a'

A peculiarity of Spanish is that all verbs (with the important exception of **tener**—to possess) must be followed by 'a' when the direct object of the verb is a proper noun or a noun indicating a definite or particular person.

Amo a mi padre.	I love my father.
Visito a Alfonso.	I am visiting Alfonso.

But

Tengo dos hermanos.	I have two brothers.
Escribo la carta.	I write the letter.

This use is extended sometimes to things or animals for which one has a particular affection and which are, so to speak, personified.

Deseo ver a Madrid.	I wish to see Madrid.
Los niños quieren al borrico.	The children love the donkey.

If, however, the direct object (although a person) is not definite or particular in character, the personal 'a' is omitted.

Mi hermano ama los niños.	My brother loves children.

In this case no definite children are referred to, only children in general.

Impersonal Verb

HAY is an impersonal verb, used only in the third person. It corresponds to *il y a* in French and means 'there is' or 'there are'.

Hay tinta en el tintero.	There is ink in the inkwell.
Hay muchos niños en el patio.	There are many children in the yard.

Questions

Notice the order of the words in such a sentence as:

¿Tiene reja la ventana de arriba?   Has the upstairs window a grille?

This is simply a question of balance. Similarly:

Las preguntas que hacen los niños.   The questions that the children ask.

Gender of Nouns

We have stated that nouns ending in -*o* are usually masculine. One very important exception is:

la mano   the hand

Nouns ending in -*a* are usually feminine. One very important exception is:

el día   the day

Most nouns ending in -*z* or -*d* are feminine.

la luz	light	la ciudad	city
la cruz	cross	la edad	age

Notice, however, the important exception:

el lápiz   the pencil

Nouns ending in -*e* and denoting things are usually masculine, but notice two exceptions met with in the present chapter:

la legumbre   vegetable   **la** fuente   fountain, well

El agua (feminine) is not really an exception. When a word begins with a stressed 'a' or 'ha,' the definite article 'la' or the indefinite article 'una' cannot stand, although the word is feminine. For the sake of euphony the masculine forms are used instead.

el agua	the water	un ala	a wing
el haba	the bean	el águila	the eagle

But

las aguas   the waters

This change does not take place, of course, when the first syllable does not bear the stress:

la harina   the flour

EXERCISES

(1) Answer the following questions in Spanish:

1. ¿Dónde vive Manuel?   2. ¿Dónde está la casa de Manuel? 3. ¿Cómo es la casa?   4. ¿Qué crece por encima de la puerta? 5. ¿Qué da la parra?   6. ¿Qué tienen las ventanas de arriba? 7. ¿Qué hace la familia de Manuel por la tarde?   8. ¿Qué hay detrás de la casa?   9. ¿Hay mucha luz en la alcoba?   10. ¿Dónde cultiva el padre las hortalizas?   11. ¿Qué pregunta el maestro?   12. ¿Vive Vd. en la ciudad o en el campo?   13. ¿A dónde desea ir Manuel?   14. ¿Cómo es la casa que tiene el hermano de Manuel?   15. ¿Por qué [why] no desea don Alfonso dejar la aldea?

(2) Put the appropriate definite and indefinite articles before the following nouns.

(Example: casa   la casa, una casa, las casas, unas casas.)

buey   discípulo   día   agua   legumbre   comedor   balcón   luz   hombre   puerta   ciudad   descripción

(3) Put the following sentences into the plural:

1. Es demasiado viejo para vivir en la ciudad.   2. ¿Tienes ganas de vivir aquí?   3. La casa tiene un balcón.   4. El niño interrumpe.   5. Tengo una casa muy bonita.   6. El discípulo hace una descripción de la casa.   7. ¿No tiene Vd. ganas de dejar la aldea?   8. ¿Dónde vives?   9. Como mucho pan. 10. La niña cultiva hortalizas.   11. Deseo mucho ir a Barcelona. 12. ¿Tiene Vd. una gallina?   13. El balcón da al corral. 14. Por la tarde el padre toma el fresco.   15. Hay una casa muy hermosa en la aldea.

(4) Replace the infinitives in brackets by the appropriate form.

(Example: Los niños (cantar). Los niños cantan.)

1. Vds. (trabajar). 2. Tú no (vivir) aquí. 3. Yo (tener) muchas gallinas. 4. Nosotros (desear) dejar la aldea. 5. El viejo (vivir) en el piso bajo. 6. Vosotros (tomar) el fresco. 7. Manolita (cultivar) legumbres. 8. Nosotros (interrumpir) al maestro. 9. Tú (preparar) la comida. 10. ¿Cómo (llamar) Vd. al burro?

(5) Conjugate in full the following verbs in the present indicative:

   tener   tomar   interrumpir   desear   comer

(6) Put into the negative:

1. ¿Tienes tú ganas de dejar la aldea? 2. Hay una fuente en el corral. 3. La cocina es muy grande. 4. ¿Tienen rejas las ventanas de arriba? 5. La casa está al otro lado del río.

(7) The following statements are inaccurate. Correct them in Spanish.

1. Manuel hace una descripción de la escuela. 2. La parra crece por encima de la ventana. 3. En el piso bajo hay dos cuartos de dormir. 4. Manuel tiene ganas de vivir en el campo. 5. Hay mucha luz en la alcoba.

(8) Make up sentences using the following words or expressions:

   hay   dar a   tener ganas de   demasiado   encima de

(9) Put into Spanish:

It is a pretty house. The upstairs windows have balconies which overlook the river. Here the family enjoys the cool of the evening. Grapes grow over the door, and behind the house are a yard and a kitchen garden where Manuel's father grows vegetables. He has also a few hens. But the house is not modern. There is no dining-room and the family eats in the large kitchen. The daughter wants to go to Barcelona like her sister,* who lives in a very modern house. Manolita's mother also wishes to go into the city, but she is too old to leave the village.

* her sister—su hermana.

CHAPTER IV

LAS MOSCAS

SEIS hombres están sentados en un café. Hay un inglés, un francés, un español, un alemán, un ruso y un chino—seis nacionalidades.

Hace mucho calor, hace mucho sol y todos tienen sed. Cada persona tiene delante un vaso de cerveza.

Hay también seis moscas en el café y las moscas tienen también sed. Una mosca cae en el vaso del inglés, otra mosca cae en el vaso del francés, otra mosca en... etc. Las seis moscas caen en los seis vasos de cerveza.

El inglés va a beber y...¡ ve la mosca! Llama al camarero, que trae otro vaso de cerveza.

El francés ve también la mosca que está nadando en la cerveza. Está furioso, jura, da gritos....

El español mira la mosca, hace un gesto desdeñoso y sale orgullosamente del café.

El alemán retira la mosca del vaso y bebe la cerveza.

El ruso bebe la cerveza... y la mosca.

El chino toma la mosca con los dedos, contempla al pobre insecto, come la mosca y bebe la cerveza.

NOTES

One version of this story of the six men drinking in a café is to be found in the humorous book *Londres* (London), by Julio Camba, the Spanish writer and journalist.

El café

Although a good deal of wine is drunk in Spain, drunkenness is rare. A Spaniard will normally take wine with his meal and finish with coffee and perhaps a liqueur. There are Spaniards, however, who take little alcoholic refreshment, and water, though scarce in some parts at certain times of the year, is, on the whole, good.

The Spaniard uses the café as a rendezvous rather than a drinking place, and will often talk all evening or play games (cards, dominoes, and chess are very popular) over one or two glasses. All cafés have their habitués and many are, in fact, clubs, where business men, artists, and literary people meet to hold discussions. There is a large variety of beverages. Some of the more common are:

el vino — wine.

el café — coffee.

la gaseosa — mineral water, lemonade.

la horchata — a drink usually made from almonds.

la cerveza — the beer is generally very light.

el chocolate — Spanish chocolate is usually very thick and is served in special cups called **jícaras**.

los licores — liqueurs, of which **el anís** (aniseed) is very popular, and also **el aguardiente** (brandy).

el helado — ice-cream is served in infinite varieties and colours.

El vaso

El vaso is a drinking glass or tumbler. **El vidrio** is the substance, glass.

A wine-glass is **la copa**.

Extensive use is also made of the **botijo**, usually a fat-bellied earthenware vessel with a handle and a very broad spout. To drink from such a vessel it is necessary to hold it in the air and allow the water or diluted wine to pour in a fine stream into the open mouth. Considerable skill is required, since the vessel does not touch the mouth. A similar vessel made of glass is the **porrón (el)**, which is found particularly in Catalonia.

El camarero

Another word used with the meaning of 'waiter' is **el mozo**. **Mozo** also means a lad in general, a railway porter, an hotel boy, etc.

El grito

The verb is **gritar** — to shout.

Desdeñoso

The noun is **el desdén**—scorn, disdain.

La mosca

Note also: **el mosquito**—midge or mosquito.

Los dedos

There is no separate word in Spanish for 'toe'. **Los dedos de la mano** are 'fingers', and **los dedos del pie** 'toes'. The context usually indicates clearly which meaning is intended.

GRAMMAR

Adjectives

It has been stated before that adjectives ending in a consonant have normally one form only for masculine and feminine.

un libro útil   una lección fácil   libros, lecciones útiles

Adjectives which denote nationality or locality and adjectives ending in -*or* form the feminine by the addition of -*a*.

un campesino inglés	campesinos ingleses
una ciudad inglesa	ciudades inglesas
un niño encantador (charming)	una niña encantadora
un amigo alemán	una amiga alemana
un español	una española

There are one or two adjectives ending in -*ón* and -*án* which also form the feminine by the addition of -*a*.

un muchacho holgazán (lazy)	una muchacha holgazana
un viejo socarrón (cunning)	una vieja socarrona

Note that comparatives ending in -*or* have the same form for both masculine and feminine. These will be discussed later.

este pan es mejor	la mejor calidad
this bread is better	the best quality

Numerals

The cardinal numbers from 1 to 10 are:

1 uno	2 dos	3 tres	4 cuatro	5 cinco
6 seis	7 siete	8 ocho	9 nueve	10 diez

With the exception of **uno** which is variable (**uno, una, unos, unas**), these numerals never change in form.

nueve casas   nine houses   cuatro lápices   four pencils

Note: un amigo   a friend (or) one friend,

but   uno de mis amigos   one of my friends (i.e. when not immediately preceding a masculine singular noun).

Adjectives—cada (each), **otro** (other)

Cada.   This adjective has one form only:

cada día   each day   cada casa   each house

Otro.   Be very careful with this word. It is never used with the *indefinite* article.

Aquí tengo otro libro.   Here I have *another* book.
But El otro libro está aquí.   The other book is here.

Verbs

The **present participle** is regularly formed by adding *-ando* to the stem of the -AR verb, and *-iendo* to the stem of the -ER or -IR verbs:

cantar (to sing)   cantando (singing)
comer (to eat)   comiendo (eating)
vivir (to live)   viviendo (living)

Used in conjunction with the verb **estar**, the present participle forms the 'continuous' tenses.

For instance:

Estoy cantando.   I am singing.
Vd. está escribiendo.   You are writing.

The use is similar to that in English. It indicates an action which is going on at the time of speaking or writing.

Compare:

> José canta en la iglesia cada domingo.
> José sings in church every Sunday.
>
> José está cantando en el cuarto de baño.
> José is singing in the bathroom.

Estar and ser

The present indicative of these two verbs is as follows:

Estar estoy, estás, está, estamos, estáis, están

Ser soy, eres, es, somos, sois, son

Estar is irregular only in the first person singular. **Ser** is irregular throughout the tense.

We have already seen that *is* can be translated by two different verbs in Spanish:

El maestro está en la clase.   The teacher is in the class.
El maestro es muy viejo.   The teacher is very old.

The understanding of the differences between **estar** and **ser** is very important. Study the following cases:

Estar	Ser
1. El vaso está sobre la mesa. The glass is on the table.	¿Qué es esto? Es un vaso. What is this? It is a glass.
2. El francés está furioso. The Frenchman is furious.	Es un hombre muy viejo. He is a very old man.
3. La ventana está cerrada. The window is closed.	El balcón es de hierro. The balcony is (made) of iron.
4. Estoy comiendo. I am eating.	El libro es de Juan. The book is John's.

You will see that, broadly speaking, **estar** is used to express that which is of a *temporary* character, and **ser** to express that which is of a *permanent* character. There are cases where it is at first more difficult to decide. For instance, one can argue that to be rich or poor is a temporary condition, but the Spanish always uses **ser**:

| Es muy rico. | He is very rich. |
| La vieja es muy pobre. | The old woman is very poor. |

Remember, however, that **estar** is always used whenever *place* is indicated, whenever the condition is purely *temporary*, and always with the 'continuous' form of the verb.

Ser is always used to denote *possession, age, permanent* characteristics, and *inherent* qualities.

According to the choice of verb a fine shade of meaning can often be indicated. For instance:

| está loco | he is furious | es loco | he is mad (insane) |
| está enfermo | he is ill | es un enfermo | he is an invalid |

Other uses of these two verbs will be pointed out later. Make a note of all unusual cases, for observation alone will teach the more idiomatic uses.

Irregular verbs of the present indicative.

Notice that the following verbs are irregular only in the first person singular.

VER	to see	**veo**, ves, ve, vemos, veis, ven
DAR	to give	**doy**, das, da, damos, dais, dan
HACER	to make, do	**hago**, haces, hace, hacemos, hacéis, hacen
TRAER	to bring	**traigo**, traes, trae, traemos, traéis, traen
CAER	to fall	**caigo**, caes, cae, caemos, caéis, caen
SALIR	to go out	**salgo**, sales, sale, salimos, salís, salen

IR, to go, is wholly irregular:

voy, vas, va, vamos, vais, van

This verb is used before the infinitive with the preposition 'a' in the sense of 'to be going to'.

| Voy a hablar. | I am going to speak. |
| Vamos a ver. | We are going to see, let's see. |

Idiomatic uses of hacer and tener

Note the following impersonal expressions:

hace calor	it is warm
hace frío	it is cold
tengo frío	I am cold
tengo calor	I am warm

Such expressions can be compared directly with the French: *il fait chaud, j'ai chaud,* etc.

Similarly:

tengo sed	I am thirsty
tengo hambre	I am hungry
tengo razón	I am right
no tengo razón	I am wrong

It is important to remember that in such an expression as 'I am *very* thirsty', the Spanish is: Tengo mucha sed (literally, 'I have much thirst'). **Muy** (very), an adverb, cannot, of course, qualify a noun.

Finally, compare the following:

I am cold.	Tengo frío
It is cold (weather).	Hace frío
The soup is cold.	La sopa está fría

EXERCISES

(1) Answer the following questions in Spanish:

1. ¿Qué es una mosca? 2. ¿Cuántos hombres están en el café? 3. ¿Hace frío en el café? 4. ¿Tiene Vd. sed? 5. ¿Por qué tienen los seis hombres sed? 6. ¿Qué hace el inglés cuando ve la mosca? 7. ¿Qué trae el camarero? 8. ¿Por qué está furioso el francés? 9. ¿Qué hace el francés? 10. ¿Bebe el español la cerveza? 11. ¿Qué hace el alemán antes de beber la cerveza? 12. ¿Hace el chino un gesto desdeñoso? 13. ¿Qué bebe Vd. cuando tiene sed? ¿Agua, vino o cerveza? 14. ¿Dónde trabaja el camarero? 15. ¿Qué está nadando en la cerveza?

(2) Make the following adjectives agree where necessary:

1. ¿Desea Vd. **otro** pluma? 2. Las provincias **español.**
3. Una lección **interesante** y **útil.** 4. La cerveza **alemán.**
5. Tengo muchos libros **inglés.** 6. La mosca es **negro.** 7. La
abeja es un insecto muy **útil.** 8. Una casa **chino.** 9. La mujer
es **pobre.** 10. Una canción **francés.**

(3) Replace the blanks by appropriate forms of **estar** or **ser.**

1. Un vaso de cerveza —— sobre la mesa. 2. Madrid ——
en España. 3. Madrid —— la capital de España. 4. Las
abejas —— insectos muy útiles. 5. El hombre —— nadando
en el río. 6. Don Alfonso —— maestro de escuela. 7. Nosotros —— en la sala de clase. 8. Vds. —— escribiendo una carta.
9. La mujer —— furiosa. 10. Don Alfonso no —— rico.
11. Los balcones —— de hierro. 12. La parra —— encima de
la puerta. 13. Yo —— inglés. 14. Tú —— comiendo pan.
15. La escuela —— blanca y pequeña.

(4) Replace the blanks by appropriate words:

1. Hace calor y tengo mucha ——. 2. La mosca —— en la
cerveza. 3. El maestro —— la tiza y escribe en la ——. 4. El
niño está —— en el río. 5. Cuando —— la mosca en la cerveza
el español sale del café. 6. Hay —— hombres en el café.
7. Los ingleses hablan —— pero los españoles hablan español.
8. El —— trae dos vasos de cerveza. 9. El inglés desea otro
vaso y —— al camarero. 10. El alemán —— la mosca del
vaso.

(5) Give the opposites of the following words:

entrar   blanco   delante   tomar   contestar   jugar

(6) Give the Spanish for the following numbers:

1; 3; 10; 8; 9; 6; 4; 7; 5; 3; 9; 2; 4; 7; 6; 9; 8; 10; 5; 7.

(7) Give the 1st person singular present indicative of the
following verbs:

(Example: tomar   tomo.)

ir   salir   ver   traer   comer   dar   interrumpir   hacer
desear   caer

(8) Put into Spanish:

When he is thirsty Ramón goes to a little café in the village. One day he is seated in the café when two men come in. They call the waiter, who brings two glasses of wine. There are a lot of flies in the room and one falls into one of the glasses. What does the man do when he sees the fly swimming in the glass? He calls the waiter, who takes the insect out of the glass. But the man is furious, tells* the waiter that he does not wish to drink the wine, and goes out of the café. The other man drinks the two glasses of wine.

* *dice al*

CHAPTER V

CARTA DESDE SEVILLA

SEVILLA.

12 de abril.

QUERIDO PAPÁ: Muchas veces has descrito las bellezas de Sevilla y tengo que admitir que estoy completamente de acuerdo con los que dicen: Quien no ha visto Sevilla, no ha visto maravilla.

La casa de mi tío, donde estoy pasando mis vacaciones, está situada en las afueras. Es una casa hermosa, rodeada de fincas y propiedades a orillas del río.

Como sabes, mi primo Ignacio trabaja en una casa de comercio cerca del muelle. Algunas veces voy con mi primo por la mañana hasta la oficina y después doy un paseo por las calles y avenidas de la ciudad.

He subido una vez a la Giralda. La vista de la ciudad desde lo alto del campanario es verdaderamente estupenda. ¡Y hay que ver también el Alcázar, joya de la arquitectura morisca!

Dice mi tío que aquí hace un calor tremendo durante el verano pero ahora, en el mes de abril, es muy agradable. Nunca hace frío.

Ya he dado unos paseos en bicicleta. Ignacio tiene también una bicicleta pero la suya es muy vieja. Sin embargo tenemos intención de hacer muchas excursiones por toda la región. Sobre todo deseo visitar las ruinas romanas que abundan en la vecindad.

Ya es tarde y ahora vamos a cenar. Estoy cansado y tengo mucho sueño.

Recuerdos a toda la familia.

Tu hijo que te quiere y que no te olvida,

PEPITO.

NOTES

Querido

From the verb **querer**—to love.

Caro is generally used in the sense of dear, expensive. 'Este traje es demasiado caro.' This dress is too dear.

Another word meaning 'to love' is **amar**.

Querer, besides meaning 'to love', also means 'to wish, want'. ¿Quiere Vd. tomar un vaso de cerveza?   Will you have a glass of beer?

Papá

Daddy. Note also **mamá.**

La belleza

The adjective is **bello**—beautiful.

Another common word is **hermoso**, from which the noun **la hermosura**—beauty.

Fincas y propiedades

La hacienda and **la finca** both mean farm, estate. **La hacienda** is used extensively in Latin America to indicate a large farm, plantation, etc.

Another common word is **la granja**—farm. Compare the French *la grange* with its change of meaning.

El muelle

The word has two meanings: (1) a quay or wharf, (2) the spring, for instance of a watch. The one word is connected with the English 'mole' in the sense of breakwater.

Por la mañana

Note: POR la mañana.   IN the morning.
       POR la tarde.   IN the afternoon.
       POR la noche.   AT night.

Dar un paseo

El paseo is also used in the sense of avenue, promenade.
    El Paseo de Colón—Columbus Avenue.

Other words of similar meaning are: **la avenida, la alameda** and, in Barcelona, **la Rambla.**

La Giralda

The bell tower of the old Moorish mosque (now replaced by the Gothic cathedral) in Seville. El Alcázar is the ancient Moorish fortress and palace. The whole of Andalusia abounds in relics of the Moorish occupation. The Arabs first crossed the straits about the year 711, and were not ultimately driven from Spain until 1492 when Granada, their last stronghold, fell to the Spaniards.

El campanario

Bell tower. **La campana** is a bell. **La campanilla** is a small hand bell, table bell, door bell.

Estupendo

This word is used a great deal in Spanish in the sense of 'terrific, stupendous, marvellous'.

Ruinas romanas

Andalusia was the centre of successive civilisations. Iberians, Celtiberians, Phœnicians, Greeks, Romans, Carthaginians, and Arabs have all left their traces in Spain.

Cenar

The noun is **la cena**—supper.

Recuerdos

Memory or souvenir.
Recuerdos a don Antonio—remember me to Antonio.
Un recuerdo muy grato—a very happy memory.
Un recuerdo de Sevilla—a souvenir from Seville.

Carta

La carta—letter.
La tarjeta postal—post card.
El cartero—postman.

An envelope is **el sobre** (that which goes over), and a postage stamp **el sello** (or seal).

The post office is **la casa de correos**, and the post-box is **el buzón**.

Desde lo alto

From the top. **Lo alto** means literally 'that which is high'. This use of adjectives preceded by the neuter article **lo** is common in Spanish and will be discussed more fully later.

Similarly:

lo importante—the importance, what is important.

GRAMMAR

Possessive Adjectives

The following table gives the possessive adjectives corresponding to the subject personal pronouns.

yo	mi, mis (my)
tú	tu, tus (thy)
él	su, sus (his)
ella	su, sus (her)
Vd.	su, sus (your)
nosotros (as)	nuestro, a, os, as (our)
vosotros (as)	vuestro, a, os, as (your)
ellos	su, sus (their)
ellas	su, sus (their)
Vds.	su, sus (your)

Notice that those adjectives ending in *-o* vary for number and gender, those ending in *-i* or *-u* for number only.

mi casa	my house	mis lápices	my pencils
nuestra casa	our house	nuestros lápices	our pencils

Su casa may mean, of course: his, her, your, or their house. In cases of ambiguity, the following forms are used:

su casa de él — his house.
sus libros de Vd. — your books.

Corresponding to the above possessive adjectives are others which *follow* the noun.

mi	mío, mía, míos, mías	(my)
tu	tuyo, tuya, tuyos, tuyas	(thy)
su	suyo, suya, suyos, suyas	(his, her, your, their)

nuestro	nuestro, a, os, as	(our)
vuestro	vuestro, a, os, as	(your)

The use of these adjectives is fairly rare. Compare the following:

mi madre	my mother	¡Madre mía! Mother of mine!

su amigo está aquí	your friend is here.
un amigo suyo	a friend of yours.
(or) uno de sus amigos	one of your friends.

Possessive Pronouns

Possessive pronouns have the same form as the second class of possessive adjectives (i.e. those which follow the noun), with the addition of the definite article.

mi (my)	el mío, la mía, los míos, las mías (mine)
tu	el tuyo, la tuya, los tuyos, las tuyas (thine)
su	el suyo, la suya, los suyos, las suyas (his, hers, yours)
nuestro	el nuestro, la nuestra, los nuestros, las nuestras (ours)
vuestro	el vuestro, la vuestra, los vuestros, las vuestras (yours)
su	el suyo, la suya, los suyos, las suyas (theirs, yours)

Aquí está su libro.	¿Dónde está el mío?
Here is your book.	Where is mine?

After the verb **ser**, the definite article is often omitted, however, unless special emphasis is desired.

¿De quién es este libro? Es mío.
Whose is this book? It is mine.

¿Por qué toma Vd. ese libro? Es el mío. No es el suyo.
Why are you taking that book? It is mine. It is not yours.

As in the case of the possessive adjective the forms 'de él',
'de Vd.', etc., are often used to avoid ambiguity.

Mi pluma y la de ella.   My pen and hers.

In all cases remember that the adjective or pronoun agrees
in number and gender *with the thing possessed* and not with the
possessor. Thus:

Manuel tiene su cuaderno y Manolita tiene el suyo.
Manuel has his copy-book and Manolita has hers.

Numerals

The cardinal numbers in Spanish from 11 to 20 are:

11 once; 12 doce; 13 trece; 14 catorce; 15 quince; 16 dieciséis;
17 diecisiete; 18 dieciocho; 19 diecinueve; 20 veinte.

Notice that the numbers 16 to 19 are sometimes written as
follows:

16 diez y seis   17 diez y siete   18 diez y ocho   19 diez y nueve.

All these numbers are invariable:

once días   eleven days
diecinueve casas   nineteen houses

The Perfect Tense. Past Participles

The past participle is regularly formed by adding *-ado* to
the stem of the infinitive in the case of -AR verbs, and *-ido* to
the stem of the infinitive in the case of -ER or -IR verbs.

cant-ar   cantado (sung)
com-er   comido (eaten)
viv-ir   vivido (lived)

In conjunction with the auxiliary verb **haber** (to have) the perfect tense is formed:

he vivido   I have lived.

he caído   I have fallen (notice the written accent on the weak vowel).

Haber is an irregular verb, the present indicative of which is as follows:

he, has, ha, hemos, habéis, han

The perfect tense is used to indicate an action which is *completed*, usually fairly recently. One should bear in mind that this tense in Spanish is not used to the same extent as the French. Its use corresponds rather to that of the English.

I have written the letter.   He escrito la carta.
¿Ha visto Vd. la Giralda?   Have you seen the Giralda?

Notice that the auxiliary and the past participle must not be separated in Spanish:

I *have* never *seen* her.   No la **he visto** nunca.

There are a few irregular past participles in Spanish. We have already met with three cases:

ver (to see)   visto (seen)

escribir (to write)   escrito (written)

describir (to describe)   descrito (described)

In Spanish, the past participle, when conjugated with **haber,** does not agree either with the subject or object of the verb.

La carta que ella ha **escrito.**
The letter that she has written.

Irregular Verbs of the Present Indicative
saber (to know)   sé, sabes, sabe, sabemos, sabéis, saben
decir (to say, tell)   digo, dices, dice, decimos, decís, dicen
querer (to love, want)   quiero, quieres, quiere, queremos, queréis, quieren.

Negatives Nunca. Jamás.

'Ever' is rendered in Spanish by **jamás**.

¿Ha visto Vd. jamás la Giralda?   Have you ever seen the Giralda?

'Never' is rendered by **nunca** (or **jamás**).

Nunca he visto la Giralda.   I have never seen the Giralda.
            (or) No he visto nunca la Giralda.

Notice that when **nunca** follows the verb, **no** must precede. Spanish does not object to the double negative.

Note also:

¿Ha visto Vd. la Giralda?

¡Nunca!—Never!

Idiomatic Use of tener and hay

The verb **tener** is idiomatically used with **que**:

Tengo que escribir la carta.   I have to write the letter.

Note also:

Tengo una carta que escribir.   I have a letter to write.

Similarly:

Hay que ver la Giralda.	One must see the Giralda. You should see the Giralda.
Hay mucho trabajo que hacer.	There is a lot of work to do.

¿Por qué? and Porque

Be careful to distinguish between these two words.

¿Por qué sale el francés del café?
Why does the Frenchman go out of the café?

Porque está furioso.
Because he is furious.

EXERCISES

(1) Answer the following questions in Spanish:

1. ¿A quién escribe Pepito? 2. ¿Dónde vive el primo de Pepito? 3. ¿Dónde está su casa de usted, en la ciudad o en el campo? 4. ¿Vive el tío de Pepito en el centro de la ciudad? 5. ¿Qué es el nombre del río? 6. ¿Dónde trabaja Ignacio? 7. ¿Trabaja usted en una casa de comercio? 8. ¿Dónde está la oficina de Ignacio? 9. ¿Cuándo da Pepito un paseo por la ciudad? 10. ¿Cómo es la vista desde lo alto de la Giralda? 11. ¿Hace mucho frío en Sevilla? 12. ¿Tiene usted una bicicleta? 13. ¿Tiene usted sueño? 14. ¿Escribe Vd. muchas cartas? 15. ¿Hay antigüedades romanas en la vecindad de su casa de Vd.?

(2) Replace the English words in brackets by the appropriate forms of the possessive adjectives or pronouns.

(Example: Ramón ha perdido (his) bicicleta. Ramón ha perdido su bicicleta.)

1. La casa de (his) tío. 2. Estoy escribiendo una carta a (my) tío. 3. Esta bicicleta es (hers). 4. (our) casa está situada a orillas del río. 5. ¿Cuántos libros tiene (your) hermano? 6. La pluma roja es (mine). 7. El alemán retira la mosca de (his) vaso. 8. (our) ciudad es muy hermosa. 9. Los niños escriben en (their) cuadernos. 10. Han terminado (their) trabajo. 11. Aquí tengo (my) libros. ¿Dónde están (yours)? 12. Manolita escribe a (her) padre. 13. Aquí está (our) oficina. 14. ¿Quiere Vd. dar un paseo con (your) primo? 15. (my) padres han visto la ciudad.

(3) Write the following in Spanish:

(a) 3; 15; 11; 20; 18; 14; 13; 17; 12; 16; 19; 20; 12; 17; 4; 19; 17; 15.

(b) (Example: 2 plus 2 is four—dos y dos son cuatro.
4 minus 2 is 2—cuatro menos dos son dos.)

4 plus 10 is 14; 20 minus 11 is 9; 17 plus 2 is 19; 7 plus 11 is 18; 19 minus 12 is 7.

(4) Replace the infinitives in heavy type by the past participle.

(Example: ¿Ha **tomar** Vd. el libro? ¿Ha tomado Vd. el libro?)

1. He **hablar** con el campesino. 2. ¿Ha **ver** Vd. la Giralda? 3. Hemos **trabajar** mucho. 4. Ramón ha **beber** dos vasos de cerveza. 5. Pepito ha **escribir** a su padre. 6. Tú no has **vivir** en Madrid. 7. He **tener** que admitir el error. 8. Hemos **preparar** la comida. 9. El maestro ha **describir** las provincias de España. 10. Los niños han **jugar** en el patio.

(5) Replace the infinitives in brackets by the appropriate form of the verb (present indicative).

(Example: yo (escribir)—yo escribo.)

yo (hacer); él (traer); nosotros (saber); Vd. (ir); yo (saber); ¿Qué (decir) yo?; Alfonso (decir) un cuento; nosotros (ir) al café; los niños (hacer) cálculos; vosotros (salir) del comedor.

(6) Make up sentences in Spanish using the following words or expressions:

tener que   tener sueño   ir a   dar un paseo   sin embargo   a orillas de   también   hasta   cada   cerca de

(7) Put into Spanish:

1. I am thirsty. 2. We are sleepy. 3. It's terribly hot. 4. Are you cold? 5. I have to write a letter. 6. She has never seen the Giralda. 7. I know that your brother is here. 8. We are not going to write the letter. 9. Have you seen your uncle? 10. He says (that) he lives near the wharf.

(8) Put into Spanish:

Pepito is writing a letter from Seville to his father in Bilbao. He describes the city, his walks along the beautiful avenues, his uncle's house on the banks of the Guadalquivir, where he is spending his holidays. Pepito also tells his father that he intends to make cycling trips with his cousin Ignacio. Ignacio works in a business house near the river. Pepito sometimes accompanies him as far as the office.

RECAPITULATION I

EXERCISES

(1) Put into Spanish:

1. The houses of the village are small and white. 2. He has no goats. 3. It is cold and I am very hungry. 4. Have you written your letter yet? 5. She never knows what to do. 6. Has he had to leave the town? 7. There are many charming villages in the provinces. 8. I am not going to eat all the bread. 9. Will you bring another glass? (use 'querer'). 10. Do you want a cup of coffee? 11. He is writing a letter to his brother. 12. Where do your parents live? 13. Here is your pen, but where is mine? 14. We spent nineteen days in Barcelona. 15. The water is too cold. 16. They say he is a doctor, but I know they are wrong. 17. Have you seen the school? 18. His uncle and aunt are at present in Madrid. 19. Spanish peasants eat a great deal of soup. 20. Do you want to go for a walk?

(2) Write the appropriate definite article (EL or LA) before the following nouns:

canción   lápiz   libro   luz   calor   fuente   calle   mano
agua   muchacha

(3) Give the first person singular (present indicative) of the following verbs:

tener   interrumpir   ser   dar   caer   escribir   ir   saber
decir   hacer

(4) Give the first person plural (present indicative) of the following verbs:

caer   ver   estar   haber   decir   saber   querer   dar
ir   hacer

(5) Give the present and past participles of the following verbs:

    tener   ver   interrumpir   escribir   gritar

(6) Replace the blanks by appropriate words:

1. Sevilla es una —— muy hermosa.
2. Los niños aprenden a —— en la escuela.
3. Comemos en el ——.
4. La Giralda es un ——.
5. He dado un —— por la calle.
6. Para escribir una carta necesitamos —— —— ——.
7. El burro bebe el agua de la ——.
8. Cultivamos —— en la huerta.
9. La semana tiene —— días.
10. Ya es muy tarde y tengo ——.

(7) The following sentences are answers to questions. Give the original questions.

1. Sí, el río pasa por la aldea.
2. He escrito tres o cuatro cartas.
3. El maestro de escuela es muy simpático.
4. El burro bebe porque tiene sed.
5. Los niños escuchan con atención.

CHAPTER VI

EL ESTANCO

SIEMPRE a las ocho de la mañana sale don José de casa para ir a su trabajo. Generalmente va a pie pero cuando llueve toma el tranvía.

Esta mañana hace mucho sol y don José va a pie.

Atraviesa la calle, pasa por delante de la Casa de

Correos, toma la primera calle de la derecha, la segunda de la izquierda, y llega a la Plaza de Aragón. En el centro de la plaza un guardia municipal dirige la circulación — automóviles, tranvías, autobuses, carros y bicicletas.

Al otro lado de la plaza hay un café que lleva el nombre algo pretencioso de 'Iberia'. Aquí toma don José una taza de chocolate o de café con leche. Después de este desayuno sencillo va directamente a la calle del Conde en el barrio comercial, donde está situada su oficina.

En esta calle estrecha hay muchas casas comerciales, cafés, establecimientos de limpiabotas y tiendas de todas clases. Aquí también está el estanco a donde va cada día. El tendero sabe exactamente lo que quiere don José. Éste dice solamente: — ¡Muy buenos días, don Enrique! — y pone su dinero en el mostrador. Compra un periódico ilustrado, un paquete de cigarrillos o de puros (que cuestan un poco más) y una cajita de cerillas. Además de tabaco don Enrique vende sellos de correo y billetes para la lotería nacional.

NOTES

El dinero—money
La peseta—Spanish monetary unit
El duro—five peseta piece
El céntimo—hundredth of a peseta
El peso—monetary unit of many Spanish-American countries
El centavo—cent (American)
Los gastos—expenses
gastar—to spend (money)

Va a pie
Similarly:

> ir a caballo   —to go on horseback
> But ir en bicicleta   —to cycle
> ir en automóvil—to go by car

Delante de

El hombre está **delante de** la casa—the man is in front of the house.

El hombre pasa **por delante de** la casa—the man passes (in front of) the house.

Note that in the one case no motion is implied, whilst in the second case the man actually walks past.

De la izquierda; de la derecha

The adjectives are: izquierdo (left)
derecho (right).

Note:

a la izquierda—on the left (hand).
a la derecha—on the right (hand).

El guardia municipal

The town policeman, the traffic policeman, employed by the municipality. On the other hand, el guardia civil is employed by the state. The 'guardia civil' corresponds to the French 'gendarme', is often mounted on horseback, and carries rifle and sabre. The distinctive feature of the 'guardia civil' is the hat which he wears.

Note also: la policía—police (force)
el policía—policeman.

El automóvil

The word el coche, formerly carriage, has come to mean motor-car in modern times.

ir en coche—to go by car.

Tiene un hermoso coche. He has a beautiful car.

El barrio

Quarter, district (of a town).

Los barrios bajos—slums

Café con leche

White coffee, coffee with milk. Black coffee is called in Spanish café solo (i.e. coffee alone).

El limpiabotas

This is a compound of limpiar (to clean) and botas (boots). Bootblacks abound in Spain. Few Spaniards clean their shoes at home, and it is no uncommon sight to see a man having his boots cleaned whilst he sits drinking in a café. To avoid the too persistent attentions of the bootblacks it is often advisable to wear non-leather footwear, as many Spaniards do. Canvas shoes with rope or hempen soles, so typical of Spain, are called **las alpargatas**.

El estanco

The estanco is really the shop where Government-controlled goods such as tobacco, matches, stamps, etc., are sold. Another Government monopoly is the **lotería nacional**, run on the same lines as a sweepstake. Lottery tickets are sold in the estancos, in cafés, and by street vendors.

El mostrador

Counter. This word derives from **mostrar** (to show). Another derivative is **la muestra** (a sample, i.e. something shown).

El periódico

Newspaper. Also **el diario**—daily.
A magazine is **la revista**.

Las cerillas

La cera is wax. **Cerilla** is a diminutive form, meaning wax vesta'. Wooden matches tipped with phosphorus are **los fósforos**, but the latter are generally of poor quality.

La cajita

Another diminutive. **La caja** is a box; **la cajita,** a little box. Spanish is very fond of diminutive suffixes.

GRAMMAR

Demonstrative Adjectives

There are three demonstrative adjectives in Spanish: **este** (this), **ese** (that, near to the person addressed), **aquel** (that, over there, yonder). These adjectives agree in number and gender with the noun they qualify.

este libro	this book	esta pluma	this pen
estos libros	these books	estas plumas	these pens

And similarly:

ese	esa	esos	esas
aquel	aquella	aquellos	aquellas

Demonstrative Pronouns

Corresponding to the adjectives are the pronouns, identical in form, except that they normally bear the accent, although this is no longer compulsory.

este	(this)	éste	(this one)
ese	(that)	ése	(that one)
aquel	(that)	aquél	(that one over there)

These pronouns agree with the noun they replace in number and gender, just as do the adjectives.

Este lápiz es blanco, ése es rojo y aquél es negro.
This pencil is white, that one is red, and that one over there black.

¿Dónde están mis libros?   Éstos son los suyos (or: los de Vd.).
Where are my books?   These are yours.

In addition there are three corresponding neuter forms:

esto (this)   eso (that)   aquello (that, yonder)

If, for example, we ask: 'What is this?' it is obvious that the gender cannot be ascertained until it is known what the object referred to is.

¿Qué es esto?   What is this?
Esto es un lápiz.   This is a pencil.

Numerals

The cardinal numbers from 21 to 100 are:

21 veintiuno; 22 veintidós; 23 veintitrés; 24 veinticuatro; 25 veinticinco; 26 veintiséis; 27 veintisiete; 28 veintiocho; 29 veintinueve; 30 treinta; 31 treinta y uno; 32 treinta y dos; 33 treinta y tres; 34 treinta y cuatro; 35 treinta y cinco; 40 cuarenta; 50 cincuenta; 60 sesenta; 70 setenta; 80 ochenta; 90 noventa; 100 ciento.

Note: 21—veintiuno, *but* 21 books—veintiún libros.

Veintiuno, etc., may also be written as: veinte y uno, veinte y dos, veinte y tres, etc.

100 is **ciento**, but when followed *immediately* by a noun a shortened form is employed.

A hundred houses   cien casas.   (Notice that the indefinite article is NOT used as in English.)

With the exception of those compounds containing **uno**, all these numbers are invariable.

cuarenta y seis días	forty-six days.
ciento treinta y dos sellos	a hundred and thirty-two stamps.
but	
ochenta y una casas	eighty-one houses.

Expressions of Time

¿Qué hora es?	What time is it?
Es la una.	It is one o'clock.
Son las tres **de** la tarde.	It is three o'clock *in* the afternoon.
A las doce.	At twelve o'clock.

In these cases the word 'hora' is understood.

Son las cuatro (horas).
It is four o'clock (hours).

Adverbs

An adverb is regularly formed by adding *-mente* to the feminine singular of the adjective.

hermosa	hermosamente	beautifully
útil	útilmente	usefully
atenta	atentamente	attentively

Adverbial expressions may also be formed by using **con** (with) before the noun.

atentamente (or) con atención
alegremente (or) con alegría

Radical Changing Verbs

There are certain verbs in Spanish which modify their root vowels whenever the stress falls on them.

In such cases E becomes IE and O becomes UE.

atravesar—to cross	costar—to cost
atravieso	cuesto
atraviesas	cuestas
atraviesa	cuesta
atravesamos	costamos
atravesáis	costáis
atraviesan	cuestan

Note that in the case of the *first* and *second* persons *plural* the stress does NOT fall on the root vowel and there is, therefore, no modification of the root vowel.

These changes may affect all conjugations:

poder —to be able	puedo —I am able
volver —to return	vuelvo —I return
preferir—to prefer	prefiero—I prefer
querer —to love, want	quiero —I love

podemos —we are able
volvemos —we return
preferimos—we prefer
queremos —we love

It is a good plan to take a note of all such radical changing verbs in Spanish, since they can be assimilated only by experience. In many cases there also exist derivatives of these verbs which give useful clues. For instance, **el cuento** (story, tale) is connected with **contar** (to relate, count), which is radical changing.

Present Indicative. Irregular Verbs

venir—to come vengo, vienes, viene, venimos, venís, vienen
poner—to put pongo, pones, pone, ponemos, ponéis, ponen

Impersonal Verb

Note the impersonal verb **llover**, which is also radical changing.

llueve—it rains, it is raining,

but está lloviendo (i.e. no modification of the root vowel when the stress does not fall on it).

EXERCISES

(1) Answer the following questions in Spanish:

1. ¿A qué hora sale don José de casa?   2. ¿Cuándo toma don José el tranvía?   3. ¿Qué hace antes de pasar por delante de la Casa de Correos?   4. ¿Quién está en el centro de la plaza?   5. ¿Qué hace el guardia?   6. ¿Qué hay al otro lado de la plaza?   7. ¿Qué nombre lleva el café?   8. ¿Toma Vd. té, chocolate o café por la mañana?   9. ¿Toma Vd. café solo o con leche?   10. ¿Dónde está situada la oficina de don José?   11. ¿Qué quiere comprar don José?   12. ¿Dice don José al tendero lo que quiere comprar?   13. ¿Qué vende don Enrique además de periódicos, tabaco y cerillas?   14. ¿Cómo es la calle del Conde?   15. ¿Qué clase de billetes vende don Enrique?

(2) Give the Spanish for the following numbers:

(a) 20; 40; 70; 50; 30; 80; 90; 100; 21; 44; 99; 28; 56; 84.

Write in full:

(b) 21 houses.   33 donkeys.   23 and 46 are 69.   100 minus 55 is 45.   100 letters.   It is 10 o'clock.   At 1 o'clock.   It is 7 o'clock.

(3) Translate the English words in brackets.

1. (This) casa es muy vieja.   2. (Those) cartas sobre la mesa son (mine).   3. (That) edificio es la Giralda.   4. ¿De quién son (those) lápices? (This one) es (mine) y (that one) es (yours).   5. He visto (that) libro pero prefiero (this one).   6. ¿Quiere Vd. darme (that) pluma? No es (yours).   7. Es una casa muy hermosa, pero hay que ver (that) de don José.   8. ¿Qué es (this)? Es (my) cuaderno.   9. ¿Cuántas pesetas cuestan (those) cigarrillos?   10. (Those) cigarrillos son muy caros, pero (these) cuestan menos.

(4) Replace the blanks by the correct forms of **este, ese, aquel**.

(Example: —— tiza. Esta tiza, esa tiza, aquella tiza.)

—— lápiz. —— casas. ——día. —— descripción. —— profesor. —— periódico. —— mujer. —— bueyes. —— canciones. —— agua.

(5) Form adverbs from the following adjectives:

general   pretencioso   final   útil   diario

What other method is there of expressing: alegremente; atentamente?

(6) Replace the infinitives in heavy type by the appropriate form of the present indicative.

(Example: Don José **ir** a la oficina. Don José va a la oficina.)

1. Don José **querer** comprar tabaco. 2. Nosotros **atravesar** la calle. 3. Yo **preferir** el autobús. 4. ¿Cuánto **costar** estos puros? 5. **Llover** mucho en Inglaterra. 6. Conchita **volver** a casa y **preparar** la comida. 7. Yo **poner** el dinero en el mostrador. 8. ¿A qué hora **venir** su amigo? 9. Generalmente ella **ir** a pie. 10. ¿Cuántas cerillas **comprar** Vd.?

(7) Put into Spanish:

1. Do you prefer the tram-car? 2. At what time does he generally arrive? 3. I intend to go on foot. 4. There are a lot of shops in this town. 5. These cigarettes are yours. Where are mine? 6. I always say good morning to the policeman.

(8) Put into Spanish:

Don José usually arrives at the office at nine o'clock in the morning. When it is fine he walks, but when it rains he goes on the tram. He always goes to the tobacconist's in the street near his office in the commercial quarter of the town, says good morning to don Enrique, and buys cigarettes and matches. He prefers cigars, but naturally these cost more.

CHAPTER VII

LOS BURROS

En España hay miles de burros. Los hay de todas clases —pequeños y grandes, buenos y malos, perezosos y trabajadores, inocentes y astutos, bonitos y feos, inteligentes y estúpidos. Los hay que trabajan y los que no trabajan. Con respecto a esto la raza humana no es muy diferente.

Casi cada familia en el campo tiene su burro. El animal pasa el día en el prado y la noche en la cuadra. Algunas veces quiere trabajar, otras veces no—¡lo que indica su inteligencia! El borrico es amigo de los niños, pertenece a la familia y conoce a cada miembro de ella. A veces trata de entrar en la casa.

¿De quién es este burro cargado de mercancías que anda tan despacio por el camino polvoriento? Es uno de los muy numerosos que recorren las carreteras de toda

España. No está cansado, pero no quiere andar más de prisa.

Dos o tres veces por semana van los campesinos al mercado con sus mercancías. Innumerables burros siguen cada vez el mismo camino como una caravana en el desierto. Y durante todo el día permanecen los burros en la plaza del mercado, dóciles y pacientes, aguardando el regreso al campo.

Los grupos de gitanos que van de pueblo en pueblo tienen también sus burros, los cuales parecen aceptar filosóficamente esta vida errante.

Hay personas en España (como en todos los países) que maltratan a los burros pero por regla general los españoles tienen mucho cariño a estos animales tan simpáticos.

NOTES

Los burros

Perhaps the most delightful book in Spanish dealing with donkeys is *Platero y yo*, by Juan Ramón Jiménez. It is the life story of a little donkey named Platero.

El prado

We have already met the word **el campo**—the field.

El prado is a meadow. **La pradera**—meadow land.

El Museo del Prado in Madrid is the famous art gallery, the National Gallery of Spain.

El miembro

For example: Los miembros de la Academia Española—members of the Spanish Academy.

El socio is the member of a society (la sociedad) and also has the meaning of a partner in a business house.

Polvoriento

Dusty.

Do not confuse **el polvo** (dust) with **la pólvora** (gunpowder). El camino está lleno de polvo. The road is very dusty. The word used in the plural (**los polvos**) means face-powder.

La carretera

El camino is the ordinary word for road, way. Cf. the French *le chemin*.

La carretera is a modern, metalled road. **La autopista** is a motorway.

El mercado

Connected words are: **las mercancías**—merchandise, and **el mercader**—merchant.

Undoubtedly one of the most picturesque scenes of Spanish life is that of market day in a small country town. Setting out from villages and farms in the surrounding districts the country people flock to the local centre with their wares. From very early morning the roads leading to the market are crowded with every imaginable means of transport—donkeys, horses, mules, bullock carts, buses, and motor-cars.

Los gitanos

There are still many gipsies in Spain. Some continue to live nomadic lives; others have settled down, particularly in Andalusia and the south, and follow some fixed trade or business.

On market days their stalls and booths are often to be found in the dried-up bed of the river. It is in this way that they avoid paying dues to the local authorities.

La cuadra

Another word for stable is **la caballeriza** (connected with **el caballo**—the horse).

Be careful to use the word **establo** in its correct sense.

El establo is for cattle only. Cf. the French: *l'étable*, in this respect.

Do not confuse **la cuadra** (stable) with **el cuadro** (picture).

Despacio

An adverb normally ends in *-mente*, as for example:

desdeñosamente	disdainfully
orgullosamente	proudly

Despacio is the usual word meaning 'slowly'. **Lentamente** (from **lento**—slow) is less colloquial.

Andar

This verb means 'to walk', 'to go', and enters into a large number of idiomatic expressions.

'To walk' is usually rendered by **ir, ir a pie** (to go on foot). Notice also: **caminar**—to walk, go, travel.

Compare:

Siempre va a pie.	He always walks.
El tren anda despacio.	The train is travelling slowly.
Este reloj no anda bien.	This watch doesn't go well.
Está caminando por España.	He is walking, wandering, travelling through Spain.

GRAMMAR

Interrogative Pronouns

Qué. This word is invariable. It refers to things only. It may be the subject or object (direct or indirect) of a sentence.

¿Qué es esto?	What is this?
¿Qué dice Vd.?	What do you say?
¿De qué habla Vd.?	What are you talking about?
¿Por qué no viene don Carlos?	Why doesn't don Carlos come?

Notice also that this word is used adjectivally.

¿Qué día es hoy?	What day is it today?

As an adjective it may also refer to persons.

¿Qué señor es éste?	What gentleman is this?

It is also used in exclamatory sentences.

¡Qué día!	What a day!
¡Qué casas!	What houses!

Quién. This word refers to persons only. It is variable—forming a plural **quiénes**—and may be the subject or object (direct or indirect) of a sentence.

¿Quién viene hoy?	Who is coming today?
¿Quiénes son?	Who are they?
¿A quién ha visto Vd.?	Whom have you seen?
¿Con quién quiere Vd. ir?	With whom do you wish to go?

Note particularly:

¿De quién es este libro?
Whose (of whom) is this book?

Cuál. This word refers to both persons and things. It is variable—forming a plural **cuáles**—and may be the subject or object (direct or indirect) of a sentence.

¿Cuál prefiere Vd.?	Which (one) do you prefer?
¿Cuáles son para vender?	Which are for sale?

Relative Pronouns

Que. As a relative the word refers to both persons and things. It is invariable.

When referring to persons it may be the subject or direct object of a sentence.

El hombre que está aquí.	The man who is here.
Las mujeres que están en el campo.	The women who are in the field.
El señor que he visto.	The gentleman I have seen.
Los niños que vemos.	The children we see.

When referring to things it may be the subject or object (both direct and indirect) of a sentence.

Los lápices que están sobre la mesa.	The pencils that are on the table.
Los cuadernos que Vd. ha tomado.	The copy-books you have taken.
La cajita en que Vd. ha metido las cerillas.	The box into which you have put the matches.

Notice that the relative cannot be omitted in Spanish:

The book I bought.   El libro que he comprado.

Quien. Plural: **quienes.** This word refers to persons only. It must be used after a preposition (i.e. as indirect object).

El hombre a quien he escrito.	The man to whom I have written.
Los obreros con quienes trabaja.	The workmen with whom he works.

Quien may be used instead of **que** in such cases as:

El señor quien ha venido, (or) El señor que ha venido.
La niña a quien he visto, (or) La niña que he visto.

El cual. This word is variable: el cual, la cual, los cuales, las cuales. Its refers to persons or things and may be used as the subject or object (direct or indirect) of a sentence. This form is used for emphasis and to avoid ambiguity.

Es el dueño de la casa, de la cual Vd. hablaba ayer.
He is the owner of the house you were talking about yesterday.

There can be no doubt that **la cual** refers to **la casa.**

Cuyo. This word is variable: cuyo, cuya, cuyos, cuyas. It refers to persons or things and agrees in gender and number with the noun it qualifies.

El señor, cuya madre está aquí.	The gentleman whose mother is here.
El pueblo, cuyo nombre he olvidado.	The village the name of which I have forgotten.

Cuyo may also be governed itself by a preposition.

Es don Anselmo, de cuyos padres Vd. hablaba.
It is don Anselmo, about whose parents you were talking.

Lo que. This refers to a clause, a sentence, or an idea.

No comprendo lo que dice.	I don't understand what he says.
Lo que dice es ridículo.	What he says is ridiculous.

Note also:

Los hay que trabajan y los que no trabajan.
There are those who work and those who don't work.

Numerals

The cardinal numbers from 100 to 1000 are:

100 ciento	200 doscientos	300 trescientos
400 cuatrocientos	500 QUINIENTOS	600 seiscientos
700 SETECIENTOS	800 ochocientos	900 NOVECIENTOS
	1000 mil	

The numbers 200 to 900 are variable:

200 men	doscientos hombres
300 houses	trescientAS casas

Note particularly the irregular forms: 500, 700, and 900.

Mil (1000) is invariable. Mil soldados—a thousand soldiers (note that, as in the case of **cien**, the indefinite article is NOT used in Spanish). **Mil** may also be used as a noun, as: miles de burros—thousands of donkeys.

Compare the English system with the Spanish:

seven hundred and sixty-four   setecientos sesenta y cuatro

In dates later than the year one thousand **mil** is employed in the Spanish system.

In the year 1856.   En el año mil ochocientos cincuenta y seis.

Radical Changing Verbs

There is a third type of radical changing verb (of the third conjugation) which changes the root vowel E into I whenever the stress falls on it.

pedir (to ask for)	**seguir** (to follow)
pido	sigo
pides	sigues
pide	sigue
pedimos	seguimos
pedís	seguís
piden	siguen

Notice again that the vowel is not modified in the first and second persons plural, since the stress does not fall on the root vowel.

Change of Spelling

With regard to the present indicative, there are a number of verbs of the second and third conjugations which modify their spelling in the first person singular. Such are, for example:

vencer—to conquer	VENZO, vences, vence, vencemos, vencéis, vencen
dirigir—to direct	DIRIJO, diriges, dirige, etc.
distinguir—to distinguish	DISTINGO, distingues, distingue, etc.

The reason for this change is obvious, since, were the original letter retained before the -o of the first person singular, a different sound would be produced. The sound that occurs before the infinitive ending must be preserved throughout the whole verb.

There are a few verbs in -CER, -CIR immediately preceded by a vowel which insert z before the -o of the first person singular of the present indicative. Such are:

conocer—to know, be acquainted with.

CONOZCO, conoces, conoce, conocemos, conocéis, conocen

conducir—to lead, conduct.

CONDUZCO, conduces, conduce, conducimos, conducís, conducen.

As in the case of the radical changing verbs, form the habit of noting all verbs which have this peculiarity.

Irregular Verbs of the Present Indicative

oír—to hear.

oigo, oyes, oye, oímos, oís, oyen

EXERCISES

(1) Answer the following questions in Spanish:

1. ¿Hay muchos burros en Inglaterra? 2. ¿Dónde pasa el burro el día? ¿la noche? 3. ¿Cuándo trabajan los burros? 4. ¿Cómo andan los burros? 5. ¿Anda el buey despacio o de prisa? 6. ¿Está Vd. cansado? 7. ¿Cuántas veces por semana van los campesinos al mercado? 8. ¿Dónde permanecen los burros durante el día? 9. ¿Cómo aguardan el regreso al campo? 10. ¿Qué venden los gitanos? 11. ¿Son los burros animales inteligentes o estúpidos? 12. ¿Cómo sabemos que los burros son inteligentes? 13. ¿Cómo aceptan los burros su vida errante? 14. ¿Quieren los españoles a los burros? 15. ¿Hay mercado en la ciudad donde Vd. vive?

(2) Complete the following sentences:

1. El hombre que trabaja mucho es ——. 2. El hombre que no trabaja nunca es ——. 3. El pobre animal está cargado de ——. 4. Los gitanos —— de ciudad en ciudad. 5. El burro pasa la noche en la ——.

(3) The following two lines contain words which have opposite meanings. Pair off these words.

pequeño bueno perezoso bonito inteligente diferente noche

día mismo estúpido malo grande trabajador feo

(4) Replace the English word in brackets by the correct Spanish equivalent.

1. ¿(What) tiene Vd.? 2. Los burros (that) están en el prado. 3. El aldeano (who) trabaja en el campo. 4. ¿(Who) ha venido? 5. ¿(Whose) es este lápiz? 6. ¿(Which) de estos lápices es el mío? 7. La mujer (who) está preparando la comida. 8. El libro (that) Vd. ha leído. 9. ¿(Whom) ha visto Vd.? 10. El amigo (to whom) ha dado el libro. 11. ¿(What) libro tiene Vd. en la mano? 12. ¿(Who) ha comido las frutas? 13. ¿ (With whom) tiene Vd. intención de visitar la ciudad?

14. ¿(Whom) quiere Vd. ver?   15. Los niños (who) aprenden la lección.

(5) Give alternative expressions in Spanish for the following:

> rápidamente   lentamente   a veces   atentamente
> generalmente

(6) Give the Spanish for the following numbers:

220; 530; 740; 1000; 900; 800; 475; 364; 687; 598.

(7) Give the first person singular and plural (present indicative) of the following verbs:

poner   volver   venir   decir   conocer   hacer   dirigir   saber
seguir   oír

(8) Put into Spanish:

1. I have a thousand books.   2. Do you know Anita?   3. I know what he wants.   4. The old man goes from town to town along the dusty roads.   5. Whose is this donkey? 6. The animal won't go more quickly.   7. The caravan is crossing the desert.   8. The gipsies are waiting in the market place.   9. There are those who play and those who work. 10. Of whom is he speaking?

(9) Put into Spanish:

Have you ever seen a market in the square of a little Spanish town? The country people go there once or twice a week with their donkeys, laden with fruit and vegetables. And these patient animals stay all day in the square, awaiting the return to the country in the evening. The men and women are buying and selling their merchandise and the children are playing in the street.

CHAPTER VIII

DIÁLOGO

(Don Jaime y doña Luisa están en la sala. Son las once
de la noche.)

DON JAIME: —Ya es tarde. Voy a acostarme.

DOÑA LUISA: —¿Estarás libre mañana? ¿Habrás terminado ese trabajo?

DON JAIME: —Sí, alma mía, mañana estaré completamente libre. No tendré nada que hacer.

DOÑA LUISA: —¿Qué haremos pues?

DON JAIME: —Si no tienes inconveniente iremos a los
toros.

DOÑA LUISA: —¡A los toros! Ya sabes que no me
gustan los toros.... ¡tanta sangre!...¡qué asco!

DON JAIME: —Pero, queridita, es una corrida algo
especial. Manolete....

DoÑa Luisa: —¡Manolete!

Don Jaime: —...es un matador muy famoso. ¿No le conoces? ¿No te acuerdas de aquella corrida en Madrid?... pero, si lo prefieres, iremos a un partido de fútbol o de pelota.

DoÑa Luisa: —Tampoco me interesan esos juegos infantiles.

Don Jaime: —¡Juegos infantiles! Son deportes. Pero ...¿qué quieres tú hacer? ¿Quieres pasar la tarde en casa escuchando la radio? Mañana van a radiar un concierto sinfónico.... ¿o prefieres mirar la televisión?

DoÑa Luisa: —Te diré lo que haremos. Daremos un paseo hasta la playa. Con el calor que hace pasaremos una tarde deliciosa. Tú podrás bañarte.

Don Jaime: —¿Y después?

DoÑa Luisa: —Después comeremos en ese restaurante. ... ¿Cómo se llama ese restaurante de la esquina cerca del Museo de Pinturas?

Don Jaime: —Restaurante de París.

DoÑa Luisa: —Eso es. Y después de cenar iremos al teatro. Echan una comedia de Benavente.

Don Jaime: —Yo prefiero ir al cine. Se estrena una película: Luces de Buenos Aires. Me han dicho que vale la pena de verla. Es una película muy...artística.

DoÑa Luisa: —¡Eso dices tú!

Don Jaime: —Bueno. Iremos al teatro. (Don Jaime sale del cuarto y vuelve al cabo de cinco minutos.) He telefoneado al teatro y han reservado dos butacas para mañana.

NOTES

Tarde

Ya es tarde—it is already late.

llegar tarde—to arrive late.

Do not confuse with **la tarde**—the afternoon, the evening.

Note: A las seis de la tarde—at six o'clock IN the evening.

Buenas tardes—good evening, good afternoon. Remember that the plural form is used.

Similarly:

Buenos días   good day, good morning
Buenas noches   good night

Alma mía

A term of endearment. Note: **el** alma (*f.*).

Los toros

Ir a los toros—to go to a bullfight.

Bullfighting is still popular in most parts of Spain, although in Catalonia football and pelota are preferred. Whilst bull-fighting is undoubtedly a cruel sport, it must be realised that it is primarily the astounding courage, skill, and precision of the matador which attracts the crowds. A bullfight is **una corrida de toros**. The bullring is **la plaza de toros**. The word **matador** literally means 'killer', from the verb **matar**—to kill. The matador is sometimes called **el espada**. **La espada** means 'sword', and **el espada** the one who wields the sword. The general word for bullfighter is **el torero.**

¡Qué asco!

An expression of repugnance equivalent to the English 'It makes me sick!'

El juego de pelota

Pelota is a ball game of Basque origin, not unlike fives, but played in a much longer court called **el frontón**, and is very popular in North-eastern Spain and some parts of Latin America. **La pelota is** also the usual word for a ball. The notice 'Se prohibe jugar a la pelota', is commonly seen pasted up on walls and buildings throughout Spain.

La radio

This word is feminine, although ending in -*o*, since it is short for **la radiotelefonía. El aparato de radio**—radio set.

La televisión

Television. **El televisor**—television set. Note also: **el toca-discos**—record-player.

Bañarse

To bathe, have a bath.
The bath is **el baño.**
A swimming pool is **la piscina.**
To swim is **nadar,** and swimming **la natación.**

Echar una comedia

Echar means literally 'to throw'. In this respect the English 'cast' may be compared.

Estrenar

Estrenar una comedia is to show for the first time.
El estreno is the 'first night' of a play or film.

El teatro

A second performance is usually given at Spanish theatres after the evening meal and commencing at ten, ten-thirty, or even later.

Las localidades—seats.

Las butacas—stall seats (literally 'arm-chair seats').

El patio in theatrical language is the pit.

An actor is **un actor** and an actress **una actriz.**

Generally speaking, **ir a la comedia** means 'to go to the theatre'.

A general word for play is **una pieza de teatro.**

La tragedia is self-explanatory, and **la zarzuela** is a typically Spanish performance in some ways resembling musical comedy.

Telefonear

The noun is **el teléfono.** To ring up is **llamar por teléfono.**

GRAMMAR

Personal Pronouns (Conjunctive)

The following table gives the personal pronouns (direct and indirect objects), corresponding to the subject pronouns.

Subject		*Direct Object*		*Indirect Object*	
yo	I	me	me	me	to me
tú	thou	te	thee	te	to thee
él	he; it	le; lo	him; it	le	to him; to it
ella	she; it	la	her; it	le	to her; to it
Vd.	you	le; la	you	le	to you
nosotros	we	nos	us	nos	to us
vosotros	you	os	you	os	to you
ellos	they	los	them	les	to them
ellas	they	las	them	les	to them
Vds.	you	los; las	you	les	to you

Examples:

Jaime me escribe dos veces por semana.
Jaime writes to me twice a week.

Pone el libro sobre la mesa.   Lo pone sobre la mesa.
He puts the book on the table.   He puts it on the table.

La señora ha escrito dos cartas.   Las ha escrito.
The lady has written two letters.   She has written them.

¿La ha visto Vd.?   Have you seen her?

Consider the following case where ambiguity is possible:

Le escribe una carta. This could mean: 'He (or she) writes a letter to him, to her, to you.' If the context were not to make the meaning clear, it would be necessary to write the sentence as follows:

Le escribe una carta a él.	He writes a letter to him.
Le escribe una carta a ella.	He writes a letter to her.
Le escribe una carta a Vd.	He writes a letter to you.

These pronouns normally *precede* the verb.

| No lo ha dicho. | He hasn't said so. |
| ¿No la ha visto Vd.? | Haven't you seen her (or it)? |

In the case of the infinitive, however, the pronoun follows and is added to the infinitive.

| No quiero hacerlo. | I don't wish to do it. |
| Para verle. | In order to see him. |

Similarly in the case of the 'continuous' form of the verb.

Le está escribiendo (or) Está escribiéndole.   He is writing to him.

When the latter form is used, notice that it is necessary to write the accent on the present participle in order to preserve the original stress.

When two pronouns come together, the dative always precedes the accusative.

Enrique da el libro a nosotros—Enrique nos lo da.
Enrique gives the book to us—Enrique gives it to us.

Reflexive Verbs

In the present chapter we have met the verb **llamarse**. The simple infinitive **llamar** means 'to call'. The reflexive verb **llamarse** means 'to call oneself' or 'to be called'.

The verb is conjugated as follows:

(yo)	me llamo
(tú)	te llamas
(él)	se llama
(ella)	se llama
(Vd.)	se llama
(nosotros)	nos llamamos
(vosotros)	os llamáis
(ellos)	se llaman
(ellas)	se llaman
(Vds.)	se llaman

Notice that in the reflexive verb the third person pronoun, both singular and plural, is **se** (oneself, himself, herself, yourself, themselves, yourselves).

A verb may be reflexive both in English and Spanish. For instance, **lavarse** means 'to wash oneself', 'to have a wash'.

Reflexive verbs are much more numerous, however, in Spanish than in English. In the present chapter occurs the word **acordarse**—'to remember'. The English verb is not reflexive, but it is easy to see the reflexive sense of the Spanish verb if we substitute 'to recall to oneself'.

The reflexive construction is often used in Spanish where the English would prefer the passive voice. For instance, note such expressions as:

> Aquí se habla español.   Spanish spoken here.

This use corresponds to the French *Ici on parle français*.

Similarly:

Se abre a las tres.	They open at three.
Se prohíbe fumar.	Smoking prohibited.
¿Cómo se llama este pueblo?	What is the name of this village? What is this village called?

Future Indicative

This tense is formed by adding the present indicative of **haber** (with slight modifications) to the infinitive.

hablar—hablaré	I shall speak, etc.	(h)e
hablarás		(h)as
hablará		(h)a
hablaremos		(h)emos
hablaréis		(hab)éis
hablarán		(h)an

comer—comeré, comerás, comerá, comeremos, comeréis, comerán

vivir—viviré, vivirás, vivirá, viviremos, viviréis, vivirán

There are a few irregular forms. Some have occurred in the present chapter:

tener—tendré, etc.	poder—podré	haber—habré
decir—diré	hacer—haré	

Future Perfect

This tense is formed with the future of **haber** and the past participle.

Yo habré terminado.	I shall have finished.
Habremos escrito la carta.	We shall have written the letter.

Notice another irregular past participle: **dicho** (from 'decir').

¿Qué le habrá dicho?	What will he have told him? I wonder what he has told him?

Gustar

This verb is very important, since it is used to render such forms as 'I like', 'I am fond of'.

The real meaning of the verb is 'to please'. For example:

Me gusta el pan.	I like bread (i.e. bread pleases me).
A ella le gusta el vino.	She likes wine.
Nos gustan los libros.	We like books.
Me gusta leer.	I like reading (i.e. it pleases me to read).

Remember that **querer** means 'to like, to love', or 'to want, wish'.

El niño quiere a su padre.	The child loves his father.
¿Qué quiere Vd.?	What do you want?
No quiero hacer eso.	I don't want to do that.
¿Quiere Vd. venir también?	Will you come as well?

Habrá

This is the future indicative form of **hay**, the impersonal verb meaning 'there is, there are'.

> No habrá concierto mañana.
> There will be no concert tomorrow.

Saber; conocer

Be careful to distinguish these two verbs.

Saber means 'to know a fact', whereas **conocer** has the meaning of 'to be acquainted with'.

¿Conoce Vd. a mi hermano?	Do you know my brother?
¿Sabe Vd. lo que he visto?	Do you know what I have seen?

Remember also:

¿Sabe Vd. nadar?	Can you swim? (i.e. do you know how to swim?)

EXERCISES

(1) Answer the following questions in Spanish:

1. ¿Quiénes están en la sala?   2. ¿A qué hora quiere acostarse don Jaime?   3. ¿A qué hora se acuesta Vd.?   4. ¿Qué tendrá don Jaime que hacer al día siguiente?   5. ¿Ha visto Vd. una corrida de toros?   6. ¿Quién es Manolete?   7. ¿Por qué no le gustan a doña Luisa los toros?   8. ¿Sabe Vd. jugar a la pelota?   9. ¿Es el fútbol un juego infantil o un deporte?   10. ¿Le gustan a Vd. los conciertos sinfónicos?   11. ¿Sabe Vd. nadar?   12. ¿Dónde está el restaurante de París?   13. ¿Prefiere Vd. el teatro al cine?   14. ¿Por qué sale don Jaime del cuarto?   15. ¿Cuál es la película que don Jaime quiere ver?

(2) Replace the words in brackets by pronouns, placing them in their correct position in the sentence.

(Example: ¿Conoce Vd. (a don Jaime)?—¿Le conoce Vd.?)
Don Jaime me da (el libro). Me dará también (los lápices).
Me escribirá (la carta). El maestro nos describe (las provincias
de España). Luisa escribe una carta (a su hermana). Quiero
telefonear (a mi tía). Estoy escribiendo una carta (a mis
amigos). Doña Emilia escribe una carta todas las semanas (a
sus amigas). ¿Ha visto Vd. (a su hermano)? Ella tiene mucho
cariño (a sus hermanas). Hemos perdido (nuestras plumas).
¿Ha comprado Vd. (el billete)?

(3) Give the Spanish equivalents of the following:

1. I am going to bed.   2. I shall have to do it.   3. I don't
like writing letters to him.   4. Will you give it to me?   5. I will
tell you what we will do.   6. He has written two letters to her.
7. He doesn't know us.   8. Has he answered you?   9. I shall
go and see him after supper.   10. Do you remember the play?

(4) Conjugate in full the present indicative of the following
verbs:

> acostarse   sentarse   llamarse   irse (to go away)
> acordarse

(5) Put the following verbs into the future indicative:

(Example: Vd. come—Vd. comerá.)
1. Yo hablo.   2. Nosotros comemos.   3. Ella tiene.
4. Manuel dice.   5. Vd. no puede.   6. ¿Qué hace su hermano?
7. Hay muchas personas.   8. Tú vuelves.   9. Cuesta poco.
10. Vosotros vais.   11. Ellos me dan cinco pesetas.

(6) (a) Form sentences in Spanish using the following words
or expressions:

> tener que   hasta   cerca de   al cabo de

(b) By means of short sentences show the difference in
meaning between the following pairs of words:

> saber—conocer   cuarto—cuatro   mañana—la mañana
> tarde—la tarde

(7) Put into Spanish:

1. What time shall we go to the theatre?   2. I don't like her sister.   3. What is your name?   4. Have you seen that film?
5. They are putting on one of Benavente's comedies.   6. He tells me that he likes pelota.   7. What is the price of this book?
8. I shall ring him up tomorrow.   9. The children like to play on the beach.   10. Do you remember his name?

(8) Put into Spanish:

My husband is very fond of sports. When it is fine we often go to a football or pelota match. Sometimes we take a walk as far as the beach. I like bathing but cannot swim. Afterwards we have dinner in town and go to the theatre or cinema. My husband likes to see a good film, but I must admit that I prefer the theatre, especially when there is a comedy. We often spend the evening watching the television or listening to the radio.

CHAPTER IX

LA TERTULIA

ANITA consulta el calendario cada día. El primero de febrero se acerca. Es el cumpleaños de Anita. Tendrá veinte años de edad.

Habrá una reunión. Vendrán todos sus amigos, Carmen,

Andrés, Eulalia, Pilar y...¡ don Antonio! Anita se pondrá el traje azul porque sabe cuánto le gusta a Antonio este color.

Todo el mundo sabe que Anita y Antonio están enamorados. Siempre se hace la misma pregunta:— ¿Cuándo se casarán? ¿Cuándo se verificará la boda?

Y todo el mundo sabe también que el papá de Anita consentirá en el matrimonio porque Antonio es un chico muy guapo, muy simpático y—¡lo que tiene mucha importancia!—no le falta dinero tampoco.

El papá de Anita ha comprado un maravilloso abanico de marfil y se lo dará a su hija el día de su cumpleaños. Y se sabe también que Antonio va a regalarle un collar de perlas. (El pueblo es muy pequeño y el joyero a quien Antonio ha comprado el regalo se lo ha dicho a todos los vecinos.)

A las siete de la tarde llegan los convidados, amigos de papá y mamá, amigas de Anita y...naturalmente... Antonio. Un poco más tarde llegan los músicos con sus instrumentos.

Primero se sientan todos a la mesa. Es un verdadero banquete; hay por lo menos ocho platos diferentes. Despúes todos beben a la salud de los novios, dándoles la enhorabuena.

Al son de la música empiezan los convidados a bailar. Todos admiran a Anita, que es muy hermosa y muy feliz.

El baile dura hasta medianoche y todos vuelven a casa. Anita acompaña a Antonio hasta la puerta para despedirse de él. Antonio se aleja muy despacio y Anita se queda en la puerta mirando tristemente en la oscuridad.

NOTES

La tertulia

This is a party or a gathering together of friends for purposes of conversation and discussion. The traditional Spanish **tertulia** used to take place in the parlour of the village chemist, to whose house were invited the village priest and schoolmaster. These friends met to talk about current events, local topics, and to play cards. By extension, any meeting of friends and acquaintances may be called **tertulia**.

Acercarse

From **cerca de**—near to. The contrary is **alejarse**, from **lejos de**—far from, and meaning 'to go away from'.

El cumpleaños

Birthday. Literally the day when a certain number of years are 'fulfilled'. **Cumplir**—to fulfil.

Ha cumplido veinte años. He has reached the age of twenty.

Ponerse un traje

El traje means both a man's suit and a woman's dress. Another word for dress is **el vestido**.

Note: **ponerse un traje**—to put on a dress. To take off a dress is **quitarse un traje**.

Guapo

One of the several words for describing a beautiful woman or a handsome man.

Hermoso and **lindo** are other adjectives meaning beautiful, whilst **bonito** suggests prettiness.

Note also the somewhat colloquial: **Una muchacha muy mona**—a very beautiful girl. It appears strange that **el mono** is the Spanish for monkey!

El abanico

Fans are used in Spain by men and women alike. For purposes of advertising, firms often distribute cardboard fans to members of the audience at local theatres.

Regalar

To present, give. **El regalo** is a gift.

El collar

Do not confuse **el collar** (the necklace) with **el cuello** (the neck or collar).

Comprar

Notice that 'to buy something from a person' is **comprar algo a una persona**. Similarly with other verbs having the sense of 'to take away from'.

Thus: El padre le quitó el dinero. The father took the money away from him.

El convidado

Convidar is the verb meaning 'to invite'.

El músico

The musician. Music is la música.

El plato

This word means either plate or dish (in the sense of 'course').

La salud

A common toast in Spain is: '¡Salud y muchas pesetas!' being the equivalent of 'good health and wealth'.

Quedarse

We have already met with the verb permanecer, also meaning 'to remain'.

Cada día

The days of the week, in Spanish, are:

domingo	lunes	martes	miércoles	jueves
Sunday	Monday	Tuesday	Wednesday	Thursday

viernes	sábado
Friday	Saturday

They are all masculine. They are not written with capital letters as in English.

Note, however, the use of the article: Viene el domingo. He is coming on Sunday.

Febrero

February.

The months of the year are, in Spanish:

enero	January	febrero	February	marzo	March
abril	April	mayo	May	junio	June
julio	July	agosto	August	setiembre	September
octubre	October	noviembre	November	diciembre	December

Note that they are not written with capital letters in Spanish. All these words are masculine.

The seasons, in Spanish, are:

la primavera   spring (also 'primrose')   el verano   summer
el otoño   autumn   el invierno   winter

GRAMMAR

Personal Pronouns (Conjunctive)—*continued.*

Let us consider the following sentences:

José me da el libro.   José gives me the book.
José lo da a su amigo.   José gives it to his friend.
José me lo da.   José gives it to me.

You will notice that the dative always precedes the accusative.

Now consider the following case:

Le da el libro.   He gives the book to him.
Lo da.   He gives it.

If we were to combine these two sentences we should have **le lo da**, which is considered impossible in Spanish. In all such cases (where two *third* person pronouns come together) the dative form is replaced by SE. Thus:

Se lo da.   He gives it to him.

Of course, this sentence without the context could mean:

He gives it to him, to her, to you (singular), to them, to you (plural).

In order to avoid ambiguity, **a él, a ella**, etc., may also be expressed:

Se lo da a él, or a ella, or a Vd., or a ellos, or a ellas, or a Vds.

Notice that SE must be expressed in all such cases, since Spanish does not object to redundancy. One often finds such forms as:

Le da un abanico a su hija.   He gives a fan to his daughter.

Personal Pronouns (Disjunctive)

These are used after prepositions. They have the same forms as the subject personal pronouns, with two exceptions.

para él, ella, Vd.	for him, her, you
sin nosotros, vosotros	without us, you
de ellos, ellas, Vds.	of them, you

The two exceptions are: **mí** and **ti**.

Este libro es para mí.	This book is for me.
No iré sin ti.	I shall not go without you.

These forms are used after all prepositions with the exception of **con**—'with'. This latter exception will be explained in the next chapter.

In addition to these forms there is another disjunctive pronoun sí, which corresponds to the reflexive pronoun SE (himself, herself, etc.). Compare the following sentences:

Ha comprado este libro para él.
He has bought this book for him (i.e. another person).

Ha comprado el libro para sí.
He has bought the book for himself.

¿Ha comprado Vd. este libro para sí?
Have you bought this book for yourself?

In other words, **sí** can refer only to the *subject* of the sentence.

Ordinal Numbers

The ordinal numbers from one to ten are:

first	primero	second	segundo	third	tercero
fourth	cuarto	fifth	quinto	sixth	sexto
seventh	séptimo	eighth	octavo	ninth	nono or
tenth	décimo				noveno

Unlike the cardinal numbers, the ordinals agree with the noun they qualify.

Las primeras calles de la ciudad.	The first streets of the town.
la quinta página	the fifth page
la cuarta vez	the fourth time (occasion)

Primero and **tercero** are alike in that before the *masculine singular* noun they are shortened to **primer** and **tercer**.

el primer día	the first day
el tercer piso	the third floor

It is not absolutely necessary to learn the ordinal numbers beyond 10, as they are rarely used.

The ordinal number is used for the *first* day of the month, but for the rest the cardinal numbers are employed:

el primero de abril	the first of April
el dos de mayo	the second of May

Ordinals are used for kings, sovereigns, etc., up to 10, but not usually beyond:

Carlos quinto	Charles the Fifth
but Alfonso trece	Alfonso the Thirteenth

Future Indicative (Irregular Forms)

SABER (to know)	sabré, sabrás, sabrá, etc.
PONER (to put)	pondré, pondrás, pondrá, etc.
VENIR (to come)	vendré, vendrás, vendrá, etc.

Reciprocal Verbs

A verb such as **lavarse** (to wash oneself) is reflexive. A verb such as **quererse** (to love one another) is said to be reciprocal. The same form is used in Spanish for both.

Anita y Carlos se aman.
Anita and Carlos love each other.

Similarly:

Nos comprendemos perfectamente.
We understand each other perfectly.

Commands

The polite imperative (i.e. the form corresponding to **Vd.**) is formed from the present subjunctive. It can generally be obtained by taking the third persons singular or plural of the present indicative and changing the A of the ending into E, or the E into A.

Thus:

habla	he speaks	hable Vd.	speak!
hablan	they speak	hablen Vds.	speak!
come	he eats	coma Vd.	eat!
comen	they eat	coman Vds.	eat!
escribe	he writes	escriba Vd.	write!
escriben	they write	escriban Vds.	write!

And similarly in the case of radical changing verbs:

muestra	he shows	muestre Vd.	show!
piden	they ask	pidan Vds.	ask!
vuelve	he returns	vuelva Vd.	return!

Sometimes it is necessary to change the consonant:

busca	he seeks	busque Vd.	seek!
distingue	he distinguishes	distinga Vd.	distinguish!

In the case of the irregular verbs, the imperative form *usually* corresponds to the first person singular of the present indicative (with, of course, the change of ending):

hago	I do, make	haga Vd.	do!
digo	I say	digan Vds.	say!
pongo	I place	ponga Vd.	place!

There are exceptions to this rule, which will be pointed out later. Unless there is any ambiguity it is not necessary to repeat **Vd.** or **Vds.** in the same sentence. For instance:

> Tome Vd. la pluma y escriba la carta.
> Take the pen and write the letter.

In positive sentences the pronoun is added to the *end* of the verb.

> Tómelo Vd.   Take it.
> Escríbannos Vds.   Write to us.

Notice the accent which must be added in order to preserve the original stress.

In negative sentences, however, the pronoun precedes the verb:

| No lo tome Vd. | Don't take it. |
| No nos escriban Vds. | Don't write to us. |

The imperative may be less forcibly expressed by using such a form as:

| ¿Quiere Vd. darme el libro? | Please give me the book. |
| | Will you give me the book? |

or

| Hágame Vd. el favor de | Do me the favour of giving |
| darme el libro. | me the book. |

EXERCISES

(1) Answer the following questions in Spanish:

1. ¿Qué edad tiene Anita? 2. ¿Cuántos años tiene Vd.? 3. ¿Por qué se pondrá Anita su traje azul? 4. ¿Qué pregunta se hace siempre en el pueblo? 5. ¿Es pobre don Antonio? 6. ¿Qué ha comprado el papá de Anita? 7. ¿Cómo sabe todo el mundo que don Antonio va a regalarle a Anita un collar de perlas? 8. ¿A qué hora llegan los convidados? 9. ¿Cuándo llegan los músicos? 10. ¿Sabe Vd. bailar? 11. ¿Hasta qué hora dura el baile? 12. ¿Por qué acompaña Anita a don Antonio hasta la puerta? 13. ¿Cómo se aleja don Antonio? 14. ¿Qué hace Anita cuando Antonio se va? 15. ¿Cómo se llama un hombre que vende joyas?

(2) Replace the words in heavy type by pronouns, and re-write the sentences, placing the pronouns in their correct position.

1. Dice adiós **a su novia**. 2. Le da **el cuaderno**. 3. ¿No ha comprado Vd. **el reloj a su amigo**? 4. Me ha regalado **este libro**. 5. Pondrá **los lápices** sobre la mesa. 6. Le diré **que Vd. ha llegado**. 7. ¿Cuándo le venderá Vd. **su bicicleta**? 8. ¿Quiere Vd. prestarme **su reloj**? 9. Escriba Vd. **la carta** en seguida. 10. ¿Ha terminado Vd. **el trabajo**?

(3) Replace the English words in brackets by the correct Spanish equivalents.

(Example: No quiero ir con (him). No quiero ir con él.)

1. Esta carta es para (me). 2. No iré sin (you). 3. ¿Quiere Vd. venir con (us)? 4. Estas rosas son para (you). 5. ¿Se acuerda Vd. de (him)? 6. He comprado una caja de cerillas para (you—plural). 7. No queremos hacerlo sin (them). 8. El viejo está hablando con (her). 9. ¿Quién irá con (them—feminine)? 10. Lo haré después de (you).

(4) Put into Spanish:

1. The fifth day. 2. The second of May. 3. He is coming on the first of July. 4. Alfonso X and Alfonso XIII. 5. Don't eat it. 6. Write the letter to your son. 7. The 30th of December. 8. The first time. 9. This is the third volume (el tomo). 10. Answer me.

(5) Put the following sentences into the future indicative:

1. Tengo diez años. 2. No le doy nada. 3. ¿A qué hora viene su amigo? 4. No lo hacemos. 5. ¿Cuándo vuelve a casa? 6. ¿Puede Vd. venir con nosotros? 7. Vd. se lo dice. 8. No le interrumpo a Vd. 9. Se pone el traje azul. 10. ¿A qué hora se acuesta Vd.?

(6) Give the opposites of the following words or expressions: acercarse comprar el calor preguntar hermoso tristemente

(7) Give the English equivalents of the following:

1. Carlos y María se quieren mucho. 2. Aquí se prohíbe fumar. 3. Se dice que Antonio se ha casado con la chica. 4. No me falta dinero. 5. Se lo diré a Vd. mañana.

(8) Put into Spanish:

In the little town everybody knows that Anita is in love with Antonio, and that they are going to get married. It is her birthday today and all her friends are coming to have dinner with the family. Of course, Antonio is coming too, and Anita will put on her blue dress, because she knows that Antonio is fond of this colour. All the guests arrive in the afternoon, and after dinner they dance until midnight.

CHAPTER X

EL NEGOCIANTE

El señor Álvarez es negociante. Es el dueño de una casa comercial en Barcelona. Vive en una casa particular en las afueras de la ciudad. Es un hombre de unos cuarenta años, ni grande ni pequeño, enérgico y trabajador. Siempre va vestido de negro y lleva un bastón.

Suele levantarse a las siete de la mañana, se desayuna y sale en seguida para la ciudad.

Cuando llega al despacho el señor Álvarez empieza el trabajo del día. Habla con el gerente y visita las oficinas y la fábrica, donde hay empleados más de cien obreros. A veces llama por teléfono a sus socios en Madrid y Zaragoza, donde la casa tiene importantes sucursales. Casi todos los días va también al Banco de España y a la Bolsa.

A eso de las doce y media vuelve a casa para comer, juega después con los niños y duerme la siesta en el jardín o en la biblioteca.

A las cuatro de la tarde le encontramos otra vez en la oficina, donde se queda hasta la hora de cenar. Algunas veces vuelve a casa, otras veces suele cenar en la ciudad con algunos de sus amigos.

En el restaurante consulta la lista de platos y escoge. Toma sopa, entremeses, algún pescado (le gusta mucho el bacalao), una chuleta de ternera o carne asada, legumbres o ensalada. Como postres hay frutas, queso o galletas. Termina la comida con una taza de café solo y a veces toma una copita de coñac y fuma un puro.

Luego vuelve a casa, pasa algún tiempo con su familia y se acuesta.

NOTES

El negociante

A related word is **los negocios**—business.

Levantarse

Llevar

Be careful not to confuse these two words.

Levantar means 'to lift', and **levantarse** 'to lift oneself up', or 'to get up'.

Llevar means 'to carry', or 'to wear'.

Desayunarse

The noun is **el desayuno**—light breakfast.

This meal is followed by **el almuerzo** (lunch) and **la cena** (supper, normally taken about eight or nine o'clock in the evening). In the country, however, it is the custom to take a heavier breakfast (also called **el almuerzo**), followed by **la comida** (dinner) and **la cena** (supper).

The verbs corresponding are: **almorzar** (to have breakfast or lunch), **comer** (to dine or eat) and **cenar** (to have supper).

Tea is not usual, although sometimes a light snack is taken about four o'clock. This is called **la merienda.**

En seguida

Immediately, at once. Also: **inmediatamente.**

El despacho

Office. Another word for office is **la oficina.**

An employee in an office or shop is, in Spanish, **el dependiente**, la dependienta.

El banco

This word has two distinct meanings: (1) bank. El banco de España—the Bank of Spain. (2) seat. Sentarse sobre un banco—to sit on a seat.

Dormir la siesta

This after-lunch rest is almost universal throughout Spain and Latin America, and is indeed very necessary where the climate is hot. Most shops and business houses close from about midday to three o'clock for this purpose but, of course, work until a correspondingly later hour. The Spanish say that only Englishmen and dogs are to be seen abroad at this hour!

La biblioteca

Library. Do not confuse this word with **la librería** which is a book shop.

Lista de platos

The classic Spanish dish is **el puchero** or **el cocido**, a stew containing meat, sausage, vegetables. In peasant families, whilst the various members are at work, such a dish can be left to cook slowly over a charcoal fire with little attention. It is an economical and highly nutritious dish. The meats, vegetables, and flavourings naturally vary according to individual tastes.

Postres

Fruits such as one might normally expect for dessert are:

la naranja	orange
las uvas	grapes
el melocotón	peach
las cerezas	cherries
la manzana	apple
la pera	pear
el plátano	banana

Nuts are also very often served as dessert. Nut in Spanish is **la nuez** (plural—nueces).

L.S.—7

GRAMMAR

Disjunctive Pronouns (mí, ti, and sí)

When the proposition **con** (with) precedes these pronouns, a special form is used:

conmigo (with me)   contigo (with thee)   consigo (with him, her, you, etc.)

For example:

Iré contigo.	I will go with you.
¿Quiere Vd. venir conmigo?	Will you come with me?
¿Por qué lleva la maleta consigo?	Why is he taking the suitcase with him?

Negatives

Study the following carefully:

alguno   ninguno

Tengo algunos lápices.	I have a few pencils.
¿Tiene Vd. algún azúcar?	Have you any sugar?
No tengo ningún lápiz.	I have no pencil.

algo   nada

¿Tiene Vd. algo que darme?	Have you anything to give me?
No tengo nada que darle.	I have nothing to give you.

también   tampoco

Iré también con él.	I shall go with him also.
No iré tampoco.	I shall not go either.

y   ni... ni...

Tengo pluma y tinta.	I have pen and ink.
No tengo ni pluma ni tinta.	I have neither pen nor ink.

You will notice that in all these cases **no** is used before the verb to complete the negation. As has been pointed out before, Spanish does not object to the double negative.

If the negative pronoun or adverb precedes the verb, however, **no** is omitted, as, for instance:

Nada tengo.	Tampoco iré yo.	Nunca viene a verme.
I have nothing.	I shan't go either.	He never comes to see me.

It is usual for **no** to precede the verb in ordinary language, unless the negative pronoun is the subject of the sentence, as, for instance:

Ninguno de mis amigos ha venido.	Not one of my friends has come.

Even in the latter case one can say: No ha venido ninguno de mis amigos. The important thing to remember is that when such words follow the verb, **no** must not be omitted.

You will notice also that **alguno** and **ninguno** are shortened to **algún**, **ningún** before a masculine singular noun.

No tengo ningún dinero.	I have no money at all.
Vendrá algún día.	He will come some day.
But No tengo ninguna tiza.	I have no chalk at all.

Expressions of Time

Es la una y media.	It is half-past one.
Son las tres y media.	It is half-past three.

In these cases **media** is an adjective and agrees with **hora**. i.e. media hora.

Es la una y cuarto.	It is a quarter past one.
Son las diez menos cuarto.	It is a quarter to ten.

In such cases **cuarto** is a noun meaning 'a quarter'. i.e. menos un cuarto de hora—less a quarter of an hour.

Son las cuatro y veinte.	It is twenty past four.
Son las once menos cinco.	It is five to eleven.
A eso de las dos.	At about two o'clock.

Future Indicative (Irregular Verbs)

Salir (to go out)   saldré, saldrás, saldrá, saldremos, saldréis, saldrán.

Querer (to love, want)   querré, querrás, querrá, querremos, querréis, querrán.

Note also:

soler—to be wont to, to be in the habit of.

This verb is radical changing (suelo, sueles, etc.), and is also defective, since it is used only in the present and imperfect indicative.

¿A qué hora suele venir?   What time does he usually come?

It is an extremely useful verb for rendering such English expressions containing 'generally' or 'usually'.

volver a—to do something again.

In addition to the usual meaning of 'return', this verb, when followed by 'a' and another infinitive, has the sense of 'to do something again' or, literally, 'to return to do something'.

Vuelvo a escribir la carta.   I write the letter again.

Of course one could also say:

Escribo la carta otra vez.

EXERCISES

(1) Answer in Spanish the following questions:

1. ¿Qué es el señor Álvarez?   2. ¿Dónde vive?   3. ¿Qué edad tiene?   4. ¿A qué hora se levanta Vd.?   5. ¿Con quién habla el señor Álvarez cuando llega a la oficina?   6. ¿Dónde tiene sucursales la casa de comercio?   7. ¿Cuántos obreros se emplean en la fábrica?   8. ¿Dónde pasa las horas de la siesta el señor Álvarez?   9. ¿Cuántas horas por día trabaja?   10. ¿Come el señor Álvarez en la ciudad o en casa?   11. ¿Qué

prefiere Vd. como postres? ¿Queso o frutas? 12. ¿Qué toma el señor Álvarez después de la comida? 13. ¿Le gusta a Vd. el pescado? 14. ¿Cómo se llaman los que trabajan en una oficina? 15. ¿Cuáles son las tres comidas principales del día?

(2) Give the 1st person singular of (a) present indicative, (b) future indicative, (c) perfect, of the following verbs.

(Example: hablar. hablo; hablaré; he hablado.)

saber acabar vestirse empezar decir venir salir encontrar seguir   permanecer

(3) Write short sentences in Spanish, making use of the following words or expressions:

desayunarse en seguida a veces otra vez por fin

(4) The following two lines contain words which have similar meanings. Pair these words.

quedarse despacho en seguida volver acabar
terminar permanecer oficina regresar inmediatamente

(5) Give the opposites of the following words:

levantarse trabajador salir blanco algo

(6) Put into Spanish:

Señor Álvarez is a business man. He lives in the suburbs and has to go into the city by tram or bus. He usually gets up about seven o'clock, spends the morning in the office or in the factory, has his lunch at home, takes his siesta, and then returns to his work. Sometimes he has dinner in town with friends, sometimes he comes back home, has supper with the family, and goes to bed at ten or eleven o'clock. Once a month Señor Álvarez has to go to Madrid or Saragossa to visit the firm's branches.

RECAPITULATION II

EXERCISES

(1) Put into Spanish:

1. Do they sell stamps in that shop? 2. What time is it? It is half-past eleven. 3. Do you know how to count in Spanish? Count up to a thousand. 4. It is beginning to rain. Have you got an umbrella? 5. Write the letter again. 6. Tomorrow it will be the 10th of September. 7. What have you been doing today? Nothing. 8. Whose is this book? It is yours. 9. Which of the two magazines do you prefer? 10. Ask him for his pencil. 11. I know that man very well. He has neither money nor friends. 12. What time do you get up? Late or early? 13. He will give it to you tomorrow. 14. For whom is this wine? 15. Will you come with me? 16. She usually comes after supper. 17. I shall ring him up before noon. 18. My brother says he can't come either. 19. Don't ask too many questions. 20. Do you like onions?

(2) Give the first person singular (present indicative) of the following verbs:

querer   venir   poner   oír   saber

(3) Give the first person plural (future indicative) of the following verbs:

querer   salir   poner   venir   saber

(4) Write in Spanish a few words on each of the following, so as to illustrate their meanings:

el guardia municipal	la tertulia	un burro
el estanco	el mercado	postres
el torero	el teatro	el músico
el negociante		

(5) Give the polite imperative (singular and plural) of the following verbs:

volver   no caer   empezar   pedir   buscar

(6) Expand in Spanish the following outline:

El señor González — dependiente — casa de comercio —
levantarse—lavarse—desayunarse—ir a la ciudad—trabajar—
almorzar—la siesta—jardines públicos—volver a la oficina—
cenar en un restaurante—el cine—regresar a casa—acostarse.

CHAPTER XI

LA VIEJA CRIADA

CUANDO yo visitaba el pueblo de Fuente Calderón la vieja Carmencita tenía más de setenta años de edad. Todo el mundo la conocía, desde el hijito del zapatero hasta el señor cura. Trabajaba de criada en la familia de don Anselmo, abogado retirado.

Yo la veía cada día. A eso de las nueve de la mañana después del desayuno salía la vieja criada de la casa, cerrando con mucho cuidado la puerta del jardín. Siempre iba vestida de negro. Nunca llevaba sombrero pero cuando hacía mucho sol o cuando entraba en la iglesia se ponía un pañuelo de color. Por regla general iba sola pero a veces la acompañaba Alberto, hijo de don Anselmo. Al pasar por la calle siempre saludaba a todos los transeúntes. Su itinerario era fijo—siempre seguía la calle Mayor, atravesaba la plaza de Cervantes y volvía después por la calle del Obispo cerca de la iglesia.

Carmencita iba de compras todos los días. Pero las tiendas no eran muy numerosas. Había la panadería, donde compraba pan cada día y panecillos los sábados; la carnicería, donde compraba carne, jamón y salchichas; la zapatería a donde llevaba los zapatos de toda la familia; y la tienda de comestibles. Aquí le vendían café, azúcar y arroz, leche, mantequilla, queso y huevos, aceite y vino, legumbres y frutas. No era posible obtener pescado en Fuente Calderón pero de vez en cuando la vieja criada compraba una lata de sardinas para don Anselmo.

Y no hay que olvidar la farmacia. ¡El boticario, don Joaquín, era sin duda una de las personas más importantes del pueblo! Pero a decir verdad Carmencita tenía un poco de miedo al señor boticario por sus conocimientos científicos.

A Carmencita le gustaba charlar con todos; era casi su única diversión.

NOTES

Zapato

el zapato — the shoe
el zapatero — the shoemaker
la zapatería — the shoemaker's (shop)

Similarly:

la fruta	el frutero	la frutería
la carne	el carnicero	la carnicería
el pan	el panadero	la panadería
la leche	el lechero	la lechería

Hijito

Little son. This is another example of the diminutive suffix. Sometimes, however, the diminutive ending does not always suggest 'smallness' as in the case of 'hijito', but may have acquired an independent meaning. For instance:

el paño—cloth   el pañuelo—handkerchief

Desde... hasta...

Desde el hijito del zapatero hasta el señor cura—from the shoemaker's little son to the village priest.

These two words are also used in connection with time and place:

Desde el año 711 hasta 1492.
Desde Madrid hasta Zaragoza.

El abogado

Lawyer. Law as a subject studied is **el derecho.**

El abogado estudia el derecho. The lawyer studies law.

The laws of a country are, however: **Las leyes** de un país.
A similar distinction exists in French:

el derecho—*le droit*
la ley   —*la loi*

Cuidado

Care, trouble, worry. Note the expression: ¡Cuidado! as an exclamation equivalent to the English: 'Look out! Take care!'

Saludar

To greet. 'How do you do?' is, in Spanish: **'¿Cómo está Vd.?'** or, more colloquially, **'¿Qué tal?'** ('How goes it?')

Ir de compras

To go shopping. Also **ir de tiendas** with the same meaning.

Tienda de comestibles

Another word meaning 'grocery, food store' is **la tienda de ultramarinos**, indicating a shop where are sold goods such as coffee, sugar, spices, etc., which have been brought from overseas (i.e. **ultramar**).

Posesiones de ultramar—overseas possessions

La diversión

Diversion, amusement. Also note the word **el divertimiento** with a similar meaning and the verb **divertirse(ie)**—to amuse oneself, to be amused.

Se divierte mucho en Madrid.	He's having a good time in Madrid.

El pescado

Fish as a commodity. Literally 'that which has been fished'. A fish in the water is **el pez** (plural **peces**).

¿Le gusta a Vd. el pescado?	Do you like fish?
La sardina es un pez muy pequeño.	The sardine is a very small fish.

pescar—to fish, go fishing
el pescador—fisherman

GRAMMAR

Nouns in Apposition

When two nouns are in apposition the article is omitted:

Don Anselmo, abogado retirado.	Don Anselmo, *a* retired lawyer.
Madrid, capital de España.	Madrid, *the* capital of Spain.

But notice:

Madrid, la capital más alta de Europa.
Madrid, the highest capital in Europe.

In the latter case, the noun in apposition is qualified by a superlative and the article is retained.

Al with the Infinitive

This construction corresponds to the English 'on'+the present participle.

Al entrar en la casa siempre saludaba a la criada.
On entering (as he went into) the house, he always greeted the
   servant.

A similar usage is that of 'el'+the infinitive:

El viajar es interesante.   To travel (or) travelling is
                                      interesting.

One could also say:
Es interesante viajar.   It is interesting to travel.

Comparison of Adjectives

The comparative of adjectives is formed by placing **más**
(more) in front of the positive form.

        grande—big   más grande—bigger

Notice also:

        menos grande—less big, not so big

The comparison of inequality is:

        más... que...   menos... que...

Su casa es más grande que la mía.   Your house is larger than
                                       mine.

        Esta ciudad es menos hermosa que ésa.
        This town is less beautiful than that one.

The comparison of equality is:

        tan... como...

        (No) soy tan rico como él.
        I am (not) as rich as he is.

But note (where quantity and not comparison is indicated):

        Tengo más de mil pesetas.
        I have more than 1000 pesetas.

Imperfect Indicative

The imperfect indicative tense is used to express habitual
or repeated action or actions, subsidiary to the narrative, and

which do not carry the story forward. It is usually descriptive.

Carmencita era vieja pero iba de compras cada día.
Carmencita was old but she used to go shopping every day.

—¿Ha visto Vd. a mi hermano?
—Sí, estaba sentado en el jardín.
Estaba escribiendo (escribía) una carta.
'Have you seen my brother?'
'Yes, he was sitting (seated) in the garden. He was writing a letter.'

Be very careful to render correctly the English 'would' in the sense of 'used to'.

Durante las vacaciones leía una novela cada día.
During the holidays he would read a novel every day.

This meaning is often best expressed however by the use of 'soler' (see page 124). Thus:

Durante las vacaciones solía leer una novela cada día.

The imperfect tense is formed very simply. To the stem of the -AR verbs are added the endings: aba, abas, aba, ábamos, abais, aban, and to the stem of the -ER and -IR verbs the endings: ía, ías, ía, íamos, íais, ían.

FUMAR (to smoke)	COMER (to eat)	VIVIR (to live)
(yo) fumaba	(yo) comía	(yo) vivía
fumabas	comías	vivías
(él) fumaba	(él) comía	(él) vivía
fumábamos	comíamos	vivíamos
fumabais	comíais	vivíais
fumaban	comían	vivían

You will notice that the first and third persons singular are identical in form. In cases of ambiguity the subject (or subject pronoun) must be expressed.

Yo escribía y él leía.   I was writing and he was reading.

There are only three irregular forms of the imperfect:

IR (to go)	iba	ibas	iba	íbamos	ibais	iban
SER (to be)	era	eras	era	éramos	erais	eran
VER (to see)	veía	veías	veía	veíamos	veíais	veían

Just as we saw that HAY (corresponding to the French *il y a*) meant 'there is' or 'there are', so the imperfect of **haber** means 'there was' or 'there were'.

Había dos mercados en la ciudad.　There were two markets
in the town.

No había pescado.　There was no fish.

As in the case of the present indicative, the imperfect of **estar** with the present participle forms the 'continuous imperfect'.

La niña estaba cantando en el jardín.
The little girl was singing in the garden.

Conditional Indicative

If we add to the infinitive of any conjugation the endings: ía, ías, ía, íamos, íais, ían, we form the conditional.

FUMAR (to smoke)　(yo) fumaría (I would, should smoke), etc.
fumarías
(él) fumaría
fumaríamos
fumaríais
fumarían

Similarly:

COMER (to eat)　comería, comerías, comería, comeríamos, comeríais, comerían

VIVIR (to live)　viviría, vivirías, viviría, viviríamos, viviríais, vivirían

Irregularities in this tense correspond to those of the future indicative, since the two tenses are formed from the infinitive.

Thus:

| PONER | pondré—I shall put | pondría—I should put |
| QUERER | querré—I shall wish | querría—I should wish |

In other words, all verbs that are irregular in the future, are also irregular in the conditional.

For the use of the conditional, consider the following sentences:

A mí me gustaría hacer eso.	I should like to do that.
Querían saber si yo vendría.	They wanted to know whether I would come.

EXERCISES

(1) Answer the following questions in Spanish:

1. ¿Dónde vivía la vieja criada? 2. ¿Dónde trabajaba ella? 3. ¿Qué era don Anselmo? 4. ¿A qué hora salía Carmencita? 5. ¿Cómo iba vestida? 6. ¿Qué se ponía en la cabeza cuando iba a la iglesia? 7. ¿Iba Carmencita siempre sola? 8. ¿Había muchas tiendas en Fuente Calderón? 9. ¿Qué se puede comprar en casa del panadero? 10. ¿Dónde se puede comprar carne? 11. ¿Toma Vd. té sin o con azúcar? 12. ¿Prefiere Vd. sardinas frescas o en lata? 13. ¿Cómo se llama en español el dueño de una farmacia? 14. ¿Por qué tenía Carmencita miedo al boticario? 15. ¿Qué es un transeúnte?

(2) Put the following sentences into the imperfect indicative.

(Example: Yo no tengo nada. Yo no tenía nada.)

1. Escribo una carta cada día. 2. No me gusta la leche. 3. La criada va de compras por la mañana. 4. ¿Conoce Vd. al boticario? 5. ¿A qué hora se acuesta el niño? 6. ¿Cuándo volvemos a casa? 7. Hay muchas personas en la playa. 8. ¿Preparas tú la comida? 9. ¿Toma ella el autobús o el tranvía? 10. Se viste siempre de negro.

(3) Give the first person singular and third person plural of the conditional tense of the following verbs:

(Example: comer   yo comería   ellos comerían.)

tener   volver   poner   recibir   saber   conocer   querer
salir   venir   decir

(4) Put into Spanish:

1. Anita is more beautiful than María. 2. Bilbao is not so large as Barcelona. 3. I am less intelligent than he is. 4. He has more than ten pesetas. 5. They walk more slowly than we do. 6. Señor Álvarez is not as wealthy as the other partners of the firm. 7. He is uglier than his brother. 8. The old woman was more frightened of the chemist.

(5) Complete the following sentences:

1. El hombre que hace zapatos se llama el ——. 2. El hombre que vende carne se llama el ——. 3. El frutero es el hombre que vende ——. 4. La tienda donde se vende pan se llama la ——. 5. En la huerta se cultivan ——. 6. La gallina da ——. 7. Hay sardinas frescas y sardinas en ——. 8. La última comida del día se llama la ——. 9. La vaca da ——. 10. Con leche se hace ——.

(6) Give the verbs corresponding to the following nouns:

(Example: el trabajo   trabajar.)

     la visita   el desayuno   el almuerzo   la compra
                el conocimiento

(7) Put into Spanish:

I used to know Carmencita very well. She was an old servant who worked at don Anselmo's and everybody liked her. I have visited Fuente Calderón on many occasions and I always used to see her in the street when she was going shopping. She was always dressed in black, but wore a coloured handkerchief on her head when it was sunny. She always said good morning to me. About eleven o'clock she would return along Bishop Street, her basket full of meat, butter, eggs, and vegetables. She carried the basket on her head and usually had a bottle of oil or wine in her hand. There was no fish in the village, but sometimes she would buy a tin of sardines. But I am sure *she* didn't like them; they were for don Anselmo.

CHAPTER XII

LA AMÉRICA LATINA

La América latina se extiende desde la frontera de los Estados Unidos de Norteamérica hasta el estrecho de Magallanes. Este territorio comprende 19 repúblicas independientes—Méjico, las islas de Cuba y de Santo Domingo, 6 repúblicas de la América central y 10 de la América del

Sur. Fuera del Brasil, donde se habla portugués, el idioma oficial de todas estas repúblicas es el español.

En el año 1492 Cristóbal Colón hizo su primer viaje al Nuevo Mundo y descubrió la isla de Santo Domingo. Durante la época que siguió al primer descubrimiento salieron los exploradores españoles de Andalucía en busca de tierras desconocidas y, por espacio de unos cincuenta años, conquistaron casi todo el territorio que se extiende desde San Francisco hasta Chile.

Fue Núñez de Balboa quien tuvo la gloria de descubrir el Pacífico, Hernán Cortés quien llevó a cabo la conquista de Méjico, Francisco Pizarro quien venció a los incas del Perú. El portugués Cabral descubrió el Brasil en el año 1500.

Es muy fácil criticar las crueldades de estos conquistadores, los abusos de los primeros gobernadores, la administración de las primeras colonias de ultramar, pero no hay que olvidar los peligros, las dificultades físicas, económicas y políticas que confrontaron a estos aventureros intrépidos quienes llevaron a los territorios conquistados la civilización española, la fe católica y la cultura europea.

La historia de la América latina desde la época de la colonización hasta el nacimiento de las repúblicas independientes del siglo XIX es la historia de una gran obra civilizadora.

En el año 1898 la madre patria perdió sus últimas colonias, pero el imperio español no ha desaparecido. Su lengua, su cultura, su arquitectura y muchas de sus tradiciones viven todavía entre los pueblos de este vasto territorio que ahora llamamos la América española.

NOTES

La América latina

When the name of a country is qualified by an adjective notice that the article is used. Similarly: **la América central, la América del Sur.**

One may say either **la América del Sur** or **Sud-América.** Notice the two words **sud** and **sur**, both meaning 'south'. Compare: Sud-África (or) África del Sur.

The cardinal points in Spanish are:

el norte	north
el sur	south
el este	east
el oeste	west

El Perú

Some names of countries are masculine in Spanish and are used generally with the article, whether qualified by an adjective or not. For instance:

el Brasil	Brazil
el Paraguay	Paraguay

Here is a list of the republics of Latin America:

Méjico, Cuba, Santo Domingo (la República Dominicana), Costa Rica, Guatemala, Honduras, Nicaragua, El Salvador, Panamá, Venezuela, Bolivia, Colombia, el Perú, el Ecuador, Chile, la (República) Argentina, el Uruguay, el Paraguay, el Brasil.

The countries indicated with the definite article are normally used with the article, e.g.:

ir a Bolivia	to go to Bolivia
but ir al Perú	to go to Peru

On the other hand, other masculine countries such as Méjico, Portugal, Panamá are not used with the article.

El idioma

EL idioma—the language
Note also **la lengua**—tongue, language.

San Francisco

Reference to a map of the United States will show that many place names in the area stretching from San Francisco to the Mexican border are Spanish. The famous Colorado canyon was discovered by Spanish explorers, as well as all the Mississippi area. Up to the beginning of the nineteenth century Florida still belonged to Spain.

El nacimiento

The verb is **nacer**—to be born.

El pueblo

This word corresponds to the French *peuple* and to the English 'people' in the sense of 'race'.

Another meaning is, of course, 'small town, village'.

Be very careful to render correctly the English 'people' in such sentences as:

> There were many people there.
> Había mucha gente allí.
> (or) Había muchas personas.

El estrecho

As a noun the word means 'strait, narrows'. As an adjective:

> una calle estrecha   a narrow street

Comprender

Like the French *comprendre* this word has the two meanings of (1) to understand, (2) to comprise.

GRAMMAR

The Preterite Tense

The preterite (or past definite) tense expresses an action in the past, a definite, single action. It can be said to describe 'what happens next'. It is employed both in written and spoken Spanish. In Spanish it is used to a far greater extent than the preterite in French. Where the French would use the perfect (or past indefinite) in, shall we say, conversation or a letter, the Spanish would often use the past definite.

We must distinguish carefully between the three tenses: perfect, imperfect, and preterite. Study the following examples:

Bajé al salón, leí el periódico y escribí una carta.
I came down to the drawing-room, read the paper, and wrote a letter.

The verb in each case illustrates a definite action, an accomplished action. Each action carries the story one step forward.

> Cuando entré, mi hermano escribía una carta.
> When I came in, my brother was writing a letter.

'I came in' describes the principal action of the sentence. 'He was writing' is incidental and describes what was happening when the main action took place.

Yo compraba pan cada día.   I used to buy bread every day.

The verb here describes an action that was habitual, that was repeated. Hence the imperfect.

Mi hermano entró en el comedor y me vio.—¿Qué has hecho esta mañana?—preguntó.   Contesté:—Fui a casa de Ramón. Dimos un paseo hasta la playa, e hicimos algunas compras en la ciudad. Cuando volví, escribí una carta.

My brother entered the dining-room and saw me. 'What have you been doing this morning?' he asked.   I replied: 'I went to Ramon's. We went for a walk as far as the beach, and made a few purchases in town. When I returned, I wrote a letter.'

Even in conversation you will notice that the preterite is normally used.

The following table illustrates the regular formation of the preterite tense:

HABLAR (to speak)	COMER (to eat)	VIVIR (to live)
(yo) hablé	comí	viví
hablaste	comiste	viviste
habló	comió	vivió
hablamos	comimos	vivimos
hablasteis	comisteis	vivisteis
hablaron	comieron	vivieron

It will be noticed that the endings of the second and third conjugations are identical.

The only accents occur in the first and third persons singular.

L.S.—8

In the case of the first and third conjugations, the first person plural has the same form as the present indicative. For example:

| hablamos | we speak or we spoke |
| vivimos | we live or we lived |

The context will indicate the meaning required.

There are a number of irregular forms in the preterite. Here are a few of them:

SER (to be)	fui, fuiste, fue, fuimos, fuisteis, fueron
ESTAR (to be)	estuve, estuviste, estuvo, estuvimos, estuvisteis, estuvieron
TENER (to have)	tuve, tuviste, tuvo, tuvimos, tuvisteis, tuvieron
HACER (to do)	hice, hiciste, hizo, hicimos, hicisteis, hicieron

In the case of **hacer** note the change of **c** into **z** when followed by **o**.

Shortened Forms

We have already met with a number of words (e.g. uno, alguno, primero, etc.), which are shortened before the masculine singular.

Similar cases are:

bueno—good	una buena comida	a good meal
	buenos días	good morning
	but hace buen tiempo	it's fine weather
malo—bad	de mala gana	unwillingly
	but un mal negocio	a bad piece of business
santo—saint	Santa Teresa	Saint Theresa
	but San Pedro, San Juan	

This loss of letters takes place only before the *name* of the saint. One says, for instance: un santo mártir—a holy martyr. There are, however, one or two exceptions such as: Santo Domingo and Santo Tomás. E.g. La isla de Santo Domingo.

grande—big

This word usually shortens to **gran** before either a masculine or feminine singular noun.

un gran hombre	a great man
una gran casa	a great house
but grandes hombres	great men

Position of Adjectives

An adjective normally follows a noun in Spanish, but we have already met with several adjectives such as: primero, cien, alguno, último, which precede the noun. Other adjectives, such as those of nationality or colour, always follow, and there are a number which change their meaning according to their position. Such are, for example:

malo	mal tiempo	bad weather
	un hombre malo	a bad (wicked) man
pobre	mi pobre hijo	my poor son (unfortunate)
	un hombre pobre	a poor man (without money)
grande	un gran hombre	a great man
	un hombre grande	a big man
nuevo	es un nuevo libro	it is a new (another) book
	es un libro nuevo	it is a new (brand new) book
varios	colores varios	various (different) colours
	varios libros	various (several) books

Apart from certain definite cases it is impossible to give a precise rule with regard to the position of adjectives in Spanish. We have said that an adjective normally follows:

una casa hermosa   a beautiful house

One can say, however:

una hermosa casa

The difference is that in the first case the adjective qualifies and defines. It tells us what kind of a house it is, i.e. a beautiful one, not an ugly one. In the second case (where the adjective precedes) its use is figurative, decorative; it is an addition, an embellishment. This can be seen more clearly, perhaps, in such a case as:

la blanca nieve   the white snow

An adjective of colour usually follows the noun. However, as snow is usually considered to be white, it is not *necessary* to describe the colour. Hence the position of the adjective before the noun. If, however, we wished to speak of 'red snow', we should have to put the adjective after the noun, since in this case the adjective would *define* and not merely act as an embellishment.

We have met with the expression 'un vasto territorio'. We know that the territory stretching from the United States to Chile *is* vast, therefore it is not necessary to define it as such. Our adjective is therefore purely decorative and adds to the idea.

To sum up, we can say that:

(1) Adjectives of nationality, colour, qualifying and defining adjectives follow the noun.

un campesino español
una casa blanca
un hombre simpático

(2) Certain adjectives change meaning according to position, such as: grande, nuevo, pobre, etc.

(3) Certain adjectives always precede, such as: cada, cien, mucho, poco, etc.

(4) Qualifying adjectives may precede if used in a figurative or decorative sense.

It will be realised, however, that the position of the adjective is often a question of style. Observation and reading is the only real guide to the problem.

EXERCISES

(1) Answer the following questions in Spanish:

1. ¿Cuántas repúblicas hay en la América latina? 2. ¿En qué parte del continente sudamericano se habla portugués? 3. ¿En qué año hizo Colón su primer viaje al Nuevo Mundo? 4. ¿Quién descubrió el océano Pacífico? 5. ¿Cómo se llamaban los habitantes del Perú? 6. ¿Qué llevaron los conquistadores españoles a los nuevos territorios? 7. ¿Qué dificultades confrontaron a los exploradores? 8. ¿Cuándo perdió España sus últimas colonias? 9. ¿Han desaparecido por completo las tradiciones de la madre patria? 10 ¿Qué es la capital de la República Argentina? 11. ¿Cómo se llama el estrecho que separa el continente de la Tierra del Fuego? 12. ¿Se habla español en la isla de Cuba? 13. ¿Cuál es el país más grande de la América del Sur? 14. ¿Dónde está el lago de Titicaca? 15. ¿Qué se cultiva en el Brasil?

(2) Conjugate in full in the preterite tense the following verbs:

aguardar   ser   escribir   volver   tener   extender   estar
conocer   descubrir   hacer

(3) Give the third person singular of (*a*) present, (*b*) future, (*c*) imperfect, (*d*) preterite indicative tenses of the following verbs:

llevar   hacer   ver   sentarse   tener

(4) Put into Spanish:

1. He was a great man. 2. I have a brand new pen. 3. It is a very large house. 4. A new teacher has come to the school. 5. Ramón is a good lad. 6. She has bought several hats.

(5) Write the correct form of the words in brackets and translate the sentences into English.

1. Pizarro fue un (grande) explorador. 2. Es una (grande) señora. 3. Las (grande) ciudades de la América del Sur. 4. Hace muy (malo) tiempo. 5. Vendrá (alguno) día sin duda. 6. Muy (bueno) noches. 7. Una (bueno) comida. 8. Un

(bueno) niño. 9. No tengo (ninguno) dinero. 10. Es una iglesia muy (grande).

(6) Complete the following sentences:

1. España es una península; Cuba es una ——.
2. El que hace un viaje es un ——.
3. Hernán Cortés fue un gran ——.
4. El español es una hermosa ——.
5. Cien años es un ——.

(7) Give verbs corresponding to the following nouns:

la extensión　el viaje　el descubrimiento　la conquista
el nacimiento

(8) Give nouns corresponding to the following verbs:

vivir　administrar　ver　buscar　explorar

(9) Put into Spanish:

Except for Brazil, Spanish is spoken throughout the vast territory that stretches from the Mexican border of the United States to Chile. Since the period of colonisation representatives of nearly every nation have gone to Latin America, especially to the Argentine. In 1898 Spain lost the last of her colonies, but many of her traditions, her culture and her language, still live on the other side of the Atlantic.

CHAPTER XIII

EL MARINERO

HACE algún tiempo di con un compatriota mío en Nueva Orleáns. Era el propietario de una casa de huéspedes frecuentada por marineros de habla española. Este anciano era alto, fuerte y todavía muy ágil a pesar de sus sesenta años. Quiso saber de qué parte venía yo. Cuando le dije que era natural de la Coruña se conmovió mucho porque él era también de Galicia.

Cuando joven era pescador como su padre pero, al morir éste, se fue (como tantos gallegos) a la América latina a probar fortuna. Trabajó varios años de labriego en el interior de la República Argentina pero, como no le gustaba este trabajo, se decidió a volver a la costa. En Buenos Aires se embarcó en un vapor costanero navegando entre el río de la Plata y los puertos brasileños. Sirvió algunos años con la misma compañía de navegación pero desgraciadamente cayó enfermo en Montevideo, fue trasladado al hospital y tuvo que permanecer varios años en el Uruguay.

Más tarde, no pudiendo resistir a la tentación de volver al mar, dio la vuelta al mundo a bordo de un barco noruego y fue a Europa, al África, al Japón y a Australia.

Sería interminable citar toda la lista de embarcaciones en las cuales sirvió. Tuvo muchas aventuras. Durante una tempestad en el océano Índico se fue a pique el vapor en que navegaba, perdiéndose casi la totalidad de la tripulación. En otra ocasión fue hundido el vapor por un submarino enemigo durante la guerra. Pero el anciano siempre tenía mucha suerte, logrando salvarse de todos los peligros de la vida marítima.

Por fin abandonó esta vida aventurera y fue a los

Estados Unidos, donde con sus ahorros compró la casa de huéspedes.

NOTES

De habla española

Spanish speaking. Of Spanish speech.

To speak Spanish is **hablar español**, and similarly to speak English, French, German is **hablar inglés, francés, alemán**, etc.

The speaker of Castilian Spanish, however, prefers to say **hablar el castellano**. Note the exceptional use of the definite article.

Natural

As a noun the meaning of this word is 'native of a country'.

La naturaleza—nature. Las bellezas de la naturaleza—the beauties of nature.

Morir

The noun is **la muerte**—death.

We have already met with the opposites: **nacer**—to be born, and **el nacimiento**—birth.

El vapor

Steamer. i.e. **el (barco de) vapor** (steamship). A general word for ship is **el barco** or **la embarcación**. Note also:

el barco mercante—freighter, cargo vessel; **la barca**—fishing vessel; **el buque de guerra**—warship; **el petrolero**—tanker; **el bote**—small boat, dinghy.

La navegación

Related words:

> **navegar**　　—to sail
> **navegable**　—navigable
> **el navegante**—navigator

Desgraciadamente

The noun is **la desgracia**, meaning misfortune.

Another rendering of 'unfortunately' is **desafortunadamente**.

'Unfortunate' is, of course, **desgraciado** or **desafortunado**.

Note the Spanish prefix **des-**, which often corresponds to the English *dis-* or *un-*. For example:

> desarrollar   —to unfold, develop
> desaparecer —to disappear
> desembarcar—to disembark

Noruego

Norwegian. The country is **Noruega**—Norway.

Citar

Citar un pasaje de Cervantes—to quote a passage from Cervantes.

As a reflexive verb **citarse** has the meaning of 'to make an appointment'. Los dos caballeros se citaron para las once—The two gentlemen made an appointment for eleven, decided to meet at eleven.

La cita has thus the two meanings: a quotation or an appointment.

Hundir

Hundir is a transitive verb meaning 'to sink'.

The intransitive verb is **hundirse**. El barco se hundió—the ship sank. Also: el barco se fue a pique, with the same meaning.

Ahorros

The verb is **ahorrar**—to save, economise.

> **Una caja de ahorros**—savings bank

La tripulación

The crew of a ship. Note also: **los tripulantes**—members of crew.

GRAMMAR

Preterite Indicative Tense. Radical changing verbs.

Radical changing verbs of the first and second conjugations such as, for example, **costar**, **volver**, are not affected in the preterite tense, since the stress never falls on the root vowel.

	Present Indicative	*Preterite*
costar	cuesta	costó
volver	vuelve	volvió

Radical changing verbs of the *third* conjugation, such as **sentir**, **dormir**, not only change their root vowel in the present indicative when the stress falls on that vowel, but also modify in the case of the third singular and plural of the preterite, when the modified vowel is NOT stressed. For example:

Present indicative:

sentir　siento, sientes, siente, sentimos, sentís, sienten
dormir　duermo, duermes, duerme, dormimos, dormís,
　　　　　　duermen

Preterite:

sentir　sentí, sentiste, SINTIÓ, sentimos, sentisteis, SINTIERON
dormir　dormí, dormiste, DURMIÓ, dormimos, dormisteis,
　　　　　　DURMIERON

In other words, when followed by -IO or -IE, the E becomes I, and the O becomes U.

You will remember also a third type of verb of the third conjugation, where in the present indicative the E becomes I when the stress falls on it. Such are **pedir**, **seguir**. This same modification of vowel takes place in the preterite whenever the E is followed by -IO or -IE (as seen above).

Present indicative:

pedir　pido, pides, pide, pedimos, pedís, piden

Preterite:

pedir　pedí, pediste, PIDIÓ, pedimos, pedisteis, PIDIERON

Similarly:

siguió, siguieron

Present Participles. Irregularities

In the case of radical changing verbs of the third conjugation, such as **sentir**, **dormir**, the same modification of vowel takes place as with the third person plural of the preterite tense, that is, when the E or the O are followed by -IE.

Thus:

Present Participle

dormir	DURMIENDO
sentir	SINTIENDO
pedir	PIDIENDO

The following three verbs also form their present participle irregularly:

decir	diciendo
venir	viniendo
poder	pudiendo

Past Anterior Tense

The preterite of the auxiliary verb **haber** in conjunction with the past participle forms the past anterior tense.

The preterite of **haber** is irregular:

hube, hubiste, hubo, hubimos, hubisteis, hubieron

The use of the past anterior is limited, however, and is normally used only after certain conjunctions such as: **apenas** (hardly), **cuando** (when).

For example:

Cuando hubo terminado el trabajo salió.
When he had finished the work he went out.

The use of this tense may be compared with the French:

Quand il eut fini, il sortit.

Preterite (Irregular verbs)

Other irregular verbs of the preterite tense are:

VER (to see)   vi, viste, vio, vimos, visteis, vieron

IR (to go)   fui, fuiste, fue, fuimos, fuisteis, fueron

Notice that the preterite of **ir** is exactly the same as that of **ser** (to be).

QUERER (to love, wish)   quise, quisiste, quiso, quisimos, quisisteis, quisieron

DECIR (to say)   dije, dijiste, dijo, dijimos, dijisteis, dijeron

DAR (to give)   di, diste, dio, dimos, disteis, dieron

Expressions of Time

Note the following:

anteayer	the day before yesterday
ayer	yesterday
anoche	last night
hoy	today
mañana	tomorrow
pasado mañana	the day after tomorrow
mañana por la mañana	tomorrow morning
mañana por la tarde	tomorrow afternoon (evening)
ayer por la mañana	yesterday morning
son las tres en punto	it is three o'clock sharp
a las dos y pico	just after two (i.e. two o'clock and a bit)
a eso de las once	about eleven o'clock
hace dos años	two years ago

Éste, aquél (special use)

Consider the following sentence:

Don Pedro vino a la tertulia con su amiga: ésta era muy hermosa, aquél muy feo.

Don Pedro came to the party with his lady friend; the latter was very beautiful, the former very ugly.

Remember that **éste** refers to that which is nearest, and **aquél** to that which is farthest away. Hence, in relation to the order of words in the sentence, **aquél** is the equivalent of the English 'former' and **éste** the equivalent of 'latter'.

EXERCISES

(1) Answer the following questions in Spanish:

1. ¿Qué clase de hotel tenía el viejo marinero? 2. ¿De qué parte de España venía él? 3. ¿Qué hace un pescador? 4. ¿A dónde fue el marinero a probar fortuna? 5. ¿Qué trabajo hizo en la República Argentina? 6. ¿Qué es un barco costanero? 7. ¿Cuál es la ciudad más importante a orillas del río de la Plata? 8. ¿Conoce Vd. algunos puertos brasileños? 9. ¿A dónde fue el marinero cuando cayó enfermo? 10. ¿Sabe Vd. el nombre del primer navegante inglés que dio la vuelta al mundo? 11. ¿Cuantos países visitó el marinero? 12. ¿Cómo sabemos que el viejo tuvo mucha suerte? 13. ¿Por qué abandonó su vida aventurera? 14. ¿Con qué compró la casa de huéspedes? 15. ¿Ha hecho Vd. jamás un viaje por mar?

(2) Give the first person singular and third person plural preterite of the following verbs:

contar ver ser ir dar querer haber morir decir
seguir

(3) Put into Spanish:

1. There is a boarding-house in the village. 2. There were many people in the square. 3. There will be many guests. 4. When he had finished he went out. 5. Twelve months ago. 6. He will come the day after tomorrow at eight o'clock sharp. 7. He asked him for the book. 8. Did you see her last night? 9. He gave it to me yesterday. 10. It has rained a great deal today.

(4) Write short sentences in Spanish to show the use of the following words:

la vez, la hora, el tiempo; saber, conocer; preguntar, pedir

(5) Give synonyms of the following Spanish words:

anciano   dar con   volver   labriego   permanecer

(6) Give the opposites of the following words:

morir   buscar   viejo   fuerte   ahorrar

(7) Give the English equivalent of the following sentences:

1. Le di la lista.   2. Di con don Jaime en la calle de Atocha.
3. La ventana da al corral.   4. El marinero volvió a Montevideo.   5. La chica volvió a escribir la carta.

(8) Put into Spanish:

The Galicians are a maritime people, living on the coast of the Atlantic. Many of them are sailors; others are farmers. In the nineteenth century thousands of them went overseas to seek work in the new lands of South and Central America. Some stayed there, some returned to Spain, whilst others spent their whole lives sailing on ships of all nations. Today in the seaport towns throughout the world—Cardiff, Buenos Aires, New York—are to be found these old sailors who left their native land so many years ago, but who still remember sadly the days of their youth.

LA LLEGADA DEL TRANSATLÁNTICO

EL empleado de la agencia me había dicho que el vapor 'Estrella de Méjico' llegaría poco antes de las siete.

Como esperaba a un amigo mío que regresaba en dicho vapor de La Habana, me apresuré a terminar la cena y tomé el primer tranvía con rumbo al puerto.

El sol ya se había puesto, pero todavía se podía ver la magnífica bahía de Vigo (sin duda una de las más hermosas del mundo entero), rodeada de bosques y de colinas.

El agua estaba quieta. Algunas barcas de pesca regresaban al puerto, cargadas de sardinas; un barco mercante, negro y sucio, se hacía a la mar, echando por su chimenea nubes de humo; a lo lejos se podía distinguir la luz de un faro. Detrás del muelle empezaban ya a centellear las luces de la ciudad y, al otro lado de la ría, el pueblecito de Marín iba perdiéndose en la oscuridad. Unos marineros, vociferando ruidosamente a la puerta de una taberna, sólo molestaban la tranquilidad y quietud de la tarde.

A las siete y media pude ver por fin las luces del transatlántico que entraba lenta y majestuosamente en la bahía.

NOTES

Estrella

Star.

Note also:

> la luna —moon
> el sol —sun
> hay luna—it is moonlight

Apresurarse

To hurry.

We have already met with the word **prisa** in such expressions as:

> darse prisa—to hurry
> tener prisa—to be in a hurry

Ponerse

> El sol se pone—the sun sets
> The sunset is **la puesta del sol**
>
> El sol sale—the sun rises
> La salida del sol—sunrise

Vigo

The bay of Vigo is counted amongst the world's most beautiful harbours. Perhaps that of Río de Janeiro is the most renowned.

Todo el mundo

This means 'everybody'. Todo el mundo lo dice—Everybody says so.

The whole world, all the world is: El mundo entero.

Sucio

The noun is **la suciedad**—dirt.

The opposite is **limpio**—clean, and **la limpieza**—cleanliness.

Hacerse a *la mar*

Generally this word is masculine: El mar Mediterráneo; el barco se hundió en el mar.

In certain set expressions, however, the word is sometimes feminine, as:

> **hacerse a la mar**—to set sail
> **en alta mar**   —on the high sea

La chimenea

Chimney, funnel.

Used in connection with houses, factories, ships, locomotives. The word has also the meaning of fireplace.

La ría

La ría—estuary. **El río**—river.

Ruidosamente

The adjective is, of course, **ruidoso**, and the noun **el ruido**.

Sólo

Distinguish between **sólo** and **solo**.

| El niño fue solo. | The child went alone. |
| Café solo. | Black coffee (coffee alone). |

Sólo tiene diez pesetas. He has only ten pesetas.

In the third sentence **solamente** is synonymous.

Nube

La nube—cloud.
Connected words are:

> **la niebla** —fog, mist
> **la neblina**—slight mist, haze

La ciudad de la niebla—The city of fog is a novel by Pío Baroja, the famous Spanish writer. The city in question is London!

GRAMMAR

Adjectives. The Superlative

The superlative of an adjective is formed by prefixing **el más** (la más, etc.).

Este lápiz es el más largo.	This pencil is the longest.
Esta bahía es la más hermosa.	This bay is the most beautiful.

Los edificios de Nueva York son los más altos del mundo.
The buildings of New York are the tallest in the world.

¿Cuáles de estas plumas son las más fuertes?
Which of these pens are the strongest?

Notice that in such a case as: la casa más alta—the tallest house, the definite article is NOT repeated, as for instance in French: *la maison la plus haute*.

Notice also the use of **de** in such a sentence as: El edificio más alto **del** mundo—The highest building *in* the world.

Similarly: 'the least' is rendered by **el menos** (la menos, etc.).

Este niño es el menos inteligente de todos.
This child is the least intelligent of all.

Adverbs. Juxtaposition

When two adverbs ending in **-mente** come together in a sentence the latter only takes the ending.

El vapor entraba lenta y majestuosamente en la bahía.
The steamer was coming slowly and majestically into the bay.

Adverbs. The regular comparison

As in the case of adjectives, the comparative of adverbs is formed by prefixing **más**.

Ahora anda el burro más de prisa.
Now the donkey is walking more quickly.

The comparison of inequality:

Este burro anda más despacio que aquél.
This donkey walks more slowly than that one.

Aquí el sol se pone menos rápidamente que en el Ecuador.
Here the sun sets less rapidly than in Ecuador.

The comparison of equality:

> Voy al teatro tan a menudo como usted.
> I go to the theatre as often as you.

The superlative is formed in the same way as the comparative, but **lo** immediately precedes the adverb when the latter is followed by a word or expression denoting possibility.

> Lo que más me sorprende.
> What surprises me most.

But:

Lo más pronto posible.	As soon as possible.
Esto es lo menos que Vd. puede hacer.	This is the least you can do.

Preterite. Irregular Verbs

PONER (to put)	puse, pusiste, puso, pusimos, pusisteis, pusieron
ANDAR (to walk)	anduve, anduviste, anduvo, anduvimos, anduvisteis, anduvieron
CONDUCIR (to lead)	conduje, condujiste, condujo, condujimos, condujisteis, condujeron
TRAER (to bring)	traje, trajiste, trajo, trajimos, trajisteis, trajeron

Pluperfect Indicative Tense

This tense is formed by the conjunction of the imperfect indicative of **haber** with the past participle.

> Habíamos terminado.   We had finished.

Its use is similar to that in English. Study the following sentences:

> Mi primo había escrito dos cartas cuando llegué.
> My cousin had written two letters when I arrived.

El agente me dijo que el vapor había llegado.
The agent told me that the ship had arrived.

We have already met with some irregular past participles
(such as **escrito** (from **escribir**); **visto** (from **ver**); **dicho** (from
decir)). Other irregular participles are:

MORIR (to die)	muerto
PONER (to put, place)	puesto
HACER (to do, make)	hecho
VOLVER (to return)	vuelto

It is useful and helpful to remember that very often nouns
exist which are connected with these irregular past participles.
For instance:

un puesto —a stall, booth (where things are set out)

un dicho —a saying

un hecho —a deed

un billete de ida
  y vuelta —a *return* ticket

la muerte —death

EXERCISES

(1) Answer the following questions in Spanish:

1. ¿Cómo se llamaba el vapor? 2. ¿De dónde regresaba el
amigo? 3. ¿Dónde está La Habana? 4. ¿A qué hora se pone
el sol hoy? 5. ¿Cómo estaba el agua en la bahía de Vigo?
6. ¿Cómo se llama un barco que lleva mercancías? 7. ¿Qué
echaba el barco mercante por la chimenea? 8. ¿Qué se podía
distinguir a lo lejos? 9. ¿Dónde está el pueblo de Marín?
10. ¿Quiénes molestaban la tranquilidad de la tarde? 11. ¿A
qué hora llegó el transatlántico? 12. ¿Dónde se encuentra el
puerto de Vigo? 13. ¿De qué estaban cargadas las barcas
de pesca? 14. ¿Qué se ve de noche en el cielo? 15. ¿Cómo
entraba el transatlántico en la bahía?

(2) Put the verbs in brackets into the appropriate person and number of the preterite tense.

1. Yo (ponerse) el sombrero.   2. Los guardias (ir) hasta el muelle.   3. El mozo (traer) dos vasos de cerveza.   4. Esta calle (conducir) a la playa.   5. La vieja (querer) saber de dónde venía yo.   6. Los empleados (decir) que el barco había llegado.   7. Ramón (morir) a la edad de setenta años. 8. Nosotros no (hacer) nada.   9. ¿A dónde (irse) tú?   10. ¿Le (dar) Vd. el dinero?

(3) Replace the infinitives in heavy type by past participles.

1. He **acabar** el trabajo.   2. Me dijo que había **ver** la ciudad. 3. El pobre había **morir**.   4. ¿Quién ha **hacer** esto?   5. La luna se había **poner** cuando salí.   6. Hemos **escribir** la carta.   7. El maestro había **interrumpir** al niño.   8. Cuando hubo **comer** fue a dar un paseo.   9. Las barcas han **salir** del puerto.   10. No he **poder** distinguir la luz.

(4) Put into Spanish:

1. Río de Janeiro is one of the world's most beautiful cities. 2. The donkey was walking more slowly than his master. 3. The priest came in silently and sadly.   4. You have finished the work very quickly.   5. He often comes to see me.

5. Form sentences in Spanish, using the following words or expressions:

rodeado de   a lo lejos   apresurarse a   antes de   después de

(6) Give the Spanish equivalents of the following:

steamer   liner   freighter   fishing vessel

(7) Put into Spanish:

When he reached the quay, the sun was setting over the bay. Already one or two stars were to be seen in the sky, and in the distance twinkled the lights of the little village of Marín. Several fishing boats were returning to the harbour laden with sardines, and a dirty old cargo vessel was putting out to sea. In half an hour the liner would arrive, bringing his friend from South America.

CHAPTER XV

COMUNICACIONES

Por ser España un país muy montañoso las comunicaciones nunca han sido fáciles. Hay pocos ríos navegables
y menos canales. Una excepción es el río Guadalquivir.
Vapores de ultramar pueden subir hasta el puerto fluvial

de Sevilla, a unos ochenta kilómetros de la desembocadura
del río.

Los puertos de mar son numerosos. Basta mencionar
los más importantes: Barcelona, Valencia, Alicante,
Cartagena y Málaga a orillas del Mediterráneo; Cádiz y
Huelva entre Gibraltar y la frontera portuguesa; Vigo, El
Ferrol, La Coruña, Santander y Bilbao en la costa del
Atlántico y del golfo de Vizcaya.

En cuanto a comunicaciones terrestres grandes líneas
ferroviarias unen todas las ciudades, y toda la red ha sido

modernizada, algunos trenes alcanzando una velocidad de 200 kilómetros por hora.

Las carreteras principales de España son excelentes por regla general, y en los últimos años se ha desarrollado mucho el servicio de autocares por todas partes. Sin embargo el carro tradicional, arrastrado por los bueyes lentos y solemnes, no ha desaparecido por completo y, a pesar de las invenciones modernas, se usan todavía burros, caballos y mulas.

¿Cómo serán las comunicaciones del porvenir? Hay personas que creen que es tan inútil como costoso emprender la construcción de nuevas vías férreas. ¿Para qué servirán? Sin duda el avión es hoy día uno de los medios de transporte más importantes. Ya se ve que en el Nuevo Mundo, como consecuencia de las distancias tan enormes, la aviación desempeña hoy día un papel más importante que en los países europeos de menor extensión. No está lejos el día en que cada ciudad tendrá su aeropuerto.

NOTES

Montañoso

> La montaña —mountain
> El montañés—mountaineer

La desembocadura

Derived from la boca—mouth.
The verb is desembocar.

> The Ebro flows into the Mediterranean.
> El Ebro desemboca en el Mediterráneo.

Autocares

El autocar (also el coche de línea)—long distance coach as opposed to el autobús (local bus).

Desarrollarse

To unfold, develop.
The noun 'development' is el desarrollo.

Carro tradicional

On mountainous and precipitous roads in rural districts it is sometimes difficult for vehicles to pass except at certain places. The axles of the bullock carts are often constructed in such a way that when the cart moves along it is accompanied by a shrill squeaking noise. This gives warning to all in the vicinity so that those nearest the crossing places may halt until the other has passed by.

El porvenir

The future. Or: **lo porvenir**. That is: **Lo** que es **por venir**—that which is to come. E.g. En lo porvenir—in the future.

Similarly:

lo presente—the present   **lo pasado**—the past

These words are also used with the masculine articles:

un pasado glorioso—a glorious past

El futuro is a grammatical term.

el futuro perfecto—the future perfect

¿Para qué servirá?

Servir para... to be of use for . . .

Esta pluma no sirve para nada—This pen is no good.
¿Para qué sirve?   What's the use? What is it used for?

Desaparecer

To disappear.
The opposite is **aparecer**—to make an appearance.

Parecer is to 'appear' in the sense of 'seem'.

¿Qué le parece a Vd.?   What do you think of it? How does it seem to you?

Parecerse—to resemble.
Se parece mucho a su hermano—He is very like his brother.

Línea ferroviaria

La línea ferroviaria, la vía férrea, and el ferrocarril all mean railway. Note:

RENFE—Red Nacional de Ferrocarriles Españoles.

La red —net, network; luggage-rack.

El avión

Aeroplane. Also: **el aeroplano.**

El avión a reacción (a chorro) jet	
El aviador	aviator, airman
El vuelo	flight
volar	to fly
El piloto	pilot
La azafata	air hostess

GRAMMAR

Adjectives. Irregular comparison

There are a few adjectives in Spanish which have irregular comparatives and superlatives.

pequeño	(small)	menor	(smaller)	el menor	(the smallest)
grande	(big)	mayor	(bigger)	el mayor	(the biggest)
bueno	(good)	mejor	(better)	el mejor	(the best)
malo	(bad)	peor	(worse)	el peor	(the worst)

These comparatives have the same form for both the masculine and the feminine:

Es el mejor alumno de la clase.	He is the best pupil in the class.
Esta ciudad es la peor del mundo.	This city is the worst in the world.
Sus mayores enemigos.	Their greatest enemies.
Las menores dificultades.	The slightest difficulties.

The two comparatives **menor** and **mayor**, when relating to persons, usually mean 'younger' and 'older' (compare 'minor' and 'major'). The adjectives **pequeño** and **grande** are also compared regularly and relate to size. For example:

Carlos es más grande que María.	Carlos is bigger than María.

But:

Soy mayor que él.	I am older than he is.
Es la iglesia más pequeña.	It is the smallest church.

But:

Es la menor de las hermanas.	She is the youngest of the sisters.

Adverbs. Irregular comparison

Corresponding to the adjectives mentioned in the preceding paragraph are the adverbs:

poco	(little)	menos	(less)
mucho	(much)	más	(more)
bien	(well)	mejor	(better)
mal	(badly)	peor	(worse)

Este niño trabaja bien pero aquél trabaja mejor.
This child works well but that one works better.

Yo trabajo poco, él trabaja menos.
I work little, he works less.

Mi hermano lee mucho más que yo.
My brother reads much more than I.

As stated previously, the superlative has the same form as the comparative, but notice such cases as:

Trabaja lo más despacio posible.
He works as slowly as he can.

Be careful to distinguish: poco   un poco   un poco de.

Carlos come poco.	Carlos eats little (not very much).
Coma Vd. un poco.	Eat a little.
¿Quiere Vd. un poco de carne?	Do you want a little meat?

Tanto.... como...

We have already studied the use of **tan... como...** in such a sentence as: No es tan fuerte como yo—He is not so strong as I am. Remember that **tan** qualifies an adjective or an adverb.

Tanto, on the other hand, qualifies a noun, as for instance:

> No tengo tanto dinero como él.
> I have not as much money as he.
> Ramón tiene tantas hijas como Pedro.
> Ramón has as many daughters as Pedro.

The Passive Voice

The passive voice is not used as frequently in Spanish as in English. It is formed by the verb **ser** followed by the past participle.

Study the following examples:

Esta casa fue construida por un arquitecto muy célebre.
This house was built by a very famous architect.

El conde ha sido desterrado.	The count has been banished.
La criada entró sin ser vista.	The servant entered without being seen.
La reina fue seguida del rey.	The queen was followed by the king.

Notice that in all these cases the past participle agrees with the subject. The agent is introduced in Spanish by **por** or **de.** **Por** is generally used when the agent is a living being, and **de** in other cases, after verbs expressing emotion, and in several conventional phrases such as: seguido de, conocido de (known by).

> Fue amada de todos.   She was beloved by all.

The past participle is also used in conjunction with the verb **estar,** the distinction being that *state* rather than *action* is implied.

Compare the following:

La puerta fue abierta.   The door was open*ed*.
and
La puerta estaba abierta.   The door was open.

> El ferrocarril fue construido en tres años.
> The railway was built in three years.

and   El ferrocarril no está terminado todavía.
        The railway is not finished yet.

Frequently these verbs are replaced by such forms as **hallarse**, **verse**, as for example:

> La puerta se hallaba abierta.
> The door was open (literally 'found itself').

> Jaime se vio obligado a marcharse.
> Jaime was obliged to leave (literally 'saw himself').

Very often the passive is replaced by the reflexive form. Compare the following for instance:

A lo lejos se vieron muchas   Many houses were seen in the
  casas.   distance.
Aquí se habla español.   Spanish spoken here.
Se bebe mucho té en   A lot of tea is drunk in
  Inglaterra.   England.

Infinitive. Construction with *por*

Notice the following rather idiomatic construction:

Por estar tan cansado, no quise continuar el viaje.
As I was so tired (through being so tired), I did not wish to continue the journey.

And similarly:

Por estar cansada mi hermana, decidimos no continuar el viaje.
As my sister was tired, we decided not to continue the journey.

The sentence could, of course, be expressed as:

> Como mi hermana estaba cansada...

Idiomatic Use of Verbs

Notice particularly the two verbs: **faltar**—to lack, and **bastar**—to suffice.

Me falta dinero.	I am short of money (i.e. money is lacking to me).
Basta mencionarlo.	It is enough to mention it.

Notice also the exclamatory use: ¡Basta! That's enough! No more!

EXERCISES

(1) Answer the following questions in Spanish:

1. ¿Hay muchos ríos navegables en España? 2. ¿Qué es un puerto fluvial? 3. ¿Cómo se llama la ciudad que se encuentra cerca de la desembocadura del Tajo? 4. ¿Cuál es el puerto más importante de España? 5. ¿Qué separa España del África? 6. ¿Por qué no han sido fáciles las comunicaciones en España? 7. ¿Qué significan las letras RENFE? 8. ¿Hay buenos servicios de autocares en España? 9. ¿Prefiere Vd. el tren o el autocar? 10. ¿Le parece a Vd. inútil emprender la construcción de nuevos ferrocarriles? 11. ¿Ha hecho Vd. algún viaje aéreo? 12. ¿Por qué, hasta hoy día, ha desempeñado la aviación un papel más importante en la América del Sur que en España? 13. ¿Cuál es la velocidad de un avión moderno? 14. ¿Tiene aeropuerto la ciudad donde Vd. vive? 15. ¿Se usan bueyes en Inglaterra?

(2) Translate the English words in brackets.

1. El avión va (more) de prisa (than) un tren. 2. Es la capital (most) bella de Europa. 3. El río Guadalquivir no es (as) largo (as) el Ebro. 4. Carlos es (older than) Juan, pero no es (as tall). 5. España no tiene (as many) barcos mercantes (as) Noruega. 6. El viejo no estaba (as) cansado (as) el joven. 7. El burro anda (slowly) pero el buey anda (more slowly). 8. Trabaja (as little as) posible. 9. Este libro es (the worst) de todos. 10. Ella sabe cantar (better than) su hermana.

(3) Replace the English words in brackets by appropriate forms of **ser** or **estar**.

1. El ferrocarril no (is) construido todavía.   2. El ferrocarril (was) construido por un ingeniero muy famoso.   3. El cuarto (was) iluminado por gas.   4. La carta (is) escrita.   5. La carta (was) escrita por un abogado.

(4) Using the reflexive construction, express the following sentences in Spanish:

1. Spanish spoken here.   2. They say he has gone to Cuba. 3. Dancing until midnight.   4. Trade has developed greatly in this country.   5. The door opened.

(5) Replace the infinitive, where necessary, by the correct form of the verb.

1. Cuando hubo **terminar** su trabajo, salió.   2. Después de **escribir** la carta, me la dio.   3. Cuando entré, mi hermano **escribir** una carta.   4. Creo que don José **venir** mañana. 5. Isabel estaba **cantar** una canción.

(6) Compose short sentences in Spanish, making use of the following words or expressions:

basta   en cuanto a   desarrollarse   sin embargo   servir para

(7) Complete the following sentences:

1. España es un país muy ——.   2. Muchos autocares recorren las —— de España.   3. El buey —— el carro. 4. Este actor desempeña un —— muy importante.   5. Sevilla está a unos ochenta kilómetros de la —— del río.

(8) Put into Spanish:

Many of the rivers of Great Britain are navigable, and there are innumerable canals linking the different towns. It was once possible to travel almost everywhere by rail, but most of the smaller lines are now closed and the situation has now changed with the construction of the motorways (las autopistas) and the rapid development of air transport. No doubt the day is not far distant when (en que) all large towns will have their airport.

RECAPITULATION III

EXERCISES

(1) Put into Spanish:

1. The magnificent cathedral of Seville is one of the largest in Spain.   2. Coming into the room the servant dropped all the plates.   3. He asked me whether I would go with him.   4. It was very bad weather.   5. He said yesterday that he would like to come too.   6. She is very beautiful but not so intelligent as her sister.   7. Had you read this letter when you came to see me the day before yesterday?   8. As his mother was ill he did not wish to go out.   9. Have you seen as many bullfights as I have?   10. He thinks that I am older than my brother.   11. Universities were founded in Mexico City and in Peru in the sixteenth century.   12. He always spoke slowly and carefully.   13. He set sail five years ago and is still abroad.   14. When we reached the quay the liner had already entered the bay.   15. She used to go shopping every morning.   16. The motorway isn't built yet.   17. Who has done it? I don't know.   18. The sailor has been taken to hospital.   19. Grandfather didn't like tinned sardines.   20. The sun was setting as we crossed the lake.

(2) Give the first person (singular and plural) of the preterite of the following verbs:

dar   querer   empezar   sentir   morir   pedir   embarcarse
ser   ir   conducir

(3) Give the third person (singular and plural) of the preterite of the following verbs:

decir   ser   estar   poner   sentir   contar   ver   dar
andar   nacer

(4) Write in Spanish a few lines on each of the following topics:

1. Los gallegos.   2. El descubrimiento de América.   3. La tienda de comestibles.   4. Communicaciones antiguas y modernas.   5. La bahia de Vigo.

CHAPTER XVI

VIAJE EN TERCERA CLASE

HABÍAMOS sacado los billetes y esperábamos la llegada del tren.

—El tren trae media hora de retraso—había gritado el jefe de estación, pero nadie hizo caso de él.

Cuatro jóvenes, sentados sobre un baúl en el andén,

jugaban a los naipes; dos niños con su madre comían melones; un caballero gordo, de pie delante de la sala de espera, fumaba un pitillo y trataba de leer su diario. Sólo se quejaba un pobre viajante de comercio pero se consoló éste por fin con un 'No hay remedio' lúgubre... y filosófico.

Tres cuartos de hora más tarde vino el tren y pude encontrar fácilmente un coche de tercera clase. Subí y el caballero gordo me siguió. Colocó su maleta en la red y se sentó al lado de una señora que charlaba ruidosamente con su amiga.

La locomotora salió de la estación, silbando ansiosa y melancólicamente.

Empezó el caballero a fumar otro pitillo; siguió charlando la señora; yo me dormí.

Me despertó un ruido confuso de voces. Estábamos en una estación muy grande. El caballero gordo se levantó, encendió otro pitillo y, diciéndonos que iba a tomar una taza de café, bajó del coche. Cinco minutos después el tren se puso en marcha otra vez.

Súbitamente lanzó la señora un grito terrible:—¡Ay! ¡El pobre señor ha olvidado su maleta!

Como el tren no había salido todavía de la estación, yo, con la ayuda de la señora, cogí la maleta, arrojándola por la ventanilla. Afortunadamente cayó en el andén.

Y la dama siguió hablando con su amiga: —Como decía, compré el traje y sólo pagué...

Pero no acabó la frase. ¡El caballero gordo acababa de entrar en el departamento!

—Había tanta gente en la fonda que no pudieron servirme—dijo,—pero, gracias a Dios, pude subir en el último coche.

¡Nadie sabrá cuántas pesetas pagó la dama y no quiero yo repetir lo que dijo el caballero cuando buscó su maleta!

NOTES

A similar story to the above is developed in the play *No Fumadores* (Non-smoker), by Jacinto Benavente, the famous Spanish dramatist.

Sacar un billete

> **Sacar** —to take out
> **Sacar un billete**—to take a ticket

> un billete de tercera clase—a third-class ticket
> un billete de ida y vuelta—a return ticket

Tren

Types of trains are:

un tren correo	—mail train
un tren expreso	—express train
un tren de mercancías	—a goods train
un tren mixto	—a 'mixed' train carrying goods and passengers
un tren de recreo	—an excursion train

The train is made up of:

la locomotora	—locomotive
el ténder	—tender
los coches	—coaches, carriages
el coche-comedor	—dining-car
el coche-cama	—sleeper
el furgón	—luggage van

El baúl

A trunk.

> La maleta —suit-case
> El equipaje—luggage

Los naipes

Spanish cards are different from English ones. There are 48 cards in the pack. There is the ace (el as), the cards numbering from 2 to 9, the Jack (la sota), the horse (el caballo), and the king (el rey). The four suits are: espadas (swords); bastos (clubs); oros (sovereigns); copas (wine glasses).

It is curious that **bastos** represent clubs, not as the English, but as actual cudgels!

El pitillo

A cigarette, in Spanish, is **un pitillo, un cigarrillo**. Sometimes the word **el cigarro** is used in the sense of cigarette.

A cigar is **un puro** or **un habano**, i.e. un cigarro puro or un cigarro habano—a cigar of pure leaf, a Havana cigar.

A pipe is **una pipa**. Notice that to smoke a pipe is **fumar en pipa**. After all, it is the tobacco that is smoked in the pipe.

El traje

As has been pointed out before, **el traje** means 'man's suit' or 'woman's dress'.

Hat	—el sombrero.
A woman's dress	—el traje or el vestido.
Skirt	—la falda.
Stockings	—las medias.
Blouse	—la blusa.
A man's jacket	—una chaqueta or una americana.
Shirt	—la camisa.
Trousers	—el pantalón.

A sombrero is, in Spanish, **un sombrero mejicano** (i.e. a Mexican hat).

De pie

Compare: **de pie** and **a pie.**

> Estar de pie—to be standing
> Ir a pie   —to go on foot

Consider the following philosophy of oriental origin:

Mejor sentado que **de pie.**
Mejor echado que sentado.
Mejor muerto que echado.

{ It is better to be seated than standing, better to be lying down than seated, better to be dead than lying down.

Echar means 'to throw', but notice **estar echado**—to be lying down.

Similarly:

estar sentado—to be seated

GRAMMAR

Preterite Tense. Changes of spelling

In the case of the following verbs, notice the changes of spelling which occur in the preterite tense.

PAGAR—to pay

Whenever E follows G, as in the first person singular, it is necessary to insert U between the G and E so as to preserve the hard sound of G in the infinitive.

yo pagué   I paid   but él pagó   he paid

Similarly, of course, in the case of any verb ending in -GAR. E.g.:

apagar—to extinguish
obligar—to compel

EMPEZAR—to begin

Whenever E follows Z, as in the first person singular, it is necessary to change the Z into C. Compare, for instance, LUZ (light) which takes the plural LUCES.

yo empecé   I began   but él empezó   he began

Similarly, any verb ending in -ZAR. E.g.:

comenzar—to commence   lanzar—to throw

BUSCAR—to look for

Whenever E follows C, as in the first person singular, it is necessary to replace C by QU in order to preserve the hard sound of C in the infinitive.

yo busqué—I sought   but él buscó—he sought

Similarly, any verb ending in -CAR. E.g.:

sacar—to take out   secar—to dry

Some orthographical changes also affect the third person of the preterite. If the third person singular or plural endings (-IÓ, -IERON) were added to the stem of a verb ending in a vowel, the unaccented vowel 'i' would fall between the two vowels. In such cases the unaccented 'i' is replaced by 'y'. For instance:

CAER—to fall

| yo caí | I fell | { él cayó | he fell |
| | | { ellos cayeron | they fell |

LEER—to read

yo leí	I read	{ él leyó { ellos leyeron	he read they read

CONSTRUIR—to build

yo construí	I built	{ él construyó { ellos construyeron	he built they built

OÍR—to hear

yo oí	I heard	{ él oyó { ellos oyeron	he heard they heard

Notice that such changes also affect the present participle:

caer—cayendo   leer—leyendo   construir—construyendo
ir—yendo

In the case of verbs of the second or third conjugation, the stem of which ends in -LL or -ñ, the 'i' of the preterite endings -IÓ, -IERON, disappears completely.

ZAMBULLIR—to dive, plunge

yo zambullí { él zambulló (and not 'zambull-ió')
             { ellos zambulleron

TEÑIR—to dye

yo teñí   { él tiñó (and not 'tiñ-ió)
            { ellos tiñeron

and also the present participles: zambullendo, tiñendo.

Preterite. Irregular verbs

VENIR (to come)	vine, viniste, vino, vinimos, vinisteis, vinieron
PODER (to be able)	pude, pudiste, pudo, pudimos, pudisteis, pudieron
SABER (to know)	supe, supiste, supo, supimos, supisteis, supieron

Notice that **poder** means *to be able* in the sense of physical ability. For instance:

Es cojo.   No puede nadar.   He is lame.   He cannot swim.

On the other hand, **saber** means *to know* or *to know how to*. Thus:

He cannot swim.   No sabe nadar.

In the latter case the meaning is that he does not know how to swim, but he is not incapable of learning.

Poder also corresponds to the English 'can' or 'may'.

¿Puede Vd. venir mañana?   Can you come tomorrow?
Esto no puede ser.   This cannot be

Reflexive Verbs. Change of meaning

Some verbs change their meaning when used reflexively. Such are, for instance:

dormir	(to sleep)	dormirse	(to go to sleep)
ir	(to go)	irse	(to go away)
morir	(to die)	morirse	(to be dying)
marchar	(to march, walk)	marcharse	(to go away)

El niño duerme.   The child is asleep.
Yo me dormí.   I fell asleep.

Va al teatro.   He is going to the theatre.
Se fue en seguida.   He went away at once.

Verbs. Idiomatic uses

SEGUIR—to follow

This verb, usually meaning 'to follow', can also be used with the present participle in the sense of 'to go on doing something'.

El caballero me siguió.   The gentleman followed me.
La dama siguió hablando.   The lady went on talking.

ACABAR—to finish

When used with the present and imperfect indicative tenses and followed by the preposition DE, the meaning corresponds to the English 'to have just'.

El zapatero acabó su trabajo.	The shoemaker finished his work.
But Acaba de salir.	He *has* just gone out.
Acababa de salir.	He *had* just gone out.

In this respect the French construction can be compared: *Il vient de sortir. Il venait de sortir.*

EXERCISES

(1) Answer the following questions in Spanish:

1. ¿Qué esperábamos? 2. ¿Cuánto tiempo traía el tren de retraso? 3. ¿Quiénes estaban sentados en el baúl? 4. ¿Le gusta a Vd. jugar a los naipes? 5. ¿Qué hacía el caballero gordo? 6. ¿Qué dijo el pobre viajante de comercio? 7. ¿En dónde colocó el caballero su maleta? 8. ¿Qué hacía la señora? 9. ¿A dónde fue el caballero? 10. ¿Por qué lanzó un grito la señora? 11. ¿Qué hicimos con la maleta? 12. ¿Cuándo volvió el caballero? 13. ¿De qué hablaba la señora cuando entró el caballero en el departamento? 14. ¿Qué dijo el caballero cuando buscó su maleta? 15. ¿En qué clase viajaba el caballero gordo?

(2) Replace the infinitives in heavy type by the appropriate form of the preterite.

1. El caballero **fumar** un pitillo. 2. Mi amigo **venir** a las siete de la tarde. 3. No **poder** encontrar mi maleta. 4. El chico no **saber** hacerlo. 5. La maleta **caer** en el andén. 6. Nosotros **buscar** el dinero. 7. Yo **buscar** el dinero. 8. Yo **empezar** el trabajo. 9. Colón **hacer** varios viajes al Nuevo Mundo. 10. Los convidados **sentarse.**

(3) Put into Spanish:

1. I have just read the letter. 2. In spite of the cold he went swimming. 3. He went away sadly. The woman was dying. 4. The travellers got into the train. 5. He threw the newspaper through the window. 6. I took two pesetas out of the box. 7. They were awakened at seven o'clock. 8. We went in again. 9. Why did he light his cigarette? 10. Her father paid no attention to her.

(4) Give the opposites of the following words and expressions:

la llegada   estar de pie   subir   sentarse   afortunadamente

(5) Give the first person singular and third person plural preterite of the following verbs:

jugar decir lanzar saber coger andar conducir querer
seguir ser

(6) Put into Spanish:

The train was ten minutes late and all the passengers were waiting on the platform or in the waiting-room. At last the train arrived and I got into a third-class compartment. A stout gentleman followed me and sat down near the window at the side of two ladies who were talking. There were also two children with their mother, eating melons. When the train reached the next station the stout gentleman got out, saying that he was going to have a cup of coffee.

CHAPTER XVII

ESPAÑA VISTA POR LOS EXTRANJEROS

Vamos a visitar un pueblo español. Este pueblo no tiene nombre porque existe solamente en la imaginación de los extranjeros.

Los hombres que se pasean por las calles de este pueblo son pequeños, morenos, celosos, perezosos y violentos. No trabajan nunca. Fuman interminables pitillos.

Las mujeres son gordas y alegres, tienen los cabellos negros, se visten siempre de negro.

Todos se levantan a una hora avanzada, duermen la siesta por la tarde, cantan y bailan por la noche. Todos huelen a ajo.

El domingo todos los habitantes del pueblo van a la iglesia a oír misa. Después compran entradas para la corrida de toros. La plaza de toros siempre está atestada de gente.

Al anochecer se oye música por todas las calles. Un joven muy guapo está tocando la guitarra a la reja de su novia. La chica le echa una rosa. (Esta diversión se llama en castellano: pelar la pava.)

Si nos atrevemos a penetrar hasta lo más oscuro de la calle (¡las calles son siempre muy estrechas y oscuras!) podemos ver hombres misteriosos envueltos en sus capas, bajo las cuales se divisa la forma de una espada o de un puñal. Estos caballeros esperan una víctima.

A la luz pálida de un farol se ve un mendigo que anda tristemente por la callejuela. Pide limosna. Un transeúnte le entrega una moneda.

Y cuando volvemos a casa oímos la voz del vigilante:
— ¡Son las once y... ser-e-no!

Naturalmente muchos escritores españoles han protestado vigorosamente contra esta representación tan exagerada de la vida española.

Por supuesto es verdad que hay en España corridas de toros, bandidos y asesinatos, y hay que admitir también que cuando el extranjero piensa en la patria de don Quijote le saltan inmediatamente a la mente los nombres de tales personajes como don Juan, Carmen y el Barbero de Sevilla. Pero esto es la España tradicional, la España del teatro y de la leyenda.

NOTES

Celoso

Jealous.

The noun **el celo** (in the singular) means 'zeal'. The plural form **los celos** has the meaning of 'jealousy'.

Los cabellos

Do not confuse with **caballos** (horses). In this respect compare the French: *cheveux—chevaux*.

Another word used with the meaning of 'hair' (either of man or animals) is **el pelo**.

> Ella tiene el pelo rubio—She has fair hair.

Oír misa

To hear Mass. Other words connected with the Church are:

la catedral	cathedral
la iglesia	church
el sacerdote	priest
el cura	village priest
el obispo	bishop
el papa	Pope

Note the two words which are masculine although ending in -a.

Gente (la)

People. A word rarely used in the plural.

> Había mucha gente allí—Many people were there.

Al anochecer

At nightfall. Notice that the infinitive is here used as a noun. Similarly:

al amanecer—at dawn

Tocar la guitarra

To play the guitar.

To play a musical instrument is **tocar,** literally 'to touch' the strings or keys.

tocar el piano, el violín—to play the piano, the violin

To play a game is **jugar.**

jugar a la pelota, a los naipes—to play at ball, cards

Pelar la pava

An idiomatic expression meaning literally 'to pluck the turkey'. The sense is 'court a lady', particularly at the 'reja' in traditional Spanish style.

Gordo

Fat, stout.

Una perra gorda (a fat dog) is a popular word for a 10 centime piece. The lion which figured on the coin resembled a dog, hence the name.

Similarly: **una perra chica** is a 5 centime piece.

The 50 centime coin is often called 'dos reales'. (**El real** was a former 25 centime coin.) The unit is, of course, **la peseta** (100 céntimos). The 5 peseta coin is **el duro.**

Atreverse

To dare.

No me atrevo a entrar—I dare not go in.

The past participle has an active meaning:

un hombre atrevido—a daring man

La capa

This is the long sleeveless Spanish cloak designed to keep out both the cold wind and the hot sun. Such capes were also useful for concealing weapons! Highly romantic historical plays are known in Spanish as: comedias de capa y espada.

Extranjero

Foreigner.
This word also means 'abroad, in a foreign land'.

>   estar en el extranjero—to be abroad
>   ir al extranjero   —to go abroad

La víctima

Notice the gender of this word.

El farol

A street lamp.
The ordinary lamp is **la lámpara**.

>   una lámpara de petróleo—an oil (paraffin) lamp
>   una lámpara eléctrica   —an electric lamp

La moneda

Coin.

>   La casa de Moneda—the Mint

Money is, of course, **el dinero**.

El sereno

Night-watchman.

El vigilante

It was the custom in old Spain for the night-watchman to go his rounds crying through the streets the hour of the night and the state of the weather. For instance, he would cry: ¡Son las dos y sereno!—It is two o'clock and a fine night! Hence the term **sereno** for 'night-watchman'.

El caballero

Originally a knight, horseman. Then by extension a man of sufficient means to possess a horse. Now it has much the same meaning as the English 'gentleman'. It is also used in the sense of 'señor':

> Pase Vd., caballero—Come in, sir.

GRAMMAR

Neuter Article. Lo

We have already met with this form in connection with the superlative of the adverb:

> Lo mejor es no decir nada.
> The best thing is to say nothing.

and also as a relative:

> Lo que me gusta.   What I like.
> No sé lo que quiere decir esto.   I don't know what this means.

Before an adjective (for example: **importante**), **lo** has the meaning of 'that which is important':

> Lo importante es no ir demasiado lejos.
> What is important is not to go too far.

It may also have the force of a substantive:

> Desde lo alto de la torre.
> From the top of the tower.

Lo may also precede an adverb in an exclamatory sense:

> ¡Lo bien que lee este niño!
> How well this child reads!

Adjectives and Adverbs. Absolute Superlative

If we say, for example, that a girl is 'most beautiful', we do not compare her with any other girl. The meaning could be expressed by 'very beautiful', 'extremely beautiful'.

Similarly in Spanish:

A most beautiful girl $\begin{cases} \text{Una chica muy hermosa.} \\ \text{Una chica sumamente hermosa.} \end{cases}$

There is also another method which consists of adding -ísimo (-ísima, -ísimos, -ísimas) to the stem of the positive adjective.

Una chica hermosísima.

This form is extensively used in Spanish. Sometimes a change of spelling is involved when -ísimo is added to the stem:

rico (rich)	riquísimo	(very rich)
feliz (happy)	felicísimo	(very happy)
largo (long)	larguísimo	(very long)

These endings may also be added to an adverb:

temprano (early)   tempranísimo (very early)

Idiomatic Use of Verbs

OLER—to smell

This verb is radical changing, but has a further peculiarity. The present indicative is:

huelo, hueles, huele, olemos, oléis, huelen

The H precedes the modified vowel, since an unaccented U cannot stand alone at the beginning of a word.

Notice particularly:

oler a—to smell of

Estos guantes huelen a pescado.   These gloves smell of fish.

Infinitive. Prepositions

An infinitive dependent on another verb may be preceded by a preposition (e.g. El niño aprende a escribir), or may follow directly without a preposition (e.g. ¿Quiere Vd. ir conmigo?).

The direct infinitive is used after the following verbs:

deber	Vd. no debe decir eso.	You must not say that.
poder	No puedo venir mañana.	I cannot come tomorrow.
desear	¿Desea Vd. comprarlo?	Do you wish to buy it?
soler	Suele salir a las ocho.	He usually goes out at eight.
aconsejar	¿Qué me aconseja Vd. hacer?	What do you advise me to do?
pensar	¿Qué piensa Vd. hacer?	What do you intend to do?

The direct infinitive is also used after certain impersonal verbs and expressions, as:

Basta decirlo una vez.	It is enough to say it once.
Es imposible hacer eso.	It is impossible to do that.
Se prohíbe fumar.	Smoking prohibited.
No me fue posible contestarle.	It was impossible for me to reply to him.
Es lástima no comerlo.	It is a pity not to eat it.
Es necesario (preciso) hacerlo.	It is necessary to do it.

Followed by 'a':

apresurarse	Se apresuró a vestirse.	He hastened to dress.
ir	Voy a escribirle.	I am going to write to him.
empezar	Empezó a cantar.	He began to sing.
comenzar	Comenzó a escribir.	He began to write.
aprender	Aprende a dibujar.	He is learning to draw.
enseñar	Me enseña a dibujar.	He is teaching me to draw.
atreverse	No me atrevo a hacer eso.	I dare not do that.
volver	Volvió a embarcarse.	He went to sea again.

Followed by 'de':

tratar	Trataré de hacerlo.	I shall try to do it.

| cesar | Cesó de trabajar. | He stopped working. |
| cansarse | Se cansó de escribir. | He got tired of writing. |

Followed by 'en':

insistir	Insistió en mostrármelo.	He insisted on showing it to me.
consentir	Consintió en ir con ellos.	He consented to go with them.
tardar	El tren tardó en llegar.	The train was late in arriving.
vacilar	No vacile Vd. en decir la verdad.	Don't hesitate to tell the truth.

Followed by 'por':

acabar	Acabó por echarlo al fuego.	He finished by throwing it into the fire.
empezar	Empezó por escribir la fecha.	He began by writing the date.
esforzarse	Se esfuerza por acabar la tarea.	He strives to finish the task.

'Para' is, of course, used before the infinitive in the sense of 'in order to'.

> Tomó papel y tinta para escribir la carta.
> He took paper and ink to write the letter.

> Comemos para vivir.   We eat to live.

Make a point of learning the correct use of these prepositions by memorising a whole phrase or sentence and by making special note of unusual cases.

deber, tener que, haber de

Compare the following:

| Tengo que marcharme mañana. | I have to go away tomorrow. |
| Debo marcharme mañana. | I must go away tomorrow. (This form is a little less emphatic.) |

| He de marcharme mañana. | I am to go away tomorrow. (This form is still less emphatic and rather implies immediate future action.) |

Notice also:

deber de

| ¿No ha venido doña Antonia? | Hasn't doña Antonia come? |
| Debe de estar enferma. | She must be ill. |

In this case the verb does not, of course, express obligation but assumption. That is, we must assume that she is ill.

debería

Vd. no debería hacer eso.
You should not (ought not to) do that.

The form **debiera** (conditional subjunctive) is also very common in the same sense:

Yo debiera ir en seguida. I ought to go at once.

deber—to owe

Do not forget this other meaning of 'deber':

¿Cuánto le debe Vd.? How much do you owe him?

EXERCISES

(1) Answer the following questions in Spanish:

1. ¿Cómo se llama este pueblo español? 2. ¿Cómo son los españoles según la idea tradicional? 3. ¿Cómo se visten las mujeres? 4. ¿A dónde van los habitantes de este pueblo el domingo? 5. ¿Qué se oye de noche por las calles? 6. ¿Quiénes andan por las calles? 7. ¿Qué se divisa bajo sus capas? 8. ¿Quién anda tristemente por la callejuela? 9. ¿Hay muchos mendigos en Inglaterra? 10. ¿Quién escribió 'don Quijote'? 11. ¿Cómo se alumbran las calles de una ciudad moderna? 12. ¿Por qué han protestado muchos escritores españoles? 13. ¿Cómo se llama el legendario bandido inglés? 14. ¿Hay

todavía serenos en Inglaterra? 15. ¿Para qué va la gente a la iglesia?

(2) Give the English equivalents of the following:

1. Hay que hacerlo en seguida. 2. Vd. tiene que trabajar. 3. El viejo debe de estar muy cansado. 4. ¿Cuánto me debe Vd.? 5. No debemos venderlo. 6. Vd. no debería hablar tan de prisa. 7. He de visitarle mañana. 8. Lo importante es no llegar tarde. 9. Este pañuelo huele a pescado. 10. Esta iglesia es hermosísima.

(3) Replace the blanks by the correct preposition, if one is needed.

1. No puedo —— hacerlo. 2. Había empezado —— escribir la carta. 3. Pienso — ir a Barcelona. 4. El caballero trataba —— encender el pitillo. 5. ¿Quiere Vd. —— venir conmigo? 6. Es imposible —— llegar antes del anochecer. 7. El marinero se decidió —— volver a Nueva York. 8. ¿Se atreve Vd. —— entrar en aquella casa? 9. Volvió —— subir al árbol. 10. Acabó —— leer este libro.

(4) Give synonyms of the following:

solamente   pasearse   guapo   echar   aguardar

(5) Put the verbs in heavy type into the preterite tense.

1. **Voy** a la ciudad. 2. Tú no **tienes** mucha suerte. 3. El camarero no **trae** el vino. 4. **Pago** cincuenta pesetas. 5. **Decimos** la verdad. 6. No me **es** posible. 7. El viejo **muere**. 8. No **hacemos** caso de él. 9. La chica **se pone** muy pálida. 10. El soldado **se levanta** temprano.

(6) Put into Spanish:

Young men playing the guitar at their lover's window, mysterious men wrapped in their black cloaks waiting at the street corner, beggars asking alms in the pale light of a street lamp, the voice of the night-watchman—such is the traditional representation of Spanish life. Does the Spain of Carmen really exist, or does it exist only in the imagination of foreigners? Do we find the answer to this question if we go to Barcelona or Madrid, or must we visit some small country town?

CHAPTER XVIII

CONTRASTE

EL hotel de las Cuatro Naciones (nadie sabe por qué lleva este nombre) está situado en la falda de la sierra. Desde la terraza el turista puede contemplar el magnífico paisaje, la estupenda perspectiva de los elevados picachos de la Cordillera. Este hotel es un magnífico ejemplo de la

arquitectura moderna. Fue construido por un arquitecto europeo de fama universal. Ofrece al turista toda clase de comodidades. Hay más de cien habitaciones lujosas, calefacción central, teléfonos y ascensores. Además ofrece facilidades para los deportistas, y en invierno los aficionados al alpinismo pueden dedicarse a los deportes de nieve.

Pero el viajero a quien sorprende la noche en lo alto de la sierra tiene que trasnochar en la venta del Gato, mesón bajo y negro, de aspecto pobre y mugriento. Aquí se reúnen por la tarde, después del trabajo del día, pastores y cabreros de la vecindad y, de vez en cuando, llegan arrieros con sus animales. En esta venta pasan la noche antes de continuar el viaje al día siguiente.

Por la puerta del mesón pueden verse los viajeros sentados alrededor de la mesa. La pieza está iluminada de noche por una lámpara de petróleo. Un brasero debajo de la mesa calienta el cuarto. Las alcobas, frías en invierno, calientes en verano, ofrecen sus duras camas al viajero.

NOTES

La falda

This word has two meanings: (1) lower slope of a hill, mountain; (2) skirt (article of clothing).

El picacho

From pico. Literally 'a big peak'. -acho is one of the augmentative suffixes used in Spanish.

El pico (suggesting 'sharp-pointed') is also the word used for a bird's beak. Picar is 'to prick' or 'to pinch'.

Un pico (a bit) is familiarly used in such expressions as:

Son las tres y pico—It is just after three o'clock (i.e. three and a bit).

La comodidad

The adjective is cómodo—comfortable.
But note: la cómoda—chest of drawers.

Lujoso

El lujo—luxury.   Un hotel de lujo—luxury hotel.

Calefacción

We have already met with calentar—to heat. Related words are:

el calor—heat	Tengo calor—Hace calor.
caliente—hot	El agua está caliente.

cálido, caluroso—hot	Por un día muy caluroso. Un país cálido
la calefacción—heating	La calefacción central

El brasero

The brazier is still used in rural Spain for heating rooms. Charcoal braziers are often placed in the sleeping quarters and it is the custom to put hot embers under the table to warm the feet of those taking meals.

El deportista

El deporte—sport.   Los deportes de nieve—winter sports. A pastime is **un pasatiempo.**

Aficionado

Connected with **la afición** (liking, fondness).

Tiene mucha afición a la música—He is very fond of music. Es muy aficionado a los deportes—He is very fond of sports.

Hence:

un aficionado—an amateur, a lover of something.

La venta

La venta, el mesón—usually country inns. **La posada**—usually an inn in town or village. **La fonda**—eating house, restaurant, station buffet.

El ventero, el posadero—landlord of an inn. Note also the words of non-Spanish origin: **el hotel, el motel, el restaurante** and **el parador** (usually a castle or palace converted into a luxury hotel).

El arriero

Muleteer, carter.

Note: ¡Arre! Word used to encourage donkeys, horses, etc. Equivalent to 'gee-up!'

De noche

Note the two expressions:

> **de noche**—by night
> **de día**   —by day

Mugriento

Dirty, filthy.

La mugre—dirt, filth.

Synonymous: **la suciedad**—dirt.   **sucio**—dirty.

GRAMMAR

Tan, tal

Compare the uses of these two words:

Una muchacha tan hermosa.	Such a beautiful girl.
Vd. no debiera decir tal cosa.	You ought not to say such a thing.
Hoy día no se leen tales libros.	Such books are not read nowadays.

Notice that **tan** qualifies an adjective, and **tal** (plural—*tales*) qualifies a noun.

Notice also the exclamatory use:

¡Qué muchacha tan hermosa!   What a beautiful girl!

Semejante (such, similar) may replace **tal** with the same meaning:

Semejante mentira es increíble.   Such a lie is unbelievable.

Por and para

Generally speaking, **para** is used to denote destination or purpose, and **por** to denote agency, motive, means, equivalence, exchange, and is used in connection with certain expressions of time and place. These prepositions have also many idiomatic uses, and it is advisable to note all examples met with in reading.

Study the following examples:

Para

Comemos para vivir.	We eat to (in order to) live.
Este libro es para mí.	This book is for me.
Para mí es muy importante.	For me it is very important.
¿Para qué sirve esto?	What's this used for?
¿Tiene Vd. bastante dinero para comprarlo?	Have you enough money to buy it?
Soy demasiado pobre para comprar tales cosas.	I am too poor to buy such things.
Mañana sale mi hermano para Madrid.	Tomorrow my brother is setting out for Madrid.
Carlos estaba leyendo para sí.	Carlos was reading to himself.
El tren está para salir.	The train is about to start.

Por

Esta casa fue edificada por un arquitecto catalán.	This house was built by a Catalan architect.
¿Por qué lo hace Vd. así?	Why are you doing it like that?
Le llamé por teléfono.	I rang him up.
Mañana por la tarde.	Tomorrow afternoon.
Pasamos por la ciudad.	We went through the town.
Dio un paseo por las calles.	He went for a walk through the streets.
Tres veces por semana.	Three times a week.
Lo compré por dos pesetas.	I bought it for two pesetas.
Por ejemplo.	For example.
Por consiguiente.	Therefore, as a result.

Past Participle. Use with *tener*

We have seen already how the perfect (and related tenses) are formed by the verb **haber** and the past participle.

La casa que he visto.   The house I have seen.

And also in reflexive verbs, where the auxiliary **haber is** always used:

La señora se había levantado.   The lady had got up.

Tener is also found with the past participle, with a slight difference in meaning. Compare:

Ha escrito dos cartas.   He has written two letters.

Tiene escritas dos cartas.   He has two letters already
                                     written. (The sense is that he
                                     has two letters which are
                                     completed.)

Notice that in such cases the past participle agrees with the direct object.

Tener cannot be used, however, with reflexive verbs.

Past Participles. Irregular forms

CUBRIR (to cover)   cubierto—covered
ABRIR (to open)   abierto —open(ed)
ROMPER (to break) roto   —broken

Past participles may be used as pure verbs or with adjectival force. For instance:

¿Quién ha abierto la puerta?   Who has opened the door?
La puerta está abierta.   The door is open.

Se ha roto el brazo.   He has broken his arm.
Su reloj está roto.   His watch is broken.

EXERCISES

(1) Answer the following questions in Spanish:

1. ¿Qué nombre lleva el hotel?   2. ¿Dónde está situado? 3. ¿Qué se puede ver desde la terraza de este hotel?   4. ¿Qué es una cordillera?   5. ¿Por quién fue construido este hotel? 6. ¿Cuántas habitaciones hay?   7. ¿Qué facilidades ofrece el hotel?   8. ¿Cómo se llama la venta en lo alto de la sierra? 9. ¿Puede Vd. describir el mesón?   10. ¿Quiénes se reúnen en

la venta? 11. ¿Cómo está iluminada la cocina? 12. ¿Le gustaría a Vd. pasar la noche en esta venta? 13. ¿Qué animales guardan los pastores? ¿Y los cabreros? 14. ¿Hay calefacción central en este mesón? 15. ¿Cómo son las camas?

(2) Complete the following sentences:

1. Desde aquí se pueden ver los elevados —— de los Pirineos. 2. El hotel fue construido por un —— moderno. 3. Edificios muy altos tienen generalmente ——. 4. Los arrieros —— en la venta. 5. En las aldeas se usan —— para calentar los cuartos.

(3) Give synonyms of the following:

la sierra   la alcoba   célebre   la venta   me gusta más

(4) Replace the blanks by **por** or **para**.

1. Este vino es —— ti. 2. El barco sale —— Buenos Aires. 3. El mendigo andaba —— las calles. 4. Hay que estudiar mucho —— hacerse médico. 5. Le llamé —— teléfono. 6. Viene generalmente—— la tarde. 7. Es demasiado estúpido —— comprender. 8. Fue matado —— el toro. 9. Mi amigo venía a verme dos veces —— semana. 10. Hay que comer —— vivir, no vivir —— comer.

(5) Translate the English words in brackets.

1. Sé que vendrá (some) día. 2. Nunca he visto (such) montañas. 3. El cabrero no tiene (no) dinero. 4. El inglés quería (another) vaso de cerveza. 5. (Such a) situación es imposible.

(6) Replace the infinitives in heavy type by past participles.

1. He **romper** la taza. 2. ¿Ha **volver** su hermano ya? 3. La sierra estaba **cubrir** de nieve. 4. ¿Quién ha **hacer** esto? 5. El camarero ha **traer** dos vasos. 6. ¿Ha **ver** Vd. esta ciudad? 7. Don Carlos ha **escribir** dos cartas. 8. Los arrieros han **llegar** a la venta. 9. ¿Quién ha **descubrir** el Pacífico? 10. La pobre mujer ha **caer** enferma.

(7) Put into Spanish:

Spain, as we have seen, is a land of contrasts. Modern hotels can be found in most places frequented by tourists, but the

traveller can still discover old inns where shepherds and goat-
herds come to spend their evenings, and where carters, travelling
from town to town, pass the night before continuing their
journey on the following day. In such inns the traveller is given
a simple meal of soup, bread, vegetables, and wine. The beds
are often hard, but the real traveller pays no attention to that!

VISITA A UNA FÁBRICA

LLAMÉ a la puerta.

— ¡Adelante!—dijo una voz.

Entré en la oficina de la gran fábrica de tejidos. Pregunté por mi amigo don Carlos.

—Haga Vd. el favor de tomar asiento, caballero—me dijo uno de los dependientes,—El señor González estará libre dentro de algunos minutos.

Al poco tiempo entró don Carlos. —¡Qué tal! ¿Has tenido buen viaje? ¿Cómo está la familia?

Después de charlar un rato fuimos a visitar la fábrica, y don Carlos me describió los varios procedimientos relacionados con la manufactura de los tejidos de lana.

—Como sabes, la lana, materia prima de la industria, procede del carnero. La mejor raza, la del merino, es de origen español.

—Es un animal bastante pequeño ¿verdad?

—Sí. Generalmente la lana procedente de animales de cuerpo pequeño es la más fina, pero en algunos países se da más importancia a la producción de carne. En este caso el animal es más grande pero la lana no es tan fina.

—¿Cómo se vende la lana?

—Se vende generalmente en pública subasta. Primero el comprador tiene que estimar con exactitud el rendimiento de la lana que va a comprar.

—¿Rendimiento?

—Sí. La lana natural está llena de grasa y a veces está muy sucia. El rendimiento es la proporción de lana pura, sin impurezas. Por ejemplo una lana muy limpia puede tener un rendimiento de un 75 por ciento, es decir, al lavarse se pierde sólo la cuarta parte de su peso.

Después del lavado el primer procedimiento de importancia es el de cardar o peinar.

—¿Cardar? ¿Qué significa eso?

—Significa casi lo mismo que peinar. Se introduce la lana en una máquina que separa las fibras. Después es preciso hilar la lana y por último se teje. El telar mecánico es una máquina verdaderamente maravillosa.

—¿Cuántos obreros se necesitan para operar un telar?

—Como verás, un solo operario puede a veces manejar varios telares.

—¿Cuándo se tiñe la lana?

—Algunas veces se tiñe antes de hilar, otras veces después.

Sabes sin duda que en algunas partes aisladas se hacen todavía todas estas operaciones a mano y con máquinas muy primitivas, tales como el torno de hilar, el telar de madera. Se usan tintes naturales—vegetales o minerales. Pero ahora se ha concentrado la industria en la provincia de Barcelona, donde se fabrican tejidos de todas clases, de lana, de algodón, de seda, etc.

NOTES

Adelante

Come in! Forward! Also: ¡Pase Vd.!

Adelantar—to bring forward, advance.

Mi reloj adelanta mucho.	My watch is very fast.
Un niño muy adelantado.	A very precocious child.

The opposite is **atrasar**:

> Mi reloj atrasa.
> Un niño atrasado (backward).

Haga el favor de

Other variants are:

> **Hágame Vd. el favor de** darme ese libro.
> **Sírvase Vd.** darme ese libro.
> **Tenga Vd. la bondad de** darme ese libro.

All these forms are equivalent to the English 'please'.

One also says: ¿Quiere Vd. darme el libro? which often has the force of 'please give me the book'.

Tomar asiento

To take a seat. Note the omission of the article.

Also, of course, **sentarse**.

Tejidos

Los tejidos—textiles.

Textil is the adjective. Las industrias textiles.

El merino

A wool of Spanish origin, the characteristics of which are fineness of fibre and elasticity. The finest Merino wools now come from Australia. In other places, such as New Zealand and South America, farmers are generally more concerned with meat production than with wool of the finest quality, and the sheep from these parts are larger bodied. The ideal would be, of course, a large bodied sheep with first quality wool, and experiments are continually being carried out to improve the size of the animal and the quality of the wool.

El comprador

Buyer.

The opposite is **el vendedor**—vendor, salesman.

El peso

Weight. Also, as mentioned before, the monetary unit of many Spanish American countries. The North American equivalent is **el dólar** (dollar).

The verb is **pesar**—to weigh.

La máquina

Machine.

> la sala de máquinas—engine room
> el maquinista—engine driver, mechanic

Do not confuse **el maquinista** with **el ingeniero** who is the trained engineer with technical or university qualifications.

La seda

Silk.

The silkworm is **el gusano de seda.**

Hilar

> la hilandería—spinning mill
> el hilandero —spinner

'Las Hilanderas' is the famous painting by Velázquez.

¿Verdad?

Note this use of 'verdad', equivalent to the French *n'est-ce pas?*

Lo ha visto Vd. ¿verdad?	You have seen it, haven't you?
Hace frío ¿verdad?	It's cold, isn't it?
Iremos mañana, ¿verdad?	We shall go tomorrow, shan't we?

The longer form: ¿no es verdad? (isn't it so?) is also used.

GRAMMAR

The Present Subjunctive

The complete conjugation of this tense, which has been mentioned in connection with the polite imperative, is as follows:

HABLAR	COMER	VIVIR
hable	coma	viva
hables	comas	vivas
hable	coma	viva
hablemos	comamos	vivamos
habléis	comáis	viváis
hablen	coman	vivan

Notice that the second and third conjugations have identical endings.

Radical Changing Verbs. If a verb is radical changing in the present indicative, the same change of root vowel takes place in the subjunctive.

	Present Indicative	*Present Subjunctive*
contar	cuento, cuentas, etc.	cuente, cuentes, etc.
perder	pierdo, pierdes, etc.	pierda, pierdas, etc.

With radical changing verbs of the class **pedir**, there is an additional modification:

pedir Present indicative: pido, pides, pide, pedimos, pedís, piden

Present subjunctive: pida, pidas, pida, **pidamos**, **pidáis**, pidan

That is, the E becomes I even when the stress does not fall on the vowel. Compare the preterite of **pedir**: pidió, pidieron (third person singular and plural).

Similarly in the case of third conjugation verbs of the **morir**, **sentir** class, the o becomes U, and the E becomes I, before -amos, -áis.

morir   Present indicative: muero, mueres, muere, morimos, morís, mueren

          Present subjunctive: muera, mueras, muera, muramos, muráis, mueran

sentir   Present indicative: siento, sientes, siente, sentimos, sentís, sienten

          Present subjunctive: sienta, sientas, sienta, sintamos, sintáis, sientan.

Compare the preterite: murió, murieron; sintió, sintieron (third persons singular and plural).

Irregular Verbs. In practically all cases the present subjunctive follows the same form as the first person singular of the present indicative. Thus:

tener   Present indicative: tengo   Present subjunctive: tenga, tengas, tenga, tengamos, tengáis, tengan

decir   Present indicative: digo   Present subjunctive: diga, etc.

poner   Present indicative: pongo   Present subjunctive: ponga, etc.

Some verbs do not follow this rule:

ser   Present subjunctive: sea, seas, sea, seamos, seáis, sean
saber   Present subjunctive: sepa, sepas, sepa, etc.
ir   Present subjunctive: vaya, vayas, vaya, etc.
haber Present subjunctive: haya, hayas, haya, etc.

Apart from the accents, the present subjunctive of **dar** and **estar** has regularly the same form as a first conjugation verb.

        dar   dé, des, dé, demos, deis, den
        estar esté, estés, esté, estemos, estéis, estén

Changes of Spelling. The same rules apply as in the case of the present indicative and the preterite:

	Present Indicative	*Preterite*	*Present Subjunctive*
buscar	busco	busqué	busque
alcanzar	alcanzo	alcancé	alcance
pagar	pago	pagué	pague
vencer	venzo	vencí	venza
distinguir	distingo	distinguí	distinga
dirigir	dirijo	dirigí	dirija
conocer	conozco	conocí	conozca

As we have discussed before, the polite imperative is formed from the present subjunctive:

Hágalo Vd. en seguida.	Do it at once.
No se marchen Vds.	Don't go away.

The imperative of the first person plural is also formed from the subjunctive:

Sigamos este camino.	Let us follow this road.
Escribámosle.	Let us write to him.

Notice the accent.
In the case of reflexive verbs there is contraction:

Levantémonos.	Let us get up.
(instead of Levantémosnos)	

A command in the other persons is usually accompanied by 'que'.

¡Que muera!	Let him die!
¡Que venga ella!	Let her come!
but ¡Viva España!	Long live Spain!

Note the use of the subjunctive in such a sentence as:

Tradúzcanse las siguientes frases.	Translate the following sentences (i.e. let the sentences be translated).

Government of Verbs

A verb may govern a direct object both in Spanish and English, as for instance:

> Busca su reloj.   He seeks his watch.

Or it may be followed by a preposition the usage of which is similar in both languages:

> Pagó diez pesetas **por** el reloj.
> He paid ten pesetas *for* the watch.

Sometimes usage differs:

> Piensa **en** lo que ha hecho.
> He thinks *of* what he has done.

Such usages are best learnt by observation. It is important to learn a whole phrase or sentence rather than to try to remember which preposition governs the object after certain verbs. Here is a list of verbs which have occurred:

No preposition:

buscar	Está buscando trabajo.	He is looking for work.
pedir	No pida Vd. pan.	Don't ask for any bread.
esperar	Esperamos el tren.	We are waiting for the train.
escuchar	Los niños escuchan la música.	The childern are listening to the music.

Followed by preposition:

A

oler	Huele a ajo.	It smells of garlic.
acercarse	Se acercó a la puerta.	He approached the door.
parecerse	Se parece a su padre.	He resembles his father.
jugar	Le gusta jugar a los naipes.	He likes playing cards.

comprar	Compra un reloj al relojero.	He buys a watch from the watchmaker.

De

acordarse	¿Se acuerda Vd. de ella?	Do you remember her?
maravillarse	Me maravillé de lo que dijo.	I wondered at what he said.
pensar	¿Qué piensa Vd. de esto?	What do you think of this?

En

consentir	Consintió en el matrimonio.	He consented to the marriage.
entrar	Entró en la casa.	He entered the house.
pensar	¿En qué piensa Vd.?	What are you thinking of?

Con

soñar	Sueña con los días pasados.	He dreams of past days.
casarse	Se casó con la muchacha.	He married the girl.
contar	Cuento con Vd.	I count on you.

Para

servir	No sirve para nada.	It's no use at all.

Por

pagar	Pagó dos pesetas por la pluma.	He paid two pesetas for the pen.
But:		
	Pagó la pluma.	He paid for the pen.

(i.e. with the direct object when no sum of money is mentioned)

preguntar	Preguntaba por Vd.	He was asking for (about) you.

Notice that some verbs are followed by different prepositions, according to meaning:

> pensar de   to think about, be of the opinion
> pensar en   to think of, to dwell upon

And do not forget the normal use of the 'personal a':

> Vio a su padre—he saw his father.

Prepositions followed by Verbs

All prepositions are followed by the *infinitive*. Note particularly:

Lo hizo sin querer.	He did it unwillingly.
Después de escribir la carta, salió.	After writing the letter he went out.
¿Qué hará Vd. antes de salir?	What will you do before going out?

Alguien, nadie

Compare these pronouns with those we have already studied:

> algo (something)   alguien (somebody)
> nada (nothing)   nadie (nobody)

> Alguien ha venido.   Someone has come.
> No ha venido nadie.   Nobody has come.
> (or) Nadie ha venido.

'No' must precede the verb when the pronoun follows.

Notice particularly:

Nunca da nada a nadie.   He never gives anything to anybody.

EXERCISES

(1) Answer the following questions in Spanish:

1. ¿Qué clase de fábrica es? 2. ¿Cuándo estará libre el señor González? 3. ¿Qué dijo don Carlos? 4. ¿Cuál es la materia prima de la industria? 5. ¿Cuál es la mejor raza de

carnero?   6. ¿Cómo se vende la lana?   7. ¿Se produce mucha
lana en la República Argentina?   8. ¿Qué se hace después de
hilar la lana?   9. ¿Ha visto Vd. funcionar un telar mecánico?
10. ¿Se hacen todavía estas operaciones a mano?   11. ¿En
qué parte de la Gran Bretaña se hacen todavía tejidos en casa?
12. ¿Ha visitado Vd. una fábrica moderna?   13. ¿Se usan tintes
vegetales o minerales para teñir?   14. ¿Cuántas clases de
tejidos se fabrican en la provincia de Barcelona?   15. ¿Cómo
se llama una persona que trabaja en una fábrica?

(2) Give Spanish verbs corresponding to the following
nouns:

asiento fábrica tejido peine tinte operario viaje

(3) Replace each of the blanks by an appropriate word
taken from the following list: jamás, alguien, nunca, nadie,
tampoco, algo, nada. Translate the resultant sentences into
English.

1. ¿Estás seguro de que —— te vio?   2. —— entró en la
casa.   3. Desgraciadamente no tengo ——.   4. ¿Quiere Vd.
darme —— que hacer?   5. No me gusta a mí ——.   6. No
he visto —— a su tío.   7. ¿Ha visitado Vd. —— esta ciudad?
8. No hay que darlo a ——.   9. ¿Quiere Vd. darlo a ——?
10. No tiene —— que decir.

(4) Replace the blanks by appropriate prepositions where
they are necessary.

1. Pregunté —— don Carlos.   2. El mendigo pedía ——
limosna.   3. El viejo piensa muchas veces —— los días
pasados.   4. ¿Quiere Vd. ver —— el negociante?   5. ¿Qué
piensa Vd. —— esta idea?   6. Hay que comer —— vivir.
7. Pagué diez pesetas —— este libro.   8. Compré el reloj ——
el joyero.   9. Lo hizo —— mí.   10. El hombre salió después
—— comer.   11. El caballero estaba buscando —— la maleta.
12. El padre consintió —— el matrimonio.   13. Acabo ——
terminar el trabajo.   14. ¿Debe Vd. —— hacerlo en seguida?
15. No vuelva Vd. —— decir tal cosa.

(5) Put the following verbs into the polite imperative (singular and plural).

(Example: **Comprarlo** para la familia. Cómprelo Vd. para la familia. Cómprenlo Vds. para la familia.)

1. **Sentarse.** 2. **Hacerlo** inmediatamente. 3. **Escribir** la carta. 4. **Permanecer** aquí. 5. **Pedirle** permiso. 6. **Buscar** al jefe de estación. 7. **Empezar** el trabajo. 8. **Volver** en seguida. 9. **Decir** siempre la verdad. 10. **Ponerlo** sobre la mesa.

(6) Repeat the above sentences in the negative.

(Example: Cómprelo Vd. para la familia. No lo compre Vd. para la familia.)

(7) Put into Spanish:

1. He went out without speaking. 2. Before writing the letter Juan closed the door carefully. 3. After eating his dinner the manager went to the office. 4. I am going to see her now. 5. Entering the station he met his friend.

(8) Put into Spanish:

In some parts of Great Britain woollen textiles are still manufactured in the home. The processes employed in a modern factory, however, are almost the same. The wool is first washed to remove the dirt and grease, and then combed or carded to separate the fibres. Afterwards it is spun, dyed, and woven.

CHAPTER XX

EL INDIANO

ABEGUEIRO,
PROVINCIA DE LA CORUÑA.
21 *de julio de* 19—.

ESTIMADO AMIGO: Fue para mí una gran sorpresa recibir su carta del 18 de mayo, y siento mucho haber tardado tanto en contestarle.

¿Se da Vd. cuenta de que hace más de quince años que me despedí de mi tierra natal? Me fui, como Vd. sabe, a La Habana. No tengo recuerdos muy gratos del viaje. La travesía fue terrible, me mareé casi todos los días y el barco iba atestado de gente. Vd. comprenderá que cuatro personas no caben muy bien en un pequeño camarote. ¡No es exagerar decir que pasé las de Caín! Llegué a La Habana cansado y lleno de nostalgia.

Me dirigí en seguida a la hacienda de mi tío Augusto cerca de Matanzas, donde durante algunos años me dediqué con entusiasmo al cultivo de la caña de azúcar. Andando el tiempo hice muchos amigos y, a los cinco años de estar allí, me casé con una hermosísima cubana, cuyas virtudes y excelencias no tengo palabras para alabar. Ahora, gracias a Dios, tenemos dos hijos.

Hace dos años mi señor tío (¡que en paz descanse!) murió después de una enfermedad muy grave, y yo heredé la hacienda.

La semana pasada desembarqué con mi familia en la Coruña. Pensamos pasar unos seis meses aquí en Galicia en casa de mis padres antes de regresar a Cuba.

Tendré mucho gusto en ir a verle a Vd. algún día si no tiene inconveniente. Sin duda tendrá Vd. muchas cosas que decirme. ¿Se encuentra Vd. todavía soltero? ¿Trabaja Vd. todavía en la misma Compañía de Teléfonos?

Aquí en el pueblo todos me llaman 'el indiano' y creen que soy millonario. ¡Mi señora, la 'cubana', no entiende muy bien el gallego!

Aprovecho esta ocasión para darle mis más expresivas gracias por su amabilidad y espero con impaciencia sus próximas noticias.

Siempre de Vd. S.S. y amigo,
ENRIQUE CASTROL.

NOTES

La sorpresa

The verb is **sorprender**—to take by surprise, to surprise.

Me sorprendió la noche—Nightfall overtook me.

Lo que dice me sorprende mucho—What he says surprises me.

Sentir

To feel. Jaime se siente malo. Jaime feels ill.

Note also the meaning of 'to regret':

Lo siento mucho—I am very sorry (literally: 'I feel it very much').

Siento mucho haber hecho eso—I am very sorry I did that.

Darse cuenta de

To realise. Compare the French: *se rendre compte.*

> ¿Se da Vd. cuenta de lo serio de esto?
> Do you realise how serious this is?
> No se da cuenta de que soy pobre.
> He doesn't realise that I am poor.

Be very careful with the verb **realizar**, which means 'to realise' in the commercial sense, to carry into effect, to turn into cash.

Despedirse

To say good-bye.

The noun is la despedida—the leave-taking.

Camarote

Note la cámara as, for example, in la cámara de comercio—Chamber of Commerce.

La cámara de aire—inner tube.

Camarote is an augmentative form of **cámara** but has acquired the individual meaning of 'cabin, berth' on a ship.

Pasar las de Caín

To suffer the tortures of Cain—i.e. to have an awful time.

Alabar

The noun is la alabanza—praise.

Que en paz descanse

Expression used when the name of a dead person is mentioned. Compare: R.I.P.

Also: ¡Que en el paraíso esté!   May he be in heaven!

Soltero

Bachelor.

A spinster is la soltera.

El indiano

Name given to one who has returned to Spain from the 'Indies'. Compare the English 'rich uncle from Australia', which is the nearest equivalent.

Dar las gracias por

Note the use of the article.

Another word, **agradecer**, means 'to be grateful for'.

A Vd. le agradezco mucho su amabilidad—I am very grateful to you for your kindness.

Se lo agradezco mucho—I am very grateful to you for it.

Another variant is:

Le estoy muy agradecido por su amabilidad—I am grateful to him for his kindness.

Amable

Kind, friendly.

A very common expression in Spanish is: **Es Vd. muy amable**, equivalent to 'That is very kind of you'.

GRAMMAR

Caber—to be able to be contained.

An irregular verb.

Present indicative: quepo, cabes, cabe, cabemos, cabéis, caben

Present subjunctive: quepa, quepas, quepa, quepamos, quepáis, quepan

Preterite: cupe, cupiste, cupo, cupimos, cupisteis, cupieron

Future indicative: cabré, cabrás, cabrá, cabremos, cabréis, cabrán

Notice the uses of this verb:

No cabemos aquí.   There's no room for us here (literally: 'We do not fit here').

No cabe duda.   There is no room for doubt.

¿Cuántas cerillas caben en esta cajita?
How many matches does this box hold?

Expressions of Time

Hace dos días.   Two days ago.

Hace dos días que me despedí de él.
It is two days since I bade farewell to him.

Notice the logical use of the Spanish in such a sentence as:

Hace dos semanas que estoy en Madrid.
I have been in Madrid for two weeks. (That is: I *am* in Madrid at the time of speaking, therefore the present tense.)

Similarly:

Hacía dos días que trabajaba en aquella fábrica.
He *had* been working in that factory for two days. (That is: He was working there at the time.)

The following are of common occurrence:

el año que viene (or) el año próximo	next year
de hoy en ocho (días)	a week today
de hoy en quince (días)	a fortnight today

quince días—a fortnight
ocho días   —a week

Compare the French: *huit jours; quinze jours.*

Letters

The date is **la fecha.**

What is the date?	¿Qué fecha es hoy? ¿A cuántos estamos?
It is March the first.	Es el primero de marzo. Estamos a primero de marzo.
16th of June, 1940.	El diez y seis de junio **de** mil novecientos cuarenta.

Months are not usually written with capital letters in Spanish.

Letter Openings

To relatives:	Querido papá	Dear Father
	Mi querida Anita	My dear Anita
To friends:	Querido Carlos	Dear Carlos
	Estimado amigo (more formal)	Dear Friend
Business:	Muy señor mío	Dear Sir
	Muy señores míos (nuestros)	Gentlemen
	Muy señor mío y amigo (less formal)	My dear Sir

Letter Endings

To relatives:	Tu hijo Jaime que te quiere	Your loving Jaime
		Your affectionate Jaime

To friends:	Con un cordial apretón de manos	(literally: with a friendly handshake)

	Siempre de Vd. S.S. y amigo	Your friend, yours
	Soy de Vd. su buen amigo y S.S.	

Business:	Quedo de Vd. atento y S.S. Q.B.S.M.	I (we) remain, yours faithfully
	Quedamos de Vd. atentos y S.S. Q.E.S.M.	

Abbreviations

atento y S.S.—atento y seguro servidor (literally: attentive and faithful servant)

Q.B.S.M.　—que besa sus manos (literally: who kisses your hands)

Q.E.S.M.　—que estrecha su mano (literally: who shakes your hand)

The form Q.B.S.M., although still found in Spain, is rarely used in Spanish America, where the form 'Su(s) atento(s) y S.S.' is preferred.

When writing to a lady it was once the custom for a gentleman to end the letter: Q.B.S.P.—que besa sus pies—who kisses your feet.

These few examples do not by any means exhaust the many letter endings and openings which are used in Spanish, but they are perhaps amongst the more usual.

EXERCISES

(1) Answer the following questions in Spanish:

1. ¿Qué fecha llevaba la carta que Castrol recibió?
2. ¿Cuánto tiempo tardó en contestar?　3. ¿En qué industria trabajaba su amigo?　4. ¿Cuántos pasajeros cabían en el camarote del barco?　5. ¿Cómo llegó el señor Castrol a Cuba?

6. ¿Cómo se llamaba su tío? 7. ¿Qué trabajo hizo en Cuba? 8. ¿Con quién se casó? 9. ¿Cómo fue la travesía? 10. ¿Por qué heredó Castrol la hacienda? 11. ¿En qué puerto desembarcó? 12. ¿Cuántos meses piensa pasar en Galicia? 13. ¿Por qué le llaman 'indiano' los vecinos? 14. ¿Por qué tiene la señora Castrol mucha dificultad en entender el gallego? 15. ¿Escribe Vd. muchas cartas?

(2) Put into the negative:

1. Tráigame Vd. dos vasos. 2. Abra Vd. la caja. 3. Síganme Vds. 4. Venga Vd. a verme mañana. 5. Atraviese Vd. la calle.

(3) Put into Spanish:

1. I have been here two years. 2. Ten days ago. 3. I am sorry I have written that letter. 4. We had an awful time. 5. Do you intend to live in Cuba? 6. There is no room for you here. 7. We shall be pleased to see you next week. 8. Were you sea-sick? 9. As time went on I got another job. 10. Did you thank him?

(4) Replace the infinitives in heavy type by present participles.

1. El viejo se está **morir**. 2. ¿Quién está **leer** en alta voz? 3. Están **construir** una casa. 4. La chica estaba **pedir** dinero. 5. ¿En qué estás **pensar**?

(5) (a) What verbs correspond to the following nouns?

la sorpresa la contestación el recuerdo la dirección

(b) What nouns correspond to the following verbs?

gustar atravesar cultivar telefonear

(c) What adjectives correspond to the following nouns and verbs?

tardar la gratitud la amabilidad la enfermedad el mar

(6) Put into Spanish:

10*th April*, 19—.

DEAR ANTONIA,

I received your letter yesterday. I am sorry to have to tell you that I shall be unable to come and see you next Wednesday, since my mother is very ill and I must stay at home and help my sister.

Did you know that Juan has returned home from Cuba? I saw him the day before yesterday in the street. Everybody thinks that he must be a millionaire, but he told me that he had only enough money to pay for his ticket!

Please write to me again as soon as possible.

Your affectionate friend,

ANITA.

RECAPITULATION IV

EXERCISES

(1) Put into Spanish:

1. He read the whole of the newspaper. 2. We were not able to reach the summit. 3. The child fell asleep in the bus. 4. She had just finished writing the letter when the door opened. 5. You must try to speak more fluently. 6. You ought not to say such things. 7. The mountains were covered with snow. 8. We used to walk along the streets every afternoon. 9. Nobody has started to work yet. 10. How many matches does this box hold? 11. Do you realise the seriousness of the situation? 12. It has been snowing for a week. 13. He knew it two days ago. 14. He was born on July 7th, 1899. 15. What have you got for me? 16. That man is too old to work. 17. What a pretty girl! 18. Is that wool strong enough for spinning? 19. He must have a lot of money. He buys everything he sees. 20. What are you thinking about?

(2) Write in the correct preposition, if one is necessary:

1. El niño aprende —— leer.
2. Voy —— comprar esos libros.
3. Pagó diez pesetas —— la pluma.
4. No podré —— acompañarle a Vd. mañana.
5. ¿Sabe Vd. —— nadar?
6. Insistió ella —— venir conmigo.
7. Lo haré antes —— acostarme.
8. El cazador ha sido matado —— el león.
9. ¿Tiene Vd. ganas —— vivir en la ciudad?
10. Es imposible —— vivir sin comer.

(3) Write a continuation in Spanish to the story in Chapter XVI, based on the following outline:

El caballero—furioso—bajar a la próxima estación—telefonear al jefe de estación—ver salir el último tren—la noche en la sala de espera—regresar al día siguiente.

CHAPTER XXI

LAS REGIONES DE ESPAÑA

Si examinamos un mapa de España veremos que es un país muy montañoso. Tiene la forma de una elevada meseta dividida en fajas por las grandes cordilleras que la atraviesan. Se estima que las tres quintas partes del territorio se encuentran a más de 500 metros sobre el nivel

del mar. Madrid, situada en el centro de esta meseta, es la capital más alta de Europa. España tiene sólo siete u ocho ríos importantes pero, como ya hemos visto, éstos son generalmente demasiado caudalosos e impropios para la navegación.

Desembarquemos en la Coruña y hagamos un viaje imaginario por este hermoso país.

Desde el extremo occidental de la península hasta la frontera francesa se extiende la Cordillera Cantábrica, continuación de los Pirineos. Esta región comprende Galicia, Asturias y las Provincias Vascongadas. Es una comarca muy fértil, de clima templado y lluvioso.

El río Ebro, que nace en los Montes Cantábricos y que desemboca en el mar cerca de Tarragona, ofrece el camino más fácil para llegar al Mediterráneo. Numerosos ríos y arroyos, pasando por Navarra, Aragón y Cataluña, bajan de las cumbres de los Pirineos, y por toda esta región encontramos encantadores paisajes y hermosos valles. Y no olvidemos tampoco la pequeña república de Andorra, escondida y aislada en un valle de la Cordillera entre España y Francia.

Antes de despedirnos de la hermosa Cataluña, una de las partes más ricas de España, visitemos la ciudad de Barcelona, puerto de mar y centro industrial, y sigamos la costa del Mediterráneo, pasando por las célebres huertas de Valencia, Alicante y Murcia.

Por fin llegamos a Andalucía, antiguo reino de los moros. Aquí el clima es seco, caluroso y muy parecido al de Marruecos al otro lado del estrecho de Gibraltar. Se ha llamado esta región 'el jardín de España' por la riqueza de su suelo y la gran variedad de sus frutos. El punto culminante de Andalucía es el Mulhacén, pico de la Sierra Nevada, el cual alcanza una altitud de unos 3500 metros, siendo el monte más alto de toda la península.

NOTES

La cordillera

Long chain of mountains.

La Cordillera de los Andes.

Templado

Temperate. **Un clima templado**—a temperate climate. From the verb **templar**—to soften, moderate, temper. In the latter sense: **el temple**—temper (of metals).

El temple del acero toledano—The temper of Toledo steel.

Lluvioso

Rainy.

la lluvia—rain

Nacer

To be born; to rise (of rivers).

el nacimiento   —birth
el renacimiento—Renaissance

La fuente is a spring or fountain. Note: **Las fuentes del Ebro**
—the source of the Ebro.

We have already met with the word **desembocar**—to flow
into the sea. Another word is **desaguar.**

El Duero desagua en el Atlántico.

Encantador

Enchanting.

el encanto—enchantment, charm
encantar   —to charm, enchant

El extremo

End, extremity. **Extremo** (adjective)—extreme, distant.
El extremo oriente—Far East.

Los frutos

Distinguish between **los frutos** and **las frutas.**

Los frutos de la tierra—The fruits of the earth (i.e. products).
Como postres hay frutas.   For dessert there is fruit.

Frutos is also used in a figurative sense, as:

Los frutos de su trabajo—The fruits of his work.

Suelo

This word means either (1) soil, or (2) floor, ground.

El suelo de España es muy rico en minerales.
El niño se sentó en el suelo.

Sierra nevada

Literally 'snowy range'.

> la nieve—snow
> nevar —to snow

Nieva mucho en los Pirineos. It snows a great deal in the Pyrenees.

La sierra has the first meaning of 'saw' (cutting instrument). Hence the extension of meaning to 'mountain chain', i.e. a serrated line of jagged mountain peaks.

Reino

Be careful not to confuse **el reino**—kingdom, with **el reinado** —reign.

> el rey —king **la reina** —queen
> el príncipe—prince **la princesa**—princess

GRAMMAR

Gender of Nouns

A number of examples have occurred of nouns which, although ending in -A, are masculine:

el día (the day) el tranvía (tramcar) el guardia (policeman)

Similarly, words ending in -A of Greek origin are masculine:

el panorama (panorama) el drama (drama) el mapa (map)
el idioma (language)

Words ending in -D are usually feminine, but notice:

el huésped (guest) el sud (south)

Words ending in -Z are usually feminine, but notice:

el lápiz (pencil) el pez (fish) el arroz (rice)

Words ending in -IÓN are also usually feminine, but notice:

el camión (the lorry)

Y, O

Before -I or -HI Y (and) becomes E:

> Ignacio y Carlos
> but Carlos e Ignacio
> Naranjas e higos—Oranges and figs.

Similarly O (or) becomes U before O or HO:

> Dos o tres
> but Siete u ocho
> Ayer u hoy

Más, Menos. Followed by a numeral

The use of these words where a comparison is made will be remembered:

> Tiene más dinero que yo—He has more money than I.

But, when there is no comparison:

> Tiene más de cincuenta ovejas.
> He has more than fifty sheep.
>
> ¿Tiene Vd. menos de diez pesetas?
> Have you less than ten pesetas?

In the negative, however, **de** is usually replaced by **que**:

> No he escrito más que dos cartas.
> I have not written more than two letters (i.e. only).

Más, Menos. Followed by a clause

In this case the following forms are used: el que, los que, la que, las que. E.g.:

> Me mandó más libros de **los que** pedí.
> He sent me more books than (those) I ordered.
>
> Recibí menos cartas de **las que** escribí.
> I received fewer letters than (those) I wrote.

Finally, note the use of **lo que** when no definite noun is referred to:

> Es más inteligente de lo que Vd. cree.
> He is more intelligent than you think (he is).

Si

This word (when unaccented) has two meanings: *if* and *whether*.

> Si viene mañana, déle este libro.
> If he comes tomorrow, give him this book.

Notice that si (meaning *if*) is followed by the present indicative as in English.

Me preguntó si vendría.   He asked me whether I would come.

> ¿Por qué le pregunta Vd. si vendrá?
> Why do you ask him whether he will come?

Inversion

The question of inversion in Spanish is largely one of balance and style. In such a sentence as:

> ¿Tiene Ramón bastante dinero?
> Has Ramón enough money?

the normal order is retained, since the object 'bastante dinero' is 'longer' than the subject 'Ramón' and falls naturally at the end of the sentence. But if the predicate is shorter than the subject, a better order would be:

> ¿Tienen vino todos los convidados?
> Have all the guests got wine?

The subject of a sentence is often placed after the verb when the sentence begins with an adverb or an adverbial phrase:

> Desgraciadamente no vino don Carlos hasta las diez.
> Unfortunately don Carlos did not come until ten.

After direct speech inversion is usual in English and compulsory in Spanish with such verbs as **decir**.

> —No lo sé—dijo el cura.
> 'I don't know', said the priest.

Inversion of subject and verb may occur at the beginning of any sentence in Spanish for reasons of euphony, balance, or style.

> Llegó el caballero a las once.
> The gentleman arrived at eleven.

A form found in many Spanish writings, although it is not strictly grammatical, is:

> Sentóse el viejo en el sillón (i.e. instead of se sentó).
> The old man sat down in the arm-chair.

Note that the accent is retained.

EXERCISES

(1) Answer the following questions in Spanish:

1. ¿Qué forma tiene España? 2. ¿Dónde está situada Madrid? 3. ¿Cuántos ríos importantes tiene España? 4. ¿Son navegables estos ríos? 5. ¿Cómo se llama la Cordillera que se extiende desde la Coruña hasta los Pirineos? 6. ¿Cómo es el clima de los Países Vascongados? 7. ¿Dónde desemboca el río Ebro? 8. ¿Dónde está la república de Andorra? 9. ¿Dónde está situado el centro industrial de Cataluña? 10. ¿Por dónde pasamos si seguimos la costa del Mediterráneo desde Barcelona hasta Andalucía? 11. ¿Por qué se llama la región andaluza 'el jardín de España'? 12. ¿Cuál es el punto culminante de la Sierra Nevada? 13. ¿Cómo es el clima de Andalucía? 14. ¿Tiene montañas la Gran Bretaña? 15. ¿Cuántos ríos españoles penetran también en Portugal?

(2) Put into Spanish:

1. Barcelona is bigger than Seville. 2. He has more than a hundred pesetas. 3. I haven't more than two letters to write. 4. He is not so ill as I am. 5. He has more money than you think. 6. This house has more windows than that one. 7. If he comes, give him this. 8. The climate of Spain is not as rainy as that of Great Britain and Ireland. 9. How many maps have you? 10. Three-fifths of the farm were under water.

(3) Complete the following sentences:

1. Una llanura elevada se llama una ——.   2. El Mulhacén se encuentra a unos 3500 metros sobre el —— del mar.   3. El clima de Inglaterra es por lo general ——.   4. Un río —— en el mar.   5. El alpinista alcanzó la —— de la sierra.   6. Una larga cadena de montañas se llama una ——.   7. Lisboa es la capital de ——.   8. Algunas partes de España son muy áridas pero Andalucía es muy ——.   9. El que ha estudiado la ciencia de la navegación es un ——.   10. Un barco costanero es un barco que sigue la ——.

(4) The following lines contain words opposite in meaning. Pair them.

(a) montaña   riqueza   nacer   bajar   seco   rápido occidental   alto

(b) bajo   morir   subir   lento   oriental   llanura lluvioso   pobreza

(5) Give synonyms of the following words:

antiguo   caluroso   parecido a   región   hermoso

(6) Put into Spanish:

The coasts of Great Britain are much longer than those of Spain. On the other hand, Spain is a much more mountainous country. The climate of Spain is generally much drier, but in the north-west corner of the peninsula it is almost as rainy as in Ireland. Both countries have many important seaports, but whereas the rivers of Great Britain are mostly navigable, those of Spain are too rapid. On account of the fertility of her soil Andalusia has been named the garden of Spain and produces many fruits which cannot be grown in this country.

CHAPTER XXII

LAS REGIONES DE ESPAÑA (*continuación*)

La región limitada por Portugal al oeste y que se extiende desde Andalucía hasta León era antes la antigua provincia de Extremadura, comarca fría, elevada, de vastas soledades.

Consideremos ahora las provincias del centro, tales como la Mancha, Castilla la Nueva, Castilla la Vieja, cuna de la lengua castellana. Es la tierra de castillos, el campo de batalla de moros y cristianos, país de llanuras áridas e interminables, en muchas partes sin agua ni árboles, de temperaturas extremas.

Grandes cadenas de montañas surcan este territorio. Castilla la Vieja está separada del Golfo de Vizcaya por los Montes Cantábricos; Castilla la Nueva está limitada al sur por la Sierra Morena; las Sierras de Gredos y de Guadarrama separan estas dos mesetas.

Desde todos los puntos de vista España es un país de variedad y de contrastes. Aquí encontramos la soledad de las montañas y el bullicio de las grandes ciudades; la melancolía de las rías bajas de Galicia y la alegría de las poblaciones andaluzas; las aguas tranquilas del Mediterráneo y las tempestades del Atlántico; la aridez y pobreza de los despoblados y la fertilidad de las huertas; el cielo despejado de Málaga y las nieblas de Santiago de Compostela.

También ofrece España variedad de idiomas. Además del castellano se hablan otros idiomas tales como el gallego (hablado en Galicia, y muy parecido al portugués), el vascuence (lengua quizás de los antiguos iberos) y el catalán (hablado en Cataluña, Valencia y las islas Baleares).

LENGUA ESPAÑOLA

NOTES

Soledad

The adjective is **solitario**.

Los moros

The Arabs invaded Spain in the year 711, defeated Rodrigo, the king of the Visigoths, and within a few years had overrun the whole of the country with the exception of the mountainous districts of Asturias. It was here that the first effective resistance was organised, and in 718 the Spaniards, under the command of Pelayo, inflicted defeat on the Arabs at the battle of Covadonga, near Oviedo. This was the beginning of the re-conquest of Spain. The end of this long struggle was marked by the conquest of the Moorish kingdom of Granada, when the Catholic sovereigns Ferdinand and Isabella entered the Alhambra in triumph on January 2nd, 1492. The many walled towns and castles of the Central Plateau bear witness to the intermittent struggles between the Moors and the Christians which took place during this long period. In the second half of the eleventh century the most outstanding figure of the re-conquest was the Castilian noble, el Cid, who succeeded in wresting Valencia from the Moors. El Cid has become the national hero of Spain and, as a semi-legendary character, was the subject of the nation's first epic poem, 'El Poema del Cid', and of innumerable ballads.

Temperaturas extremas

The climate of Madrid has been described as: 'Nueve meses de invierno, tres meses de infierno'—nine months winter, three months hell.

El punto de vista

Point of view.

Distinguish between **el punto**—point, dot, and **la punta**—tip.

El punto—full stop, period.

Punto y coma—semi-colon.

Dos puntos—colon.

Punto interrogante—question mark.

Punto de admiración—exclamation mark.

Estaba a punto de salir—He was on the point of going out.

La punta de la espada—the point of the sword.

Punta de Europa—Europe Point (the tip of land at the end of the Gibraltar peninsula).

Surcar

The noun is **el surco**—furrow.

El arado surca la tierra—The plough furrows the earth.

El bullicio

Bustle, confusion.

Connected with the verb **bullir**—to boil.

La aridez

Adjective is **árido**—dry, arid.

Los despoblados

From the verb **despoblar**—depopulate.

Name given to those regions, semi-desert in character, where vegetation is scant. One of the most desolate regions of Spain is that of Las Hurdes, in the province of Cáceres. Certain parts of this territory, which is rocky and extremely mountainous, are even devoid of soil. For purposes of cultivation, the inhabitants are often forced to carry silt from the river beds to prepared terraces on the hill-sides.

Despejado

In weather reports, for example, **cielo despejado** means a clear, cloudless sky.

El vascuence

The origins of the Basque language, spoken on both sides of the Pyrenees, are unknown. It is in no way related to any other language of the Peninsula. It is thought by some to be the language of the ancient Iberians.

GRAMMAR

Use of Articles

The definite article is used in Spanish and not in English in the following cases:

With nouns used in a general sense.

Le gusta el té.	He likes tea.
Los burros son estúpidos.	Donkeys are stupid.

With titles.

El rey Alfonso.	King Alfonso.
El señor González.	Señor González.

Notice, however, 'Buenos días, señor González', where the article is omitted in direct address.

With proper names qualified by an adjective, or by an adjectival phrase.

La hermosa Cataluña.	Beautiful Catalonia.
La España del siglo XII.	Spain of the 12th century.
El viejo Ramón.	Old Ramón.

With the names of certain countries.

El Perú, el Brasil, etc.

With parts of the body.

Lo tenía en la mano.	He held it in his hand.
Lavarse la cara.	To wash one's face.

With certain idiomatic and set expressions.

90 pesetas la botella.	90 pesetas a bottle.
Estar en la escuela.	To be at school.
Ir a la iglesia.	To go to church.
El 60 por ciento.	60 per cent.

The articles are used in English and not in Spanish in the following:

Es médico.	He is a doctor.
Alfonso, rey de España.	Alfonso, *the* king of Spain.
Vendrá otro día.	He will come *an*other day.
Mil soldados.	*A* thousand soldiers.
Cien casas.	*A* hundred houses.
Tal hombre.	Such *a* man.
¡Qué día!	What *a* day!
Carlos quinto.	Charles *the* Fifth.

Tal... como...

Notice the use of these words:

Tales hombres como éstos.   Such men as these.

and compare it with:

Nunca he visto hombres tan estúpidos como éstos.
I have never seen such stupid men as these.

(i.e. **tal** qualifies a noun and **tan** qualifies an adjective).

Sin... ni...

Notice carefully such sentences as:

Sin pluma ni tinta.	Without pen *or* ink.
Sin árboles ni vegetación.	Without trees *or* vegetation.

Compare the sentence:

No tengo nada—I haven't anything.

Poder. Idiomatic uses

No puedo hacerlo.	I cannot do it.
No podría hacer eso.	I could not do that (i.e. I would not be able).
No pude hacerlo.	I could not do it (i.e. I was not able to do it).
No puedo menos de admirarla.	I cannot help admiring her (i.e. I cannot do less than admire her).

Valer. Idiomatic uses

¿Cuánto vale?	How much does it cost?
No vale nada.	It is worthless.
No vale la pena de hacerlo.	It is not worth doing.
Más vale tarde que nunca.	It is better late than never.

Valer is irregular in some forms:

Present indicative: **valgo**, vales, vale, valemos, valéis, valen
Future indicative: **valdré**, valdrás, valdrá, valdremos, valdréis, valdrán
Present subjunctive: **valga**, valgas, valga, valgamos, valgáis, valgan

EXERCISES

(1) Answer the following questions in Spanish:

1. ¿Cómo se llama la parte de España limitada por Portugal al oeste?   2. ¿Puede Vd. hacer la descripción de esta región?   3. ¿Cómo es el clima de la meseta central?   4. ¿Conoce Vd. el nombre de alguna cordillera sudamericana?   5. ¿En qué parte de España nació la lengua castellana?   6. ¿Cuántos idiomas se hablan en la península ibérica?   7. ¿Se habla el castellano en el Brasil?   8. ¿Qué parte de España le gustaría a Vd. visitar?   9. ¿Prefiere Vd. la soledad de la sierra al bullicio de la ciudad?   10. ¿Es verdad decir que las aguas del Mediterráneo están siempre tranquilas?   11. ¿Cuántos lagos hay en España?   12. ¿Sabe Vd. de dónde viene el nombre de 'Castilla'?   13. ¿Cómo se llama la sierra que está situada al norte de Madrid?   14. ¿Puede Vd. enumerar algunas ciudades de Castilla?   15. ¿Cómo se describe el clima de Madrid?

(2) Put into Spanish:

1. Tea is not grown in Spain. 2. King Alfonso X was called the Wise. 3. Señor González came to dinner. 4. How do you do, Señor González? 5. The children were going to church. 6. Give me your hand. 7. He was washing his face. 8. He is a lawyer. 9. This wine costs 90 pesetas a bottle. 10. This farmer has a hundred sheep and a thousand pigs. 11. I saw her the other day. 12. Can you give me another glass, please? 13. Such a thing is impossible. 14. He is an architect of universal fame. 15. It is such a large house.

(3) Give the English equivalents.

1. No puedo menos de admirarla. 2. ¿No puede Vd. venir mañana? 3. ¿No podría Vd. hacer lo mismo? 4. Eso no vale la pena. 5. ¿Cuánto vale ese libro? 6. Esta pluma no vale nada. 7. Más vale tarde que nunca. 8. ¿Cuánto me debe Vd.? 9. Vd. no debería decir eso. 10. Debe de estar muy enfermo.

(4) Complete the following sentences:

1. ¿Le gusta a Vd. la —— de las montañas? 2. Las poblaciones andaluzas son muy ——. 3. Lo opuesto de riqueza es ——. 4. Una región sin vegetación es un ——. 5. Castilla la Vieja es la —— del idioma castellano. 6. El buque se fue a pique en una ——. 7. La carretera sigue el —— del río Ebro. 8. Un cielo sin nubes es un cielo ——. 9. Roma es una ciudad muy ——. 10. En Barcelona y en Valencia se habla ——.

(5) Put into Spanish:

The plains of the Central Plateau were once the battlefields of Moors and Christians. The Arabs landed in Spain in about 711, conquered most of the country, and established independent kingdoms. They even crossed the Pyrenees and succeeded in getting as far as Poitiers in France. In the year 1492, after more than seven centuries, the Moors lost their last Spanish city—Granada. The re-conquest of the country by the Christians began in the Cantabrian Mountains, and in the reign of the Catholic sovereigns the various kingdoms of Spain were united.

CHAPTER XXIII

DON QUIJOTE

Uno de los libros más célebres de la literatura universal es sin duda la obra maestra de Cervantes: *El ingenioso hidalgo don Quijote de la Mancha.*

Cervantes pinta un cuadro de los españoles de su tiempo,

un panorama de la sociedad y civilización de la nación española, pero es también una pintura del hombre universal y eterno, de todas las épocas y de todos los países. En esta novela encontramos una descripción de todo: montañas y llanuras, palacios y ventas, nobles y ladrones, sacerdotes y cabreros.

Pero 'el Quijote' no es solamente una novela descriptiva sino también una obra filosófica. Don Quijote es el idealista, el caballero andante que quiere ayudar a los débiles y proteger a las mujeres, mientras que Sancho

Panza, su escudero, es el realista que ayuda a su amo a llevar a cabo sus aventuras fantásticas. En Dulcinea del Toboso ve don Quijote la perfección de las virtudes femeninas, pero Sancho no se engaña. En el famoso combate de los molinos de viento el caballero de la Triste Figura ve gigantes pero Sancho le dice: —Mire Vuestra Merced que aquéllos que allí se parecen no son gigantes, sino molinos de viento, y lo que en ellos parecen brazos son las aspas.

Don Quijote, montado en su caballo Rocinante, caminando por las tristes llanuras de la Mancha, sueña con ideales utópicos, y Sancho Panza, grosero e ignorante pero lleno de sentido común, sigue con su burro.

Estos dos personajes representan los dos tipos principales del alma española: el soñador y el práctico.

NOTES

La obra

Be careful not to confuse this word with **el trabajo.**

el trabajo—work, labour, task
la obra—a finished work, for example of painting, writing, architecture

Las obras de Cervantes.   The works of Cervantes.
La obra maestra.   The masterpiece.

Hidalgo

This is a contracted form of 'hijo de algo'—'son of something,' i.e. one possessing wealth and position, a noble or a gentleman.

In this respect the word **caballero** (one who possesses a horse, hence a person of means) can be compared.

El cuadro

Picture.

la pintura—painting
el dibujo   sketch

Do not confuse:

el cuadro	picture
el cuarto	room
cuatro	four
cuarto	fourth

La llanura

Plain, flat country.
The adjective is **llano**—flat.

El escudero

Squire.
From the word **el escudo** (shield), which the squire bore for his master.

Dulcinea del Toboso

The lady whom don Quixote endowed with all the virtues and perfections of womanhood, and to whom he dedicated his deeds of prowess.

Molinos de viento

Wandering over the bare plains, don Quixote and his squire Sancho Panza came across a number of windmills. The Knight was convinced that they were wicked giants, waving their arms in the air. Sancho endeavoured to dissuade his master, but don Quixote charged with his lance at the sails, was carried into the air, and dropped to the earth bruised and bleeding.

Engañarse

To be deceived.

el engaño—deceit

Rocinante

Don Quixote's famous nag.

Soñar

To dream.
The noun **el sueño** means either 'dream' or 'sleep'.

Tengo sueño—I am sleepy.

'El sueño de una noche de verano'—'A Midsummer Night's Dream'.

El sentido

Sense.

> los cinco sentidos—the five senses
> el sentido común —common sense

Notice: **sensible**—sensitive (one capable of feeling. From **sentir**—to feel).

GRAMMAR

Pero... sino...

Pero links together two separate sentences. For example:

> Juan tiene hambre/pero/Jaime tiene sed.

After a negative sentence, however, 'but' is translated by **sino** when it introduces opposition to the negative statement.

No tengo hambre sino sed.	I am not hungry but thirsty.
No voy hoy sino mañana.	I am not going today but tomorrow.

Familiar Imperative

We have already dealt with the polite imperative, but it is important to be able to recognise and understand the familiar imperative. The familiar imperative (corresponding to **tú** and **vosotros**) is formed as follows:

Statement	Command
tú hablas	habla (speak)
vosotros habláis	hablad (speak)
tú comes	come (eat)
vosotros coméis	comed (eat)
tú escribes	escribe (write)
vosotros escribís	escribid (write)
tú te sientas	siéntate (sit down)
vosotros os sentáis	sentaos (sit down)

In the imperative, note particularly that (1) pronouns are placed at the end of the verb; (2) an accent is some.imes necessary in order to maintain the original stress; (3) the D is elided in the case of the plural form when os is added. The only exception to this latter rule is **idos**—go away (from **irse**).

The familiar imperative exists, however, only in the **positive** form. When the negative sense is intended, the subjunctive must be used.

Compare:

habla (speak)	no hables (don't speak)
hablad	no habléis
come	no comas
comed	no comáis
escribe	no escribas
escribid	no escribáis
siéntate	no te sientes
sentaos	no os sentéis

Remember that when the verb is made negative, the pronouns precede.

There are a number of irregular imperatives. It is important to be able to recognise these.

di (decir)	¡Dime la verdad!	Tell me the truth!
haz (hacer)	¡Hazlo en seguida!	Do it at once!
ve (ir)	¡Vete!	Off with you!
oye (oír)	¡Oye!	Listen!
pon (poner)	¡Ponlo en la mesa!	Put it on the table!
ten (tener)	¡Ten cuidado!	Be careful!
ven (venir)	¡Ven acá!	Come here!
sal (salir)	¡Sal conmigo!	Come out with me!

The plural form of these is regular: decid, haced, id, oíd, poned, tened, venid, salid.

Prepositions

A, en

The preposition 'a' normally expresses motion towards, whereas 'en' expresses rest at a place.

Voy a Madrid.	I am going to Madrid.
Está en Madrid.	He is in Madrid.

Notice, however:

Está a la puerta.	He is at the door.
Está en la puerta.	He is in the doorway.

Sobre, en

In the sense of 'on' these words are often interchangeable.

El libro está en (sobre) la mesa.
The book is on the table.

But Se sentó en un sillón.	He sat down in an arm-chair.
El día en que llegó.	The day on which (when) he arrived.

Escribió un libro sobre sus aventuras.
He wrote a book on (about) his adventures.

Por in conjunction with a preposition. Compare the following sentences:

El aeroplano estaba encima de la ciudad.	The plane was over the city.
El aeroplano voló por encima de la ciudad.	The plane flew over the city.
El barco estaba debajo del puente.	The boat was under the bridge.
El barco pasó por debajo del puente.	The boat passed under the bridge.
El farol estaba delante de la casa.	The lamp-post was in front of the house.
Pasé por delante de la casa.	I passed (in front of) the house.

That is, when motion is implied the preposition 'por' is used with the simple preposition.

Reír—to laugh

This verb (and the compound **sonreír**—to smile) is conjugated like **pedir**. Compare:

pedir	pido	pides	pide	pedimos	pedís	piden
	río	ríes	ríe	reímos	reís	ríen
	pida	pidas, etc.				
	ría	rías, etc.				

But notice:

pidió pidieron
rió rieron

pidiendo
riendo

Notice that in the case of **reír** the 'i' of the ending is elided:

rió not ri-ió
rieron not ri-ieron
riendo not ri-iendo

EXERCISES

(1) Answer the following questions in Spanish:

1. ¿Quién escribió 'el Quijote'? 2. En qué siglo nació Cervantes? 3. ¿Dónde está la Mancha? 4. ¿Cómo podemos decir que Cervantes pintó un cuadro del hombre universal? 5. ¿Cuál es la novela de la literatura inglesa que más le gusta a Vd.? 6. ¿Qué quería hacer don Quijote? 7. ¿Quién era Sancho Panza? 8. ¿Cómo ayudaba Sancho a su amo? 9. ¿Ha leído Vd. la historia de los molinos de viento? 10. ¿Cómo se llama el caballo de don Quijote? 11. ¿Tiene Sancho un caballo? 12. ¿Cómo era Sancho Panza? 13. ¿Conoce Vd. algún caballero andante de la literatura inglesa? 14. ¿Cómo se llama una persona que sueña con ideales? 15. ¿Qué nombre damos a una persona práctica?

(2) Replace the blanks by **sino** or **pero**.

1. Sancho no es idealista —— realista. 2. Sancho tiene un burro —— don Quijote tiene un caballo. 3. No tengo hambre —— sed. 4. Yo tengo hambre —— mi hermano tiene sed. 5. La chica no llora —— ríe.

(3) (a) Give the opposites of the following:

detrás de más de dentro de después de cerca de

(b) By means of short sentences distinguish between the following:

hacia, hacía además de, más de cabellos, caballos

(4) Put the following sentences into the negative:

1. Hazlo en seguida. 2. Pon el libro en la mesa. 3. Hablad más de prisa. 4. Sentaos. 5. Dime lo que hizo. 6. Vete. 7. Escríbelo con tinta. 8. Comed todo. 9. Dadme aquella novela. 10. Levántate.

(5) Complete the following sentences:

1. 'El Quijote' es la —— de Cervantes. 2. Un pintor pinta ——. 3. Un novelista escribe ——. 4. Un rey vive en un ——. 5. Sancho era el —— de don Quijote. 6. Don Quijote creía que los molinos de viento eran ——. 7. Sancho está lleno de ——. 8. Un gigante no es débil, sino muy ——. 9. Don Quijote y Sancho Panza son los dos principales —— de la novela. 10. Un hombre que guarda cabras es un ——.

(6) Put into Spanish:

From many points of view the novelist Dickens can be compared with Cervantes. The former describes, like Cervantes, the men of his time, but also paints a picture of universal man. When we think of Dickens we cannot help recalling also such characters as schoolmasters, merchants, lawyers, thieves, and beggars who fill the pages of his books. Dickens too dreamed of an ideal world.

LA ESPAÑA COMERCIAL

ESPAÑA es un país más agrícola que industrial pero, como ya hemos visto, florecen algunas industrias bastante importantes. Sin embargo, a pesar de sus riquezas naturales y sus abundantes yacimientos minerales, no se ha desarrollado la industria tanto como en otros países europeos debido en gran parte a la falta de comunicaciones adecuadas.

Gracias a la diversidad de clima todos los productos florecen en su suelo. Todo el mundo conoce, por ejemplo, las célebres naranjas valencianas pero ¿cuántos se dan cuenta de que en Andalucía crecen dátiles, plátanos y hasta la caña de azúcar? Valencia es también conocida por el cultivo del arroz, y por casi todas partes del país se cultiva el olivo.

Los vinos españoles tales como el de Málaga, de Jerez, de Valdepeñas y otros muchos gozan de fama universal y también se exportan no pocas uvas de mesa.

En Extremadura se da mucha importancia a la cría del ganado de cerda, y las dos Castillas producen cereales, vino, ganado vacuno y lanar. En Galicia y por toda la costa del Atlántico la pesca de la sardina y del atún constituye una de las principales industrias. El cultivo del maíz es también considerable.

En Vizcaya la industria metalúrgica está muy desarrollada y Bilbao, con sus fundiciones de hierro y sus minas de carbón, es una de las ciudades más industriales del país. Las renombradas minas de Río Tinto (no lejos de Huelva) dan cobre, cuya exportación es muy importante. En Almadén hay yacimientos de azogue.

Y no olvidemos una de las regiones más productoras de

MAPA AGRONÓMICO DE ESPAÑA

toda la península—Cataluña que se distingue por sus grandes industrias textiles.

NOTES

Agrícola

Notice that this adjective has the one form for both the masculine and feminine.

la agricultura	agriculture
labrar	to plough
el labrador	ploughman, farmer
sembrar semilla	to sow seed
cosechar	to harvest
la cosecha	harvest
la vendimia	grape harvest

florecer

To flower.

la flor—flower

La naranja

Orange. In connection with this, it is interesting to note that the English was originally 'a norange' and not 'an orange'.

el naranjo—orange tree

Similarly:

la manzana	apple	el manzano	apple tr e
la cereza	cherry	el cerezo	cherry tree

El olivo

Olive tree.

la aceituna—olive (fruit)
el aceite　—(olive) oil

Exportación

The verb is **exportar.**
Similarly:

la importación　importar

Vino de Jerez

Sherry.
Famous wine produced in the district of Jerez de la Frontera in the province of Cadiz.

El ganado

Cattle.

la ganadería—ranch

ganado mayor (bueyes, caballos, vacas, mulas, etc.)
ganado menor (ovejas, cabras, etc.)
ganado de cerda (cerdos—pigs)

Note: el cerdo, el puerco (pig)

El carbón

In the domestic sense 'coal' is **el carbón** or **el carbón de piedra** (**la piedra**—stone). In the industrial sense: **la hulla.** E.g. **una cuenca hullera**—coal basin, coalfield.

'Charcoal' is **el carbón de leña.**

Note the distinction between **la madera** (wood, timber) and **la leña** (fuel, firewood).

> **Una casa de madera** —a wooden house.
> **Echar leña al fuego**—to throw wood on the fire.

maíz

> el pan de maíz—maize bread

cobre

Copper

Note also:

el hierro—iron	el acero—steel
el oro—gold	la plata—silver
el plástico—plastic	el vidrio—glass

GRAMMAR

Diminutive and Augmentative Suffixes

A distinctive feature of the Spanish language is the use of diminutive and augmentative suffixes. These suffixes should be used sparingly and with great caution. In fact, it is advisable to use only those cases which have been met with by experience in reading or conversation.

The following diminutive suffixes have occurred: -ecillo, -illo, -cito, -ito, -ico.

pan (loaf)	panecillo (roll)
cigarro (cigar)	cigarrillo (cigarette)
Carmen	Carmencita
pueblo (town)	pueblecito (village)
ventana (window)	ventanilla (carriage window)
burro (donkey)	borrico (little donkey)

And the following augmentatives: -ón, -ote, -acho.

silla (chair)	sillón (arm-chair)
pico (peak, beak)	picacho (mountain peak)
cámara (chamber)	camarote (cabin)

If we compare 'una taza pequeña' with 'una tacita', it is obvious that the latter is neater, less cumbersome, and more euphonious.

Very often the form bearing the suffix has acquired a totally different meaning, as in the case of **cámara** (chamber) and **camarote** (cabin).

In addition to the idea of size, these suffixes often add further to the meaning. For example:

calle (street)	callejuela (small, narrow street)
papá (daddy)	papaíto (dear daddy)
flores (flowers)	florecitas (dainty little flowers)

These suffixes are found added to all parts of speech:

despacio (slowly)	despacito (very slowly)
poco (a little)	poquito (a tiny bit, ever so little)
cerca (near)	cerquita (just near)

Some words may add either a diminutive or augmentative suffix:

la cuchara (spoon)   la cucharita (tea-spoon)
el cucharón (ladle)

Other suffixes also exist in Spanish. We have met with one or two, such as:

un naranj**al**	orange grove
un oliv**ar**	olive grove
el zapat**ero**	shoemaker
la panad**ería**	baker's shop

Sólo

Distinguish between **sólo** (only) and **solo** (alone).

Siempre va solo (or) a solas—He always goes alone.

Tiene sólo (or) solamente diez pesetas.
He has only ten pesetas.

Notice also:

No es solamente hermosa, sino también inteligente.
She is not only beautiful, but also intelligent.

Aun, aún

Aún (with the accent) has a similar meaning to **todavía**.
Even with this meaning it is sometimes found without accent
when it precedes the verb.

Aun no ha venido.	He has not come yet.
No ha venido aún.	He has not come yet.
No ha venido todavía.	He has not come yet.

Aun (without accent) is used in the sense of **hasta**.

Aun la criada quería acompañarle.
Even the servant wished to go with him.

(or) Hasta la criada quería acompañarle.

Remember that **hasta** also means 'as far as', 'up to,' 'until'.

Fue desde Madrid hasta Toledo.	He went from Madrid to Toledo.
Esperó hasta las doce.	He waited until twelve o'clock.

Ya

The usual meaning of **ya** is 'already', but there are also a
number of idiomatic uses.

Ya habían terminado.	They had already finished.
Ya no viven aquí.	They no longer live here.
Ya sabes lo que quiero decir.	You know quite well what I mean.
Ya caigo.	I understand now. (Now I tumble to it.)

Aquí, acá

Notice the distinction (not always observed) between these words.

Aquí está mi libro.	Here is my book.
Ven acá.	Come here (hither).

And similarly:

Allí está el vino.	The wine is over there.
Voy allá.	I am going there (thither).

The equivalent of the French *voici* and *voilà* (here is, there is) is expressed in Spanish by **he** (usually considered to be a corruption of **ve** (see)) used in conjunction with **aquí** and **allí**.

He aquí mi libro.	Here is my book.
He allí la iglesia.	There is the church.

The personal pronouns may also be appended to **he**:

Heme aquí.	Here I am.
Henos aquí.	Here we are.
Helos allí.	There they are.

Cuanto... tanto...

Notice particularly the Spanish equivalent of the English 'the more . . . the more . . .'

Cuanto más tiene, tanto más quiere.
The more he has, the more he wants.

Según

Según (according to) may be used before either a noun or a verb.

Según mi amigo, Anita no tiene dinero.
According to my friend, Anita has no money.

Según dice mi amigo.
According to what my friend says.

Yacer

Connected with **el yacimiento** (mineral deposit) is the verb **yacer**—to lie. This verb is not often found except in the following cases: yace (third person singular, present indicative); yacía (third person singular, imperfect indicative). E.g.:

Aquí yace.   Here lies (on tombstones, for instance).

EXERCISES

(1) Answer the following questions in Spanish:

1. ¿Es España un país agrícola o industrial? 2. ¿Por qué no se ha desarrollado la industria tanto como en otros países europeos? 3. ¿Se encuentran yacimientos minerales en España? 4. ¿Dónde se cultiva el arroz? 5. ¿Qué se extrae de la aceituna? 6. ¿Cuál es el vino español más célebre? 7. ¿Qué significa ganado lanar? ¿Ganado vacuno? 8. ¿Dónde se cultiva el maíz? 9. ¿Dónde están situadas las industrias metalúrgicas? 10. ¿En qué parte de España se encuentran minas de cobre? 11. ¿Dónde está Almadén? 12. ¿Por qué se distingue Almadén? 13. ¿Qué se produce en las llanuras de la meseta central? 14. ¿Cómo se exportan sardinas? 15. ¿De qué parte vienen las naranjas?

(2) Give the English equivalents.

1. Aquí yace don Paco. Que en paz descanse. 2. Ella no ha venido aún. 3. Ya no llueve. 4. Como ya hemos dicho. 5. Ven acá en seguida. 6. Cuanto más tiene, tanto más quiere. 7. Según el diario, el ladrón ha sido llevado a la cárcel. 8. Vendrá pasado mañana. 9. Basta decirlo una vez. 10. ¡Qué chica tan hermosa!

(3) Give the verbs corresponding to the following nouns:

la flor   el humo   el producto   el yacimiento   la pintura

(4) Put the following verbs (in heavy type) into the preterite, imperfect, future, and future perfect tenses.

(Example: **Comemos** demasiado. Comimos; comíamos; comeremos; habremos comido.)

1. Los pescadores **vuelven** al puerto.   2. El guardia **dirige** la circulación.   3. **Nos sentamos** a la mesa.   4. **Siento** mucho no poder hacer eso.   5. El viajero **anda** hasta el muelle.

(5) Complete the following:

1. En Río Tinto hay importantes —— de cobre.   2. Muchas industrias florecen en Cataluña.   Es una región muy ——. 3. Irlanda es un país casi completamente ——.   4. En las islas Canarias se cultivan muchos ——.   5. Los chinos y los japoneses comen mucho ——.   6. El trigo y el maíz son ——. 7. Bilbao se distingue por sus industrias ——.   8. En el sur del país de Gales hay importantes ——.   9. El mercurio se llama también ——.   10. El olivo da ——.

(6) Put into the polite imperative.

1. Dadme esos libros.   2. Come todas las frutas.   3. Hablad más despacio.   4. Escribe la carta.   5. ¡Vete!

(7) Put into Spanish (using the polite form of the imperative).

1. Don't take it.   2. Go and have a wash.   3. Be so kind as to give it to me at once.   4. God help us!   5. Let's get up now.

(8) Put into Spanish:

Spain is a land of great variety and extreme climate. North of the Cantabrian mountains the climate is much rainier than in other parts, whilst in Málaga the climate resembles that of Africa on the other side of the straits. All kinds of fruits are grown, from apples and pears to oranges and dates. Although for the most part an agricultural country, Spain has also many industrial centres, for example textile industries in Catalonia and iron foundries in the Basque provinces. Even before the time of the Romans Spain was noted for her rich mineral deposits.

CHAPTER XXV

EN LA FRONTERA

LLEGUÉ al pueblo fronterizo de Puigcerdá a principios del mes de julio. Acababa de atravesar los Pirineos, estaba cansadísimo, tenía mucha hambre y mucha sed, y, lo que era peor, no llevaba suficiente dinero para pagar los derechos de aduana.

Como los carabineros no quisieron dejarme pasar, fui por consiguiente a ver al jefe de aduanas, el cual vivía en el centro del pueblo.

Este señor me recibió cordialmente y con mucha cortesía a pesar de lo sucio de mi persona, y, después de escuchar mi lamentable historia, me preguntó de dónde venía y a dónde iba. Le dije que pensaba ir a Barcelona, donde tenía amigos.

—¿Y cómo hará Vd. este viaje sin dinero?— preguntó el jefe.

—Iré a pie. Dormiré al aire libre. Eso no importa. Vd. ha de saber, señor, que lo importante es poder continuar el viaje.

Sin contestar el buen señor sacó su cartera, tomó un billete de mil pesetas y me lo dio.

—Aquí tiene Vd. lo suficiente para pagar los derechos de aduana y para el viaje.

Me maravillé de su generosidad, preguntándole cómo sabía que yo le devolvería el dinero.

—Veo que es Vd. hombre honrado. Sé que Vd. me devolverá este dinero.

—¿Y si Vd. se equivoca?

—Entonces Dios me lo pagará. A Vd. le daría el dinero sin obligación ninguna pero, como Vd. ve, no soy rico.

Y este buen jefe de aduanas me ofreció luego la hospitalidad de su casa e hizo preparar una excelente comida.

Más tarde me acompañó hasta la carretera. Me acuerdo todavía de sus últimas palabras:

—¡Que vuelva aquella dichosa edad en que los que en ella vivían ignoraban estas dos palabras de 'tuyo' y 'mío'! Eran en aquella santa edad todas las cosas comunes.

Y me dio la mano, diciéndome: —Buen viaje, amigo mío. ¡Vaya Vd. con Dios!

De este modo entré en una tierra desconocida, experimentando por primera vez la generosidad y caballerosidad de los españoles.

NOTES

Puigcerdá

A small town situated on the Franco-Spanish frontier, not far from the Republic of Andorra. An electric railway now runs from Toulouse to Barcelona, passing through Foix, Ripoll, and Vich.

A principios de

a principios de mayo—at the beginning of May.

Note also:

a mediados de mayo	in the middle of May.
a fines de mayo	at the end of May.

El derecho

Notice the two principal meanings of this word:

estudiar el derecho	—to study law
los derechos de aduana	—customs dues

As an adjective **derecho** means 'straight' or 'right'.

una línea derecha	—a straight line
la mano derecha	—the right hand

Note:

a la derecha	—on the right (hand)
a la izquierda	—on the left

Carabinero

el aduanero	—customs officer
el carabinero	—armed frontier guard

La cartera

Wallet.

Note:

la carta—letter	el cartero—postman
ministro sin cartera—minister without portfolio	

Maravillarse

The noun is **la maravilla**—marvel.

Devolver

To return, in the sense of 'to pay back'. Do not confuse with **volver**—to return, come back.

Suele volver a las once.
He usually returns at eleven.

No se olvide Vd. de devolverme el dinero.
Don't forget to pay me back the money.

Dichoso

The noun is **la dicha**—happiness.

desdichado—unhappy

¡Vaya Vd. con Dios!

A common expression of farewell in Spanish.

Note also:

Buen viaje—bon voyage

GRAMMAR

Infinitive Constructions. Uses of the Subjunctive

Normally the dependent infinitive construction is possible in Spanish only when the subject of the principal clause is the same as that of the subordinate clause.

Creo poder hacerlo.	I think I can do it.
But Creo que él puede hacerlo.	I think he can do it.

Such forms, therefore, as the English 'I believe him able to do it' are not possible in Spanish.

Note the following constructions, however, which are permissible with certain verbs in Spanish.

aconsejar—to advise

Le aconsejo hacerlo.   I advise him to do it.

dejar—to let, allow

Déjeme Vd. hacerlo.   Let me do it.

mandar—to order, command

Le mandó devolver el oro.   He ordered him to give back
the gold.

The Spanish equivalent of 'to have something done' is formed with **hacer** and the infinitive.

Hizo edificar la casa.   He had the house built.
Haré escribir la carta.   I will have the letter written.

With verbs of perception (seeing, hearing, etc.), the infinitive is used in Spanish.

Vio entrar a su amigo.	He saw his friend coming in.
Me oyó subir.	He heard me coming up.

In other cases where the subject of the principal clause is different from that of the subordinate clause, the infinitive construction cannot be used in Spanish.

I want to go.	Quiero ir.
But I want him to go.	Quiero que él vaya.

Whether the indicative or subjunctive mood is used in such sentences depends on the verb of the principal clause.

The indicative is used after verbs expressing belief (when positive) and certainty:

Estoy seguro de que vendrá.	I am sure he will come.
Creo que vendrá.	I believe he will come.

The subjunctive is used after verbs expressing a command, a wish:

Quiero que lo haga.	I wish him to do it.

After verbs expressing emotion:

Siento mucho que esté enfermo.	I am very sorry he is ill.
Es lástima que no pueda venir.	It is a pity he can't come.

After verbs of doubt (such as **dudar**), and after verbs of believing (such as **creer**), when the latter are negative and sometimes when interrogative if there is doubt in the speaker's mind:

Dudo que pueda hacerlo.	I doubt if he can do it.
No creo que venga hoy.	I don't believe he will come today.
¿Cree Vd. que venga hoy?	Do you think he will come today? (The speaker believes not.)

¿Cree Vd. que vendrá hoy?   Do you think he will come today? (The speaker thinks he may.)

After a relative, the antecedent of which is indefinite. Compare the two sentences:

¿Conoce Vd. al caballero que habla español?
Do you know the gentleman who speaks Spanish?

¿Conoce Vd. alguien que hable español?
Do you know anybody who speaks Spanish?

In the first case a definite person exists; in the second case the person addressed may or may not know someone who speaks Spanish.

After certain conjunctions in dependent clauses such as:

Déselo a su hermano cuando venga.
Give it to your brother when he comes.

No lo haré sin que él me ayude.
I shall not do it unless he helps me.

EXERCISES

(1) Answer the following questions in Spanish:

1. ¿Cuándo llegó el viajero a la frontera?   2. ¿A dónde iba? 3. ¿Dónde está el pueblo de Puigcerdá?   4. ¿Cuántas fronteras terrestres tiene España?   5. ¿Cuánto dinero sacó el aduanero? 6. ¿Qué le preguntó el viajero?   7. ¿Cuántos kilómetros dista Puigcerdá de Barcelona?   8. ¿Era rico el aduanero?   9. ¿Qué aspecto tenía el viajero?   10. ¿Qué hizo el aduanero después de darle el dinero?   11. ¿En qué libro se encuentran las últimas palabras del jefe de aduanas?   12. ¿Por qué se llama aquella edad 'dichosa'?   13. ¿Qué dijo el aduanero antes de despedirse del viajero?   14. ¿Piensa Vd. ir a España algún día? 15. ¿Preferería Vd. ir por tierra, por mar o en avión?

(2) Give the English equivalents.

1. Hizo escribir la carta.   2. Déjeme Vd. pasar.   3. Le aconsejo no hacer eso.   4. Cuando llegó a la estación, vio salir el tren.   5. Creo haberla visto antes.

(3) (*a*) Give verbs corresponding to the following nouns or adjectives:

el principio   el calor   cansado   la maravilla   el compañero

(3) (*b*) Give adjectives corresponding to the following nouns or verbs:

la generosidad   ignorar   la cortesía   la suciedad   lamentar

(4) Write short sentences to illustrate the use of the following:

1. volver, volver a, devolver.   2. oír, escuchar.   3. dar, dar a, dar con.   4. antes de, delante de.   5. Sino, pero.

(5) Give the English equivalents.

1. El señor está fumando un cigarrillo.   2. Siga Vd. esta callejuela.   3. He comprado dos sillones.   4. La viejecita me dio la carta.   5. Hable Vd. un poquito más de prisa. 6. El viajero echó el papel por la ventanilla.   7. Por esta parte se ven muchos olivares.   8. El borrico andaba despacito por la carretera.   9. Su madre le regaló un pañuelo rojo.   10. Los gitanos se alejaron del caserón.

(6) Put into Spanish:

For those who are not usually seasick one of the pleasantest ways of travelling from England to Spain is undoubtedly by sea, perhaps aboard (a bordo de) a cargo vessel. Other travellers may prefer, of course, to go overland by road or rail, or by air. But what part of Spain do you want to go to? How long will you be able to spend in that country? My brother, who has lived in Spain for many years, says it is a pity you can't stay a year there, and then you could visit all parts of the country!

RECAPITULATION V

EXERCISES

(1) Put into Spanish:

1. Spain is a more mountainous country than you think.
2. If he comes, ask him if he intends to stay. 3. The pupil
had more than twenty mistakes. 4. How much does it cost
per kilo? 5. Wine is dearer in England than in Spain. 6. He
didn't write plays but novels. 7. We passed the theatre and
took the first street on the right. 8. She was laughing when
I came in. 9. Give me a packet of cigarettes, please. 10. The
traveller walked from Madrid to Saragossa. 11. It is no longer
raining. Let us go out. 12. Come here at once! 13. The
more he studies, the less he seems to know. 14. I shall have
it sent to Madrid. 15. Did you hear her come in? 16. The
water could be seen slowly rising. 17. I don't want him to do
that. 18. When she comes, give her this letter. 19. We advise
you not to sell until next year. 20. It is better to be poor than
wicked.

(2) Write short sentences in Spanish on each of the following topics:

1. Los ríos de España. 2. Andalucía—jardín de España.
3. La meseta central. 4. Cataluña. 5. Don Quijote.

(3) Put into Spanish:

Although it appears somewhat incredible, this story of the
customs officer in Puigcerdá is perfectly true. Unfortunately,
however, it is not possible to assure all travellers who cross the
Spanish frontier, that customs officers will be everywhere so
friendly and generous as our friend don Andrés. I am sorry to
say that poor don Andrés died during the Spanish Civil War,
but with him let us repeat: 'May the day come when the words
"mine" and "thine" no longer exist.' The Golden Age of don
Quixote existed in the mind of Cervantes. Perhaps one day it
will be a reality.

KEY TO EXERCISES

Alternative renderings, notes, etc. are given in brackets.

CONTENTS

I. EL CAMPESINO

Exercise 1

1. Un (El) campesino (Ramón) va por el camino. 2. Ramón es (un) campesino. 3. Ramón trabaja en el campo. 4. Sí, Ramón trabaja mucho. 5. Un buey va al lado del hombre. 6. Conchita prepara la comida. 7. Ramón come pan y un plato de sopa. 8. Bebe un vaso de vino. 9. Manuel es el hijo (de Ramón y Conchita). 10. El nombre de la hija es Manolita. 11. No, Ramón no tiene vaca. 12. Un campesino es un hombre que trabaja (vive) en el campo. 13. La familia vive en la (una) aldea (en el campo/en una casa). 14. Conchita es la madre. 15. El campesino (Ramón) tiene una cabra.

Exercise 2

1. El hombre va por el camino. 2. El burro es un animal. 3. Manuel es el hijo. 4. El nombre de la mujer es Conchita. 5. Ramón vive (trabaja) en el campo. 6. Ramón vive en la aldea. 7. Conchita prepara la comida. 8. El campesino vuelve a la aldea. 9. Ramón bebe un vaso de vino y come pan y un plato de sopa. 10. Manolita es el nombre de la hija.

Exercise 3

el buey; un buey/ la sopa; una sopa/ el hombre; un hombre/ la mujer; una mujer/ el burro; un burro/ el plato; un plato/ la vaca; una vaca/ el hijo; un hijo/ el campesino; un campesino/ la cabra; una cabra

Exercise 4

1. La casa del hombre. 2. La cabra de la mujer. 3. El buey va al lado del hombre. 4. El campesino vuelve a la aldea. 5. El nombre de la hija es Manolita. 6. El nombre del campesino es Ramón. 7. La casa de un campesino. 8. El pan del hermano. 9. El hijo del padre. 10. La casa de 'a familia.

Exercise 5

1. Ramón come (bebe) la sopa. 2. La mujer prepara la comida. 3. El buey va al lado del hombre. 4. El campesino entra en la casa. 5. El campesino no tiene vaca. 6. La hermana de Manuel es Manolita. 7. Ramón vuelve a la aldea. 8. Conchita tiene un hijo y una hija. 9. Manuel come mucho pan. 10. El burro no bebe vino.

Exercise 6

1. ¿Va Ramón por el camino? 2. ¿Vuelve el campesino a la aldea? 3. ¿Es Manuel el hijo? 4. ¿Tiene el padre una cabra? 5. ¿No bebe Manolita vino?

Exercise 7

1. El nombre del padre no es Manuel. 2. Ramón no tiene burro. 3. ¿No tiene Manuel un plato de sopa? 4. El buey no va al lado del hombre. 5. ¿No entra el campesino en la casa?

Exercise 8

Ramón vive con Conchita en una casa en el campo. Ramón tiene un hijo y una hija. El nombre de la hija es Manolita. Ramón trabaja mucho en el campo, y cuando vuelve a la aldea, Conchita prepara una comida de sopa, pan y vino. Un buey trabaja con Ramón en el campo. El campesino tiene también un burro y una cabra, pero no tiene vaca.

II. LA ESCUELA DEL CAMPO

Exercise 1
1. La escuela está en el centro de la aldea. 2. La escuela es blanca. 3. Don Alfonso enseña en la escuela. 4. Sí, don Alfonso es un hombre muy viejo. 5. Sí, el maestro tiene mucha paciencia. 6. Los discípulos siempre hacen preguntas (trabajan en la escuela). 7. Don Alfonso está sentado en una silla detrás de la mesa. 8. La silla está detrás de la mesa. 9. El maestro habla de las provincias de España. 10. Los niños escuchan con atención. 11. Los niños aprenden muchas cosas. 12. La tiza es blanca. 13. Don Alfonso escribe los nombres en la pizarra con tiza. 14. Los niños escuchan con alegría cuando el maestro cuenta un cuento o describe episodios históricos. 15. Durante las horas de recreo los niños juegan en el patio.

Exercise 2
1. Las lecciones son interesantes. 2. Los niños juegan. 3. Las mujeres preparan las comidas. 4. Las escuelas son pequeñas. 5. Los discípulos están sentados en las sillas. 6. Lecciones de geografía. 7. Los libros son útiles. 8. Los bueyes van al lado de los hombres. 9. ¿De qué color son los lápices? 10. Los maestros escriben en las pizarras.

Exercise 3
1. Un cálculo sencillo. 2. Una lección útil. 3. Un libro útil. 4. Las canciones son interesantes. 5. El patio es pequeño. 6. La mujer es muy vieja. 7. La mujer está sentada en una silla. 8. Las preguntas son útiles. 9. E' maestro describe unos episodios históricos. 10. Los niños cantan canciones sencillas.

Exercise 4
1. Manuel es el hijo, Manolita es la hija. 2. Las escuelas son pequeñas. 3. Los niños están en el patio. 4. La silla está detrás de la mesa. 5. El niño está sentado en la silla. 6. La lección de geografía es muy interesante. 7. La tiza está sobre la mesa. 8. Los libros son útiles. 9. Los discípulos están en la sala de clase. 10. La pizarra es negra.

Exercise 5
1. Los niños juegan (están) en el patio. 2. El maestro cuenta un cuento. 3. Don Alfonso es viejo pero es muy simpático. 4. Los discípulos hacen preguntas. 5. El maestro escribe con tiza en la pizarra. 6. La lección es interesante. 7. Detrás de la mesa está la silla. 8. Los niños juegan en el patio. 9. Los discípulos escuchan con atención (con alegría). 10. El maestro da una lección de geografía.

Exercise 6
La silla está detrás de la mesa.
Un buey va al lado del hombre.
El libro está sobre la mesa.
Los niños escuchan con alegría.
El campesino va por el camino.

Exercise 7
1. ¿Qué tiene Ramón? (¿Quién tiene una cabra?) 2. ¿Dónde juegan los niños? (¿Quiénes juegan en el patio?) 3. ¿Cuándo juegan los niños?

4. ¿Qué da el maestro? (¿Quién da una lección de geografía?) 5. ¿Con qué escribe don Alfonso? (¿Quién escribe con tiza?) 6. ¿Dónde está la escuela? (¿Qué está en el centro de la aldea?) 7. ¿De qué color es la escuela? 8. ¿Cómo es la lección? 9. ¿Cómo escuchan los niños? (¿Quiénes escuchan con atención?) 10. ¿Quién prepara la comida? (¿Qué prepara Conchita?)

Exercise 8

Los niños juegan en el patio detrás de la escuela. El maestro es un hombre viejo, pero tiene mucha paciencia. Los niños aprenden muchas cosas en la escuela. Escriben, leen, dibujan, y hacen cálculos sencillos. Pero siempre escuchan con mucha atención cuando don Alfonso cuenta un cuento o describe episodios históricos.

III. LA CASA DE MANUEL

Exercise 1

1. Manuel vive en una (la) casa blanca. 2. La casa de Manuel está en la calle de Atocha al otro lado del río. 3. La casa es blanca y bonita. 4. Por encima de la puerta crece una parra. 5. La parra da uvas sabrosas. 6. Las ventanas de arriba tienen balcones. 7. La familia de Manuel toma el fresco por la tarde. 8. Detrás de la casa hay un corral. 9. No hay mucha luz en la alcoba. 10. El padre cultiva las hortalizas en la huerta. 11. El maestro pregunta: ¿Tienes tú ganas de vivir en la ciudad? 12. (Yo) vivo en el campo (en la ciudad). 13. Manuel desea ir a Barcelona. 14. Es una casa moderna. 15. Don Alfonso no desea dejar la aldea, porque es demasiado viejo.

Exercise 2

el buey, un buey, los bueyes, unos bueyes
el discípulo, un discípulo, los discípulos, unos discípulos
el día, un día, los días, unos días
el agua, un agua, las aguas, unas aguas
la legumbre, una legumbre, las legumbres, unas legumbres
el comedor, un comedor, los comedores, unos comedores
el balcón, un balcón, los balcones, unos balcones
la luz, una luz, las luces, unas luces
el hombre, un hombre, los hombres, unos hombres
la puerta, una puerta, las puertas, unas puertas
la ciudad, una ciudad, las ciudades, unas ciudades
la descripción, una descripción, las descripciones, unas descripciones

Exercise 3

1. Son demasiado viejos para vivir en la ciudad (las ciudades). 2. ¿Tenéis (vosotros) ganas de vivir aquí? 3. Las casas tienen balcones. 4. Los niños interrumpen. 5. Tenemos una(s) casa(s) muy bonita(s). 6. Los discípulos hacen (unas) descripciones de las casas. 7. ¿No tienen Vds. ganas de dejar la(s) aldea(s)? 8. ¿Dónde vivís (vosotros)? 9. Comemos mucho pan. 10. Las niñas cultivan hortalizas. 11. Deseamos mucho ir a Barcelona. 12. ¿Tienen Vds. gallinas? 13. Los balcones dan al corral (a los corrales). 14. Por la tarde los padres toman el fresco. 15. Hay casas muy bonitas en las aldeas.

Exercise 4

1. Vds. trabajan. 2. Tú no vives aquí. 3. Yo tengo muchas gallinas. 4. Nosotros deseamos dejar la aldea. 5. El viejo vive en el piso bajo. 6. Vosotros tomáis el fresco. 7. Manolita cultiva legumbres. 8. Noso-

tros interrumpimos al maestro 9. Tú preparas la comida. 10. ¿Cómo llama Vd. al burro?

Exercise 5
tengo, tienes, tiene, tenemos, tenéis, tienen
tomo, tomas, toma, tomamos, tomáis, toman
interrumpo, interrumpes, interrumpe, interrumpimos, interrumpís, interrumpen
deseo, deseas, desea, deseamos, deseáis, desean
como, comes, come, comemos, coméis, comen

Exercise 6
1. ¿No tienes tú ganas de dejar la aldea? 2. No hay fuente en el corral. 3. La cocina no es muy grande. 4. ¿No tienen rejas las ventanas de arriba? 5. La casa no está al otro lado del río.

Exercise 7
1. Manuel hace una descripción de la casa. 2. La parra crece por encima de la puerta. 3. Arriba hay dos cuartos de dormir. 4. Manuel tiene ganas de vivir en la ciudad. 5. No hay mucha luz en la alcoba.

Exercise 8
Hay una escuela en la aldea.
Las ventanas de la cocina dan al corral.
Tenemos ganas de vivir en la ciudad.
El maestro es demasiado viejo para dejar la aldea.
Hay una parra encima de la puerta.

Exercise 9
Es una casa bonita. Las ventanas de arriba tienen balcones que dan al río. Aquí (por la tarde) la familia toma el fresco. Uvas crecen por encima de la puerta, y detrás de la casa hay un corral y una huerta donde el padre de Manuel cultiva legumbres. Tiene también unas gallinas. Pero la casa no es moderna. No hay comedor y la familia come en la cocina grande. La hija desea ir a Barcelona como su hermana, que vive en una casa muy moderna. La madre de Manolita desea también ir a la ciudad pero (ella) es demasiado vieja para dejar la aldea.

IV. LAS MOSCAS

Exercise 1
1. Una mosca es un insecto. 2. Seis hombres están (hay seis hombres) en el café. 3. No, no hace frío en el café. Hace mucho calor. 4. No, no tengo sed (Sí, tengo mucha sed). 5. Los seis hombres tienen sed porque hace mucho calor, hace mucho sol. 6. Cuando ve la mosca el inglés llama al camarero (al mozo). 7. El camarero (el mozo) trae otro vaso de cerveza. 8. El francés está furioso porque ve la mosca que está nadando en la cerveza. 9. El francés jura, da gritos. 10. No, el español no bebe la cerveza. Sale del café muy orgullosamente. 11. Antes de beber la cerveza el alemán retira la mosca del vaso. 12. El chino no hace un gesto desdeñoso. Come la mosca y bebe la cerveza. 13. Cuando tengo sed bebo agua (vino/cerveza). 14. El camarero trabaja en el café. 15. Una (la) mosca está nadando en la cerveza.

Exercise 2
1. ¿Desea Vd. otra pluma? 2. Las provincias españolas. 3. Una lección interesante y útil. 4. La cerveza alemana. 5. Tengo muchos

libros ingleses. 6. La mosca es negra. 7. La abeja es un insecto muy útil. 8. Una casa china. 9. La mujer es pobre. 10. Una canción francesa.

Exercise 3

1. Un vaso de cerveza está sobre la mesa. 2. Madrid está en España. 3. Madrid es la capital de España. 4. Las abejas son insectos muy útiles. 5. El hombre está nadando en el río. 6. Don Alfonso es maestro de escuela. 7. Nosotros estamos en la sala de clase. 8. Vds. están escribiendo una carta. 9. La mujer está furiosa. 10. Don Alfonso no es rico. 11. Los balcones son de hierro. 12. La parra está encima de la puerta. 13. Yo soy inglés. 14. Tú estás comiendo pan. 15. La escuela es blanca y pequeña.

Exercise 4

1. Hace calor y tengo mucha sed. 2. La mosca nada (está nadando) en la cerveza. 3. El maestro toma la tiza y escribe en la pizarra. 4. El niño está nadando en el río. 5. Cuando ve la mosca en la cerveza el español sale del café. 6. Hay seis hombres en el café. 7. Los ingleses hablan inglés pero los españoles hablan español. 8. El camarero (mozo) trae dos vasos de cerveza. 9. El inglés desea otro vaso y llama al camarero. 10. El alemán retira la mosca del vaso.

Exercise 5

salir/ negro/ detrás/ dar/ preguntar/ trabajar

Exercise 6

(1) uno; (3) tres; (10) diez; (8) ocho; (9) nueve; (6) seis; (4) cuatro; (7) siete; (5) cinco; (3) tres; (9) nueve; (2) dos; (4) cuatro; (7) siete; (6) seis; (9) nueve; (8) ocho; (10) diez; (5) cinco; (7) siete

Exercise 7

voy/ salgo/ veo/ traigo/ como/ doy/ interrumpo/ hago/ deseo/ caigo

Exercise 8

Cuando tiene sed Ramón va a un pequeño café en la aldea. Un día está sentado en el café cuando dos hombres entran (cuando entran dos hombres). Llaman al camarero (al mozo) que trae dos vasos de vino. Hay muchas moscas en la sala y una (de ellas) cae en uno de los vasos. ¿Qué hace el hombre cuando ve la mosca que está nadando en el vaso? Llama al camarero (al mozo), que retira el insecto del vaso. Pero el hombre está furioso, dice al camarero (al mozo) que no desea beber el vino, y sale del café. El otro hombre bebe los dos vasos de vino.

V. CARTA DESDE SEVILLA

Exercise 1

1. Pepito escribe a su papá (a su padre) en Sevilla. 2. El primo de Pepito vive en Sevilla. 3. Mi casa está en la ciudad (en el campo). 4. No, el tío de Pepito no vive en el centro de la ciudad. Vive en las afueras. 5. El nombre del río es el Guadalquivir. 6. Ignacio trabaja en una casa de comercio cerca del muelle. 7. No, no trabajo (Sí, trabajo) en una casa de comercio. 8. La oficina de Ignacio está cerca del muelle. 9. Algunas veces por la mañana Pepito da un paseo por la ciudad. 10. La vista desde lo alto de la Giralda es verdaderamente

estupenda. **11.** No hace (Nunca hace) mucho frío en Sevilla. **12.** No, no tengo bicicleta (Sí, tengo una bicicleta). **13.** No, no tengo sueño (Sí, tengo mucho sueño). **14.** Sí, escribo (No, no escribo) muchas cartas. **15.** No, no hay (Sí, hay) antigüedades romanas en la vecindad de mi casa.

Exercise 2

1. La casa de su tío. **2.** Estoy escribiendo una carta a mi tío. **3.** Esta bicicleta es suya. **4.** Nuestra casa está situada a orillas del río. **5.** ¿Cuántos libros tiene tu (su) hermano? **6.** La pluma roja es mía. **7.** El alemán retira la mosca de su vaso. **8.** Nuestra ciudad es muy hermosa. **9.** Los niños escriben en sus cuadernos. **10.** Han terminado su trabajo. **11.** Aquí tengo mis libros. ¿Dónde están los suyos? **12.** Manolita escribe a su padre. **13.** Aquí está nuestra oficina. **14.** ¿Quiere Vd. dar un paseo con su primo? **15.** Mis padres han visto la ciudad.

Exercise 3

(*a*) (3) tres; (15) quince; (11) once; (20) veinte; (18) diez y ocho/dieciocho; (14) catorce; (13) trece; (17) diez y siete/diecisiete; (12) doce; (16) diez y seis/dieciséis; (19) diez y nueve/diecinueve; (20) veinte; (12) doce; (17) diez y siete/diecisiete; (4) cuatro; (19) diez y nueve/diecinueve; (17) diez y siete/diecisiete; (15) quince

(*b*) cuatro y diez son catorce; veinte menos once son nueve; diez y siete (diecisiete) y dos son diez y nueve (diecinueve); siete y once son diez y ocho (dieciocho); diez y nueve (diecinueve) menos doce son siete.

Exercise 4

1. He hablado con el campesino. **2.** ¿Ha visto Vd. la Giralda? **3.** Hemos trabajado mucho. **4.** Ramón ha bebido dos vasos de cerveza. **5.** Pepito ha escrito a su padre. **6.** Tú no has vivido en Madrid. **7.** He tenido que admitir el error. **8.** Hemos preparado la comida. **9.** El maestro ha descrito las provincias de España. **10.** Los niños han jugado en el patio.

Exercise 5

yo hago/ el trae/ nosotros sabemos/ Vd. va/ yo sé/ ¿Qué digo yo?/ Alfonso dice un cuento/ nosotros vamos al café/ los niños hacen cálculos/ vosotros salís del comedor

Exercise 6

El niño tiene que ir a la escuela.
He trabajado mucho y tengo sueño.
Voy a Barcelona mañana. Voy a escribir una carta.
Muchas veces doy un paseo por la avenida.
No hace calor. Sin embargo tengo mucha sed.
Sevilla está a orillas del Guadalquivir.
Tengo un hermano y dos hermanas también.
Pepito va con su primo hasta la oficina.
Ignacio va cada día a la oficina.
Mi casa está situada cerca del río.

Exercise 7

1. Tengo sed. **2.** Tenemos sueño. **3.** Hace mucho calor (Hace un calor tremendo). **4.** ¿Tiene Vd. frío? **5.** Tengo que escribir una carta. **6.** Ella no ha visto nunca (Nunca ha visto ella) la Giralda. **7.** Sé que su hermano está aquí. **8.** No vamos a escribir la carta. **9.** ¿Ha visto Vd. a su tío? **10.** Dice que vive cerca del muelle.

Exercise 8
Pepito está escribiendo una carta desde Sevilla a su padre en Bilbao.
Describe la ciudad, sus paseos por las hermosas avenidas, la casa de su
tío a orillas del Guadalquivir, donde está pasando sus vacaciones.
Pepito dice también a su padre que tiene intención de dar unos paseos
en bicicleta con su primo Ignacio. Ignacio trabaja en una casa de
comercio cerca del río. Algunas veces (A veces) Pepito va con él (le
acompaña) hasta la oficina.

RECAPITULATION I

Exercise 1
1. Las casas de la aldea son pequeñas y blancas. 2. No tiene cabras.
3. Hace frío y tengo mucha hambre. 4. ¿Ha escrito Vd. su carta
todavía? 5. Nunca sabe ella qué hacer (Ella no sabe nunca qué hacer).
6. ¿Ha tenido (él) que dejar la ciudad? 7. Hay muchas encantadoras
aldeas en las provincias. 8. No voy a comer todo el pan. 9. ¿Quiere
Vd. traer otro vaso? 10. ¿Quiere Vd. (Desea Vd.) una taza de café?
11. Está escribiendo una carta a su hermano. 12. ¿Dónde viven sus
padres (de Vd.)? 13. Aquí está su pluma, pero ¿dónde está la mía?
14. Hemos pasado diez y nueve (diecinueve) días en Barcelona. 15. El
agua está demasiado fría. 16. Dicen que es médico, pero sé que no
tienen razón. 17. ¿Ha visto Vd. la escuela? 18. Sus tíos (su tío y su
tía) están ahora en Madrid. 19. Los campesinos españoles comen
mucha sopa. 20. ¿Quiere Vd. (Desea Vd.) dar un paseo?

Exercise 2
la canción/ el lápiz/ el libro/ la luz/ el calor/ la fuente/ la calle/
la mano/ el agua/ la muchacha

Exercise 3
tengo/ interrumpo/ soy/ doy/ caigo/ escribo/ voy/ sé/ digo/
hago

Exercise 4
caemos/ vemos/ estamos/ hemos/ decimos/ sabemos/ queremos/
damos/ vamos/ hacemos

Exercise 5
teniendo/tenido; viendo/visto; interrumpiendo/interrumpido; escri-
biendo/escrito; gritando/gritado

Exercise 6
1. Sevilla es una ciudad muy hermosa. 2. Los niños aprenden a leer (a
escribir; a hacer cálculos) en la escuela. 3. Comemos en el comedor.
4. La Giralda es un campanario. 5. He dado un paseo por la calle.
6. Para escribir una carta necesitamos papel, pluma y tinta (papel y un
bolígrafo). 7. El burro bebe el agua de la fuente. 8. Cultivamos
legumbres (hortalizas) en la huerta. 9. La semana tiene siete días.
10. Ya es muy tarde y tengo sueño.

Exercise 7
1. ¿Pasa el río por la aldea?
2. ¿Cuántas cartas ha escrito Vd.?
3. ¿Cómo es el maestro de escuela? (¿Quién es muy simpático?)
4. ¿Por qué bebe el burro?
5. ¿Cómo escuchan los niños? (¿Quiénes escuchan con atención?)

VI. EL ESTANCO

Exercise 1

1. Don José sale de casa siempre a las ocho de la mañana.   2. Don José toma el tranvía cuando llueve.   3. Antes de pasar por delante de la Casa de Correos atraviesa la calle.   4. Un (el) guardia municipal está en el centro de la plaza.   5. E' guardia dirige la circulación.   6. Al otro lado de la plaza hay un café.   7. El café lleva el nombre algo pretencioso de 'Iberia'.   8. Por la mañana tomo generalmente té (café; chocolate; leche).   9. Tomo café solo (con leche).   10. La oficina de don José está situada en la Calle del Conde (en el barrio comercial).   11. Don José quiere comprar un periódico ilustrado, un paquete de cigarrillos y una cajita de cerillas.   12. Don José no dice al tendero lo que quiere comprar. Solamente pone su dinero en el mostrador y dice: ¡Muy buenos días, don Enrique!   13. Además de periódicos, tabaco y cerillas, don Enrique vende sellos de correo y billetes para la lotería nacional.   14. La Calle del Conde es estrecha.   15. Don Enrique vende billetes para la lotería nacional.

Exercise 2

(a) (20) veinte; (40) cuarenta; (70) setenta; (50) cincuenta; (30) treinta; (80) ochenta; (90) noventa; (100) ciento; (21) veinte y uno/veintiuno; (44) cuarenta y cuatro; (99) noventa y nueve; (28) veinte y ocho/ veintiocho; (56) cincuenta y seis; (84) ochenta y cuatro

(b) veinte y una (veintiuna) casas; treinta y tres burros; veinte y tres (veintitrés) y cuarenta y seis son sesenta y nueve; ciento menos cincuenta y cinco son cuarenta y cinco; cien cartas; son las diez; a la una; son las siete

Exercise 3

1. Esta casa es muy vieja.   2. Esas cartas sobre la mesa son (las) mías.   3. Aquel edificio es la Giralda.   4. ¿De quién son esos lápices? Éste es (el) mío y ése es (el) suyo.   5. He visto ese libro pero prefiero éste.   6. ¿Quiere Vd. darme esa pluma? No es (la) suya.   7. Es una casa muy hermosa, pero hay que ver la de don José.   8. ¿Qué es esto? Es mi cuaderno.   9. ¿Cuántas pesetas cuestan esos cigarrillos?   10. Esos cigarrillos son muy caros, pero éstos cuestan menos.

Exercise 4

este lápiz, ese lápiz, aquel lápiz;
estas casas, esas casas, aquellas casas;
este día, ese día, aquel día;
esta descripción, esa descripción, aque'la descripción;
este profesor, ese profesor, aquel profesor;
este periódico, ese periódico, aquel periódico;
esta mujer, esa mujer, aquella mujer;
estos bueyes, esos bueyes, aquellos bueyes;
estas canciones, esas canciones, aquellas canciones;
este agua, ese agua, aquel agua

Exercise 5

generalmente   pretenciosamente   finalmente   útilmente   diariamente
alegremente/con alegría   atentamente/ con atención

Exercise 6

1. Don José quiere comprar tabaco.   2. Nosotros atravesamos la calle.   3. Yo prefiero el autobús.   4. ¿Cuánto cuestan estos puros?   5. Llueve

mucho en Inglaterra. 6. Conchita vuelve a casa y prepara la comida.
7. Yo pongo el dinero en el mostrador. 8. ¿A qué hora viene su amigo?
9. Generalmente ella va a pie. 10. ¿Cuántas cerillas compra Vd.?

Exercise 7
1. ¿Prefiere Vd. el tranvía? 2. ¿A qué hora llega generalmente?
3. Tengo intención de ir a pie. 4. Hay muchas tiendas en esta ciudad.
5. Estos cigarrillos son (los) suyos. ¿Dónde están los míos? 6. Digo
siempre 'buenos días' al guardia.

Exercise 8
Don José llega generalmente a la oficina a las nueve de la mañana.
Cuando hace buen tiempo va a pie, pero cuando llueve toma el tranvía.
Siempre va al estanco en la calle cerca de su oficina, en el barrio comercial
de la ciudad, dice 'muy buenos días' a don Enrique, y compra cigarrillos
y cerillas. Prefiere (le gustan más) los puros, pero naturalmente éstos
cuestan más.

VII. LOS BURROS

Exercise 1
1. No, no hay muchos burros en Inglaterra. 2. El burro pasa el día en
el prado y la noche en la cuadra. 3. Algunas veces trabajan los burros,
otras veces no—¡lo que indica su inteligencia! 4. Los burros andan
despacio. 5. El buey anda muy despacio (muy lentamente). 6. No, no
estoy cansado(a) (Sí, estoy muy cansado(a). 7. Los campesinos van al
mercado dos o tres veces por semana. 8. Durante el día permanecen
los burros en la plaza del mercado. 9. Aguardan el regreso al campo
dóciles y pacientes. 10. Los gitanos venden sus mercancías. 11. Los
burros son animales muy inteligentes. 12. Sabemos que los burros son
inteligentes porque sólo (solamente) trabajan cuando tienen ganas de
trabajar (cuando quieren trabajar). 13. Los burros aceptan filosóficamente su vida errante. 14. Sí, por regla general (generalmente) los
españoles quieren a los burros (tienen mucho cariño a los burros).
15. Sí, hay (No, no hay) mercado en la ciudad donde vivo.

Exercise 2
1. El hombre que trabaja mucho es trabajador. 2. El hombre que no
trabaja nunca es perezoso. 3. El pobre animal está cargado de mercancías. 4. Los gitanos van de ciudad en ciudad. 5. El burro pasa la
noche en la cuadra.

Exercise 3
pequeño/grande   bueno/malo   perezoso/trabajador   bonito/feo
inteligente/estúpido   diferente/mismo   noche/día

Exercise 4
1. ¿Qué tiene Vd.? 2. Los burros que están en el prado. 3. El aldeano
que trabaja en el campo. 4. ¿Quién ha venido? 5. ¿De quién es este
lápiz? 6. ¿Cuál de estos lápices es el mío? 7. La mujer que está
preparando la comida. 8. El libro que Vd. ha leído. 9. ¿A quién ha
visto Vd.? 10. El amigo a quien ha dado el libro. 11. ¿Qué libro tiene
Vd. en la mano? 12. ¿Quién ha comido las frutas? 13. ¿Con quién
tiene Vd. intención de visitar la ciudad? 14. ¿A quién quiere Vd. ver?
15. Los niños que aprenden la lección.

Exercise 5
rápidamente/de prisa   lentamente/despacio   a veces/algunas veces
atentamente/con atención   generalmente/por regla general

Exercise 6
(220) doscientos veinte; (530) quinientos treinta; (740) setecientos
cuarenta; (1000) mil; (900) novecientos; (800) ochocientos; (475) cuatrocientos setenta y cinco; (364) trescientos sesenta y cuatro; (687) seiscien-
tos ochenta y siete; (598) quinientos noventa y ocho

Exercise 7
pongo/ponemos   vuelvo/volvemos   vengo/venimos   digo/decimos
conozco/conocemos   hago/hacemos   dirijo/dirigimos   sé/sabemos
sigo/seguimos   oigo/oímos

Exercise 8
1. Tengo mil libros.   2. ¿Conoce Vd. a Anita?   3. Sé lo que quiere.
4. El viejo va de ciudad en ciudad por los caminos polvorientos (por las
carreteras polvorientas).   5. ¿De quién es este burro?   6. El animal no
quiere ir (andar) más de prisa.   7. La caravana está atravesando el
desierto.   8. Los gitanos están aguardando en la plaza del mercado.
9. Los hay que juegan y los que trabajan.   10. ¿De quién está hablando?

Exercise 9
¿Ha visto Vd. jamás un mercado en la plaza de un pueblo (pueblecito)
español? Los aldeanos (campesinos) van allí una o dos veces por semana
con sus burros, cargados de frutas y legumbres. Y estos animales
pacientes permanecen todo el día en la plaza, aguardando el regreso al
campo por la tarde. Los hombres y las mujeres están comprando y
vendiendo sus mercancías y los niños están jugando en la calle.

VIII. DIÁLOGO

Exercise 1
1. Don Jaime y doña Luisa están en la sala.   2. Don Jaime quiere
acostarse a las once.   3. Yo me acuesto a las. . . .   4. Don Jaime no
tendrá nada que hacer al día siguiente. Estará completamente libre.
5. No, no he visto nunca (nunca he visto) una corrida de toros (Sí, he
visto varias corridas de toros).   6. Manolete es un matador (torero) muy
famoso.   7. A doña Luisa no le gustan los toros porque hay tanta
sangre. Las corridas de toros le dan asco.   8. No, no sé (Sí, sé) jugar a la
pelota.   9. El fútbol es un deporte.   10. Sí, a mí me gustan (No, a mí no
me gustan) los conciertos sinfónicos.   11. Sí, sé (No, no sé) nadar.
12. El restaurante de París está en la esquina cerca del Museo de Pinturas.   13. Yo prefiero (me gusta más) el cine (el teatro).   14. Don
Jaime sale del cuarto para reservar dos butacas para el teatro.   15. La
película que don José quiere ver es 'Luces de Buenos Aires'.

Exercise 2
Don Jaime me lo da. Me los dará también. Me la escribirá. El
maestro nos las describe. Luisa le escribe una carta. Quiero tele-
fonearle. Les estoy escribiendo (Estoy escribiéndoles) una carta.
Doña Emilia les escribe una carta todas las semanas. ¿Le ha visto Vd.?
Ella les tiene mucho cariño. Las hemos perdido. ¿Lo ha comprado
Vd.?

Exercise 3

1. Voy a acostarme. 2. Tendré que hacerlo. 3. No me gusta escribirle cartas (a él). 4. ¿Quiere Vd. dármelo? 5. Le diré (a Vd.) lo que haremos. 6. Le ha escrito dos cartas (a ella). 7. No nos conoce. 8. ¿Le ha contestado a Vd.? 9. Iré a verle después de la cena (después de cenar). 10. ¿Se acuerda Vd. de la comedia (de la pieza de teatro)?

Exercise 4

me acuesto, te acuestas, se acuesta, nos acostamos, os acostáis, se acuestan; me siento, te sientas, se sienta, nos sentamos, os sentáis, se sientan; me llamo, te llamas, se llama, nos llamamos, os llamáis, se llaman; me voy, te vas, se va, nos vamos, os vais, se van; me acuerdo, te acuerdas, se acuerda, nos acordamos, os acordáis, se acuerdan

Exercise 5

1. Yo hablaré. 2. Nosotros comeremos. 3. Ella tendrá. 4. Manuel dirá. 5. Vd. no podrá. 6. ¿Qué hará su hermano? 7. Habrá muchas personas. 8. Tú volverás. 9. Costará poco. 10. Vosotros iréis. 11. Ellos me darán cinco pesetas.

Exercise 6

(a) Para vivir tenemos que comer.
Daremos un paseo hasta la playa./Esperaremos hasta mañana.
La oficina de Ignacio está cerca del muelle.
Don Jaime volverá al cabo de cinco minutos, después de telefonear.

(b) ¿Sabe Vd. cuántos años tiene mi tío? / ¿Sabe Vd. nadar?
¿Conoce Vd. a mi hermano? / ¿Conoce Vd. este libro?

Tenemos tres cuartos de dormir.
El año tiene cuatro estaciones (*seasons*).

Le veré a Vd. mañana, si Dios quiere (*God willing*).
El viejo trabajaba en el jardín por la mañana.
Mañana por la mañana (*tomorrow morning*).

Ya es tarde y tengo mucho sueño.
Después de comer siempre pasa la tarde en el jardín.
Mañana por la tarde (*tomorrow afternoon/evening*).

Exercise 7

1. ¿A qué hora iremos al teatro? 2. No me gusta su hermana. 3. ¿Cómo se llama Vd.? 4. ¿Ha visto Vd. esa película? 5. Echan una de las comedias de Benavente. 6. Me dice que le gusta la pelota (le gusta jugar a la pelota). 7. ¿Cuánto cuesta (vale) este libro? 8. Le telefonearé (le llamaré por teléfono) mañana. 9. A los niños les gusta jugar en la playa. 10. ¿Se acuerda Vd. de su nombre?

Exercise 8

A mi marido le gustan mucho los deportes. Cuando hace buen tiempo vamos amenudo (frecuentemente) a un partido de fútbol o de pelota. Algunas veces (a veces) damos un paseo hasta la playa. A mí me gusta bañarme, pero no sé nadar. Después (Luego) comemos en la ciudad y vamos al teatro o al cine. A mi marido le gusta ver una buena película, pero tengo que admitir que yo prefiero el teatro, sobre todo cuando echan una comedia (hay una comedia). Muchas veces (Amenudo) pasamos la tarde mirando la televisión o escuchando la radio.

IX. LA TERTULIA

Exercise 1

1. Anita tendrá veinte años (de edad) el primero de febrero.   2. Yo tengo —años (de edad).   3. Anita se pondrá su traje azul porque sabe cuánto le gusta a don Antonio este color.   4. La pregunta que se hace siempre en el pueblo es: ¿Cuándo se casarán? ¿Cuándo se verificará la boda?   5. No, don Antonio no es pobre. No le falta dinero.   6. El papá de Anita le ha comprado un maravilloso abanico de marfil.   7. Todo el mundo sabe que don Antonio va a regalarle un collar de perlas porque el joyero se lo ha dicho a todos los vecinos.   8. Los convidados (invitados) llegan a las siete de la tarde.   9. Los músicos llegan un poco más tarde.   10. Sí, sé (No, no sé) bailar.   11. El baile dura hasta medianoche.   12. Anita acompaña a don Antonio hasta la puerta para despedirse de él.   13. Don Antonio se aleja muy despacio (lentamente).   14. Cuando Antonio se va Anita se queda en la puerta, mirando tristemente en la oscuridad.   15. Un hombre que vende joyas se llama un joyero.

Exercise 2

1. Le dice adios.   2. Se lo da.   3. ¿No se lo ha comprado Vd.?   4. Me lo ha regalado.   5. Los pondrá sobre la mesa.   6. Se lo diré.   7. ¿Cuándo se la venderá Vd.?   8. ¿Quiere Vd. prestármelo?   9. Escríbala Vd. en seguida (inmediatamente).   10. ¿Lo ha terminado Vd.?

Exercise 3

1. Esta carta es para mí.   2. No iré sin Vd.   3. ¿Quiere Vd. venir con nosotros?   4. Estas rosas son para ti.   5. ¿Se acuerda Vd. de él?   6. He comprado una cajita de cerillas para Vds.   7. No queremos hacerlo sin ellos (ellas).   8. El viejo está hablando con ella.   9. ¿Quién irá con ellas?   10. Lo haré después de Vd.

Exercise 4

1. El quinto día.   2. El dos de mayo.   3. Viene el primero de julio.   4. Alfonso X (décimo) y Alfonso XIII (trece).   5. No lo coma Vd.   6. Escriba Vd. la carta a su hijo.   7. El treinta de diciembre.   8. La primera vez.   9. Éste es el tercer tomo.   10. Contésteme Vd.

Exercise 5

1. Tendré diez años.   2. No le daré nada.   3. ¿A qué hora vendrá su amigo?   4. No lo haremos.   5. ¿Cuándo volverá a casa?   6. ¿Podrá Vd. venir con nosotros?   7. Vd. se lo dirá.   8. No le interrumpiré a Vd.   9. Se pondrá el traje azul.   10. ¿A qué hora se acostará Vd.?

Exercise 6

acercarse/alejarse   comprar/vender   el calor/el frío   preguntar/contestar   hermoso/feo   tristemente/alegremente

Exercise 7

1. Carlos and Maria love one another very much (are very much in love).   2. No smoking (is allowed here).   3. They say Antonio has married the girl.   4. I'm not short of money.   5. I'll tell you tomorrow.

Exercise 8

Todo el mundo en el pueblo (pueblecito) sabe que Anita está enamorada de Antonio (que Anita y Antonio están enamorados) y que van a casarse. Hoy es su cumpleaños (el cumpleaños de Anita) y todas sus amigas vienen a comer con la familia. Naturalmente viene Antonio también, y Anita se pondrá su traje azul porque sabe que a Antonio le gusta mucho este color. Todos los convidados (invitados) llegan por la tarde, y después de la comida bailan hasta (la) medianoche.

X. EL NEGOCIANTE

1. El señor Álvarez es negociante. 2. Vive en Barcelona. 3. Tiene unos cuarenta años de edad. 4. Me levanto a . . . 5. Cuando llega a la oficina el señor Álvarez habla con el gerente. 6. La casa de comercio tiene sucursales en Madrid y (en) Zaragoza. 7. Se emplean cien obreros en la fábrica. 8. El señor Álvarez pasa las horas de la siesta en el jardín o en la biblioteca. 9. Trabaja ocho o nueve horas por día, desde las ocho y media de la mañana hasta las doce y media, y desde las cuatro de la tarde hasta las ocho o las nueve. 10. El señor Álvarez toma el almuerzo en casa y la cena a veces (algunas veces) en casa, a veces (otras veces) en la ciudad con algunos de sus amigos. 11. Como postres yo prefiero queso (frutas). 12. Después de la comida el señor Álvarez toma una taza de café solo y a veces una copita de coñac. 13. Sí, a mí me gusta mucho el pescado (No, a mí no me gusta el pescado. Prefiero la carne). 14. Los que trabajan en una oficina se llaman dependientes. 15. Las tres comidas principales del día son: el desayuno, el almuerzo y la cena.

Exercise 2
sé; sabré; he sabido.
acabo; acabaré; he acabado
me visto; me vestiré; me he vestido.
empiezo; empezaré; he empezado.
digo; diré; he dicho.
vengo; vendré; he venido.
salgo; saldré; he salido.
encuentro; encontraré; he encontrado.
sigo; seguiré; he seguido.
permanezco; permaneceré; he permanecido.

Exercise 3
Me desayuno a las siete y media de la mañana.
Después de terminar su trabajo siempre vuelve a casa en seguida.
A veces toma la cena en casa, otras veces en la ciudad.
El alumno ha tenido que escribir el ejercicio otra vez.
Después de un largo silencio he tenido por fin noticias (news) de mi amigo.

Exercise 4
quedarse/permanecer   despacho/oficina   en seguida/inmediatamente
volver/regresar   acabar/terminar

Exercise 5
levantarse/acostarse (sentarse)   trabajador/perezoso   salir/entrar
blanco/negro   algo/nada

Exercise 6
El señor Álvarez es negociante. Vive en las afueras y tiene que ir a la ciudad por tranvía o por autobús. Suele levantarse (Se levanta generalmente/por regla general) a eso de las siete, pasa la mañana en la oficina (el despacho) o en la fábrica, toma el almuerzo (almuerza) en casa, duerme la siesta, y entonces (luego/después) vuelve (regresa) a su trabajo. A veces (algunas veces) come (toma la cena) en la ciudad con

amigos, a veces (otras veces) vuelve a casa, toma la cena con la familia y se acuesta a eso de las diez o las once. Una vez por mes tiene que ir a Madrid o (a) Zaragoza para visitar las sucursales de la casa (la firma/la compañía).

RECAPITULATION II

Exercise 1

1. ¿Se venden sellos en esa (aquella) tienda? 2. ¿Qué hora es? Son las once y media. 3. ¿Sabe Vd. contar en español? Cuente Vd. hasta mil. 4. Empieza a llover. ¿Tiene Vd. paraguas? 5. Escriba Vd. la carta otra vez (Vuelva Vd. a escribir la carta). 6. Mañana será el diez de se(p)tiembre. 7. ¿Qué ha hecho Vd. hoy? Nada. 8. ¿De quién es este libro? Es (el) suyo (de Vd.). 9. ¿Cuál de las revistas prefiere Vd.? (le gusta más?). 10. Pídale Vd. su libro. 11. Conozco muy bien a ese (aquel) hombre. No tiene ni dinero ni amigos. 12. ¿A qué hora se levanta Vd.? ¿Tarde o temprano? 13. Se lo dará a Vd. mañana. 14. ¿Para quién es este vino? 15. ¿Quiere Vd. venir conmigo? 16. Ella suele venir (Ella viene generalmente) después de la cena. 17. Le telefonearé (Le llamaré por teléfono) antes del mediodía. 18. Mi hermano dice que no puede venir tampoco. 19. No haga Vd. demasiadas preguntas. 20. ¿Le gustan a Vd. las cebollas?

Exercise 2
quiero   vengo   pongo   oigo   sé

Exercise 3
querremos   saldremos   pondremos   vendremos   sabremos

Exercise 4
El guardia municipal dirige la circulación.
Don José compra tabaco y sellos en el estanco.
El hermano de doña Luisa es torero, pero ella no va nunca a los toros porque no le gustan las corridas.
El señor Álvarez es un negociante muy importante que tiene una oficina en la ciudad y una fábrica en las afueras.
Mañana tendrá Anita una tertulia, a la cual ha invitado a todas sus amigas.
En el mercado se venden frutas, legumbres y hortalizas.
Doña Luisa va amenudo al teatro, pero su marido prefiere el cine.
Los burros, cargados de mercancías, van al mercado cada día.
Como postres a mí me gusta una naranja o una manzana.
Muchos músicos españoles saben tocar la guitarra.

Exercise 5
vuelva Vd./vuelvan Vds.   no caiga Vd./no caigan Vds.   empiece Vd./ empiecen Vds.   pida Vd./pidan Vds.   busque Vd./busquen Vds.

Exercise 6
El señor González es dependiente en una importante casa de comercio. Se levanta cada día a las siete y media, y, después de lavarse, se desayuna en la cocina. Por regla general no toma nada más que un panecillo y una taza de café con leche. Va en seguida en autobús a la ciudad, donde trabaja hasta la hora de almorzar. Antes de regresar a la oficina duerme la siesta en los jardines públicos debajo de los árboles. Luego vuelve a su oficina donde trabaja otra vez hasta la hora de cenar. Suele tomar la

cena en un restaurante cerca de su oficina. Algunas veces va al cine o al teatro antes de regresar a casa, donde se acuesta a eso de las once.

XI. LA VIEJA CRIADA

Exercise 1

1. La vieja criada vivía en el pueblo de Fuente Calderón. 2. Trabajaba de criada en la familia de don Anselmo, abogado retirado. 3. Don Anselmo era abogado retirado. 4. Carmencita salía a eso de las nueve de la mañana. 5. Siempre iba vestida de negro. 6. Cuando iba a la iglesia se ponía un pañuelo de color en la cabeza. 7. No, por regla general la acompañaba Alberto, hijo de don Anselmo. 8. No, no había muchas tiendas en Fuente Calderón (Las tiendas no eran muy numerosas en el pueblo). 9. En casa del panadero se pueden comprar pan y panecillos. 10. Se puede comprar carne en casa del carnicero (en la carnicería). 11. Tomo té sin (con) azúcar. 12. Prefiero sardinas frescas (en lata). 13. El dueño de una farmacia se llama boticario. 14. Carmencita tenía miedo al boticario por sus conocimientos científicos. 15. Un transeúnte es una persona que pasa (anda) por la calle.

Exercise 2

1. Yo escribía una carta cada día. 2. No me gustaba la leche. 3. La criada iba de compras por la mañana. 4. ¿Conocía Vd. al boticario? 5. ¿A qué hora se acostaba el niño? 6. ¿Cuándo volvíamos a casa? 7. Había muchas personas en la playa. 8. ¿Preparabas tú la comida? 9. ¿Tomaba ella el autobús o el tranvía? 10. Se vestía siempre de negro.

Exercise 3

(yo)tendría/(ellos) tendrían   (yo)volvería/(ellos) volverían
(yo)pondría/(ellos) pondrían   (yo)recibiría/(ellos)recibirían
(yo) sabría/(ellos) sabrían   (yo)conocería/(ellos) conocerían
(yo)querría/(ellos) querrían   (yo)saldría/(ellos) saldrían
(yo)vendría/(ellos) vendrían   (yo)diría/(ellos) dirìan

Exercise 4

1. Anita es más hermosa (bella) que María. 2. Bilbao no es tan grande como Barcelona. 3. Soy menos inteligente que él. 4. Tiene más de diez pesetas. 5. Andan más despacio (lentamente) que nosotros. 6. El señor Álvarez no es tan rico como los otros (los demás) socios de la compañía (firma). 7. (Él) es más feo que su hermano. 8. La vieja tenía más miedo al boticario.

Exercise 5

1. El hombre que hace zapatos se llama el zapatero. 2. El hombre que vende carne se llama el carnicero. 3. El frutero es el hombre que vende frutas. 4. La tienda donde se vende pan se llama la panadería. 5. En la huerta se cultivan legumbres y hortalizas. 6. La gallina da huevos. 7. Hay sardinas frescas y sardinas en lata. 8. La última comida del día se llama la cena. 9. La vaca da leche. 10. Con leche se hace mantequilla (queso).

Exercise 6

la visita/visitar   el desayuno/desayunarse   el almuerzo/almorzar   la compra/comprar   el conocimiento/conocer

Exercise 7

Yo conocía muy bien a Carmencita. Era una vieja criada que trabajaba en casa de don Anselmo, y todo el mundo la quería (amaba). He visitado

Fuente Calderón en muchas ocasiones y siempre la veía en la calle cuando iba de compras. Siempre se vestía de negro, pero se ponía (llevaba) un pañuelo de color en la cabeza cuando hacía sol. Siempre me decía 'Buenos días' (siempre me saludaba). A eso de las once regresaba (solía regresar) por la calle del Obispo, su cesta llena de carne, mantequilla, huevos y legumbres. Llevaba la cesta en la cabeza y generalmente tenía (solía tener) una botella de aceite o de vino en la mano. No había pescado en el pueblo (la aldea), pero a veces compraba ella una lata de sardinas. Pero estoy seguro de que a ella no le gustaban; eran para don Anselmo.

XII. LA AMÉRICA LATINA

Exercise 1

1. En la América latina hay diez y nueve (diecinueve) repúblicas. 2. Se habla portugués en el Brasil. 3. Colón hizo su primer viaje al Nuevo Mundo en el año 1492 (mil cuatrocientos noventa y dos). 4. Núñez de Balboa descubrió el océano Pacífico. 5. Los habitantes del Perú se llamaban los incas. 6. Los conquistadores españoles llevaron a los nuevos territorios la civilización española, la fe católica y la cultura europea. 7. Dificultades físicas, económicas y políticas confrontaron a los exploradores. 8. España perdió sus últimas colonias en el año 1898 (mil ochocientos noventa y ocho). 9, No, las tradiciones de la madre patria no han desaparecido por completo. Todavía viven su lengua (su idioma), su cultura, su arquitectura y muchas de sus tradiciones. 10. Buenos Aires es la capital de la República Argentina. 11. El estrecho que separa el continente de la Tierra del Fuego se llama el Estrecho de Magallanes. 12. Sí, se habla español en la isla de Cuba. 13. El Brasil es el país más grande de la América del Sur. 14. El lago de Titicaca está (se encuentra) entre Bolivia y el Perú. 15. En el Brasil se cultiva sobre todo (especialmente) el café. Se producen también el cacao y el azúcar (la caña de azúcar).

Exercise 2

aguardé, aguardaste, aguardó, aguardamos, arguardasteis, aguardaron.
fui, fuiste, fue, fuimos, fuisteis, fueron.
escribí, escribiste, escribió, escribimos, escribisteis, escribieron.
volví, volviste, volvió, volvimos, volvisteis, volvieron.
tuve, tuviste, tuvo, tuvimos, tuvisteis, tuvieron.
extendí, extendiste, extendió, extendimos, extendisteis, extendieron.
estuve, estuviste, estuvo, estuvimos, estuvisteis, estuvieron.
conocí, conociste, conoció, conocimos, conocisteis, conocieron.
descubrí, descubriste, descubrió, descubrimos, descubristeis, descubrieron.
hice, hiciste, hizo, hicimos, hicisteis, hicieron.

Exercise 3

lleva; llevará; llevaba; llevó.
hace; hará; hacía; hizo.
ve; verá; veía; vio.
se sienta; se sentará; se sentaba; se sentó.
tiene; tendrá; tenía; tuvo.

Exercise 4

1. Fue un gran hombre. 2. Tengo una pluma nueva. 3. Es una casa muy grande. 4. Un nuevo maestro (profesor) ha venido a la escuela.

5. Ramón es un buen muchacho (chico). 6. Ella ha comprado varios sombreros.

Exercise 5
1. Pizarro fue un gran explorador. 2. Es una gran señora. 3. Las grandes ciudades de la América del Sur. 4. Hace muy mal tiempo. 5. Vendrá algún día sin duda. 6. Muy buenas noches. 7. Una buena comida. 8. Un buen niño. 9. No tengo ningún dinero. 10. Es una iglesia muy grande.

Exercise 6
1. España es una península; Cuba es una isla.
2. El que hace un viaje es un viajero.
3. Hernán Cortés fue un gran explorador (conquistador).
4. El español es una hermosa lengua.
5. Cien años es un siglo.

Exercise 7
extender(se)   viajar   descubrir   conquistar   nacer

Exercise 8
la vida   la administración (el administrador)   la vista   la busca   el explorador (la exploración)

Exercise 9
Fuera del Brasil (A excepción del Brasil) se habla español por todo el vasto territorio que se extiende desde la frontera mejicana de los Estados Unidos hasta Chile. Desde la época de la colonización representantes de casi cada nación han ido a la América latina sobre todo (especialmente) a la República Argentina. En (el año) 1898 (mil ochocientos noventa y ocho) España perdió (perdió España) la última de sus colonias, pero muchas de sus tradiciones, su cultura y su lengua (su idioma) viven (existen) todavía al otro lado del Atlántico (más allá del Atlántico).

XIII. EL MARINERO

Exercise 1
1. El viejo marinero tenía una casa de huéspedes. 2. Venía él de Galicia. 3. Un pescador pesca (va de pesca; coge peces). 4. El marinero fue a la América latina (a la República Argentina) a probar fortuna. 5. Trabajó de labriego en la República Argentina. 6. Un barco costanero es un barco que sigue la costa del mar (que va de puerto en puerto a lo largo de la costa). 7. Buenos Aires es la ciudad más importante a orillas del río de la Plata. 8. No, no conozco ningunos puertos brasileños (Sí, conozco varios puertos brasileños, a saber (*namely*): Río de Janeiro, Santos, Recife, Salvador. 9. Cuando cayó enfermo fue el marinero al hospital en Montevideo (fue llevado: fue trasladado al hospital). 10. Sí, sé (No, no sé) el nombre del primer navegante inglés que dio la vuelta al mundo. Fue Sir Francis Drake. 11. A bordo de un barco noruego fue el marinero a Europa, al África, al Japón y a Australia. 12. Sabemos que el viejo marinero tuvo mucha suerte porque logró salvarse de todos los peligros de la vida marítima. 13. Abandonó por fin su vida aventurera porque ya era muy viejo (demasiado viejo para seguir navegando). 14. Compró la casa de huéspedes con sus ahorros (con el dinero que había ahorrado). 15. No, no he hecho nunca ningún

viaje por mar (Sí, en varias ocasiones he atravesado el Canal de la Mancha, el Mar del Norte, etc).

Exercise 2
conté/contaron   vi/vieron   fui/fueron   fui/fueron   di/dieron   quise/
quisieron   hube/hubieron   morí/murieron   dije/dijeron   seguí/siguieron

Exercise 3
1. Hay una casa de huéspedes en la aldea.   2. Había mucha gente (muchas personas) en la plaza.   3. Habrá muchos convidados (invitados).   4. Cuando hubo terminado (Después de terminar), salió.   5. Hace doce meses.   6. Vendrá (él) pasado mañana a las ocho en punto.   7. Le pidió el libro.   8. ¿La vio Vd. anoche?   9. Me lo dio ayer.   10. Ha llovido mucho hoy.

Exercise 4
Fui a visitarle dos veces. Dos veces dos son cuatro.
¿Qué hora es? El trabajo duró dos horas.
Hace muy buen tiempo. El tren llegó a tiempo. Los tiempos en que vivimos.
¿Sabe Vd. cómo se llama ese hombre? ¿Sabe Vd. nadar?
¿Conoce Vd. a mi hermana? ¿Conoce Vd. este libro?
Pregunté al niño cuántos años tenía. −¿Adónde va Vd.? −preguntó el viejo. No pida Vd. demasiado dinero. Le pedí mi dinero.

Exercise 5
anciano/viejo   dar con/encontrar   volver/regresar   labriego/labrador
permanecer/quedarse

Exercise 6
morir/nacer   buscar/hallar(encontrar)   viejo/joven   fuerte/débil
ahorrar/gastar

Exercise 7
1. l gave him (her, you) the list.   2. I met (came across) don Jaime in the Calle de Atocha.   3. The window overlooks (looks out on to) the yard.   4. The sailor (seaman) returned to Montevideo.   5. The (little) girl wrote the letter again.

Exercise 8
Los gallegos son un pueblo marítimo que viven en la costa del Atlántico. Muchos de ellos son marineros; otros son labradores. En el siglo diez y nueve (diecinueve) miles de ellos fueron a los países de ultramar a buscar trabajo en las nuevas tierras de la América Central y del Sur. Algunos permanecieron (se quedaron) allí, algunos volvieron (regresaron) a España, mientras que otros pasaron toda la vida navegando en barcos de todas las naciones. Hoy (hoy día), en los puertos de mar por el mundo entero (en todas partes del mundo)—Cardiff, Buenos Aires, Nueva York—se encuentran estos viejos marineros que dejaron (salieron de) su patria hace tantos años, pero que todavía se acuerdan tristemente (con tristeza) de los días de su juventud.

XIV. LA LLEGADA DEL TRANSATLÁNTICO

Exercise 1
1. El vapor se llamaba 'Estrella de Méjico'.   2. El amigo regresaba de la Habana (de Cuba).   3. La Habana está en (la isla de) Cuba.   4. Hoy se pone el sol a las. . . .   5. El agua en la bahía de Vigo estaba quieta.

6. Un barco que lleva mercancías se llama un barco mercante.   7. El barco echaba nubes de humo por la chimenea.   8. A lo lejos se podía distinguir la luz de un faro.   9. El pueblo de Marín está al otro lado de la bahía (de la ría).   10. Unos marineros borrachos (*drunken*) molestaban la tranquilidad (la quietud) de la tarde.   11. El transatlántico llegó a las siete y media de la tarde.   12. El puerto de Vigo se encuentra en la costa atlántica de España (en Galicia cerca de la frontera portuguesa).   13. La barcas de pesca estaban cargadas de sardinas (de peces).   14. En el cielo de noche se ve la luna (se ven muchas estrellas).   15. El transatlántico entraba lenta y majestuosamente en la bahía.

Exercise 2
1. Yo me puse el sombrero.   2. Los guardias fueron hasta el muelle.   3. El mozo (camarero) trajo dos vasos de cerveza.   4. Esta calle condujo a la playa.   5. La vieja quiso saber de dónde venía yo.   6. Los empleados dijeron que el barco había llegado.   7. Ramón murió a la edad de setenta años.   8. Nosotros no hicimos nada.   9. ¿A dónde te fuiste tú?   10. ¿Le dio Vd. el dinero?

Exercise 3
1. He acabado el trabajo.   2. Me dijo que había visto la ciudad.   3. El pobre había muerto.   4. ¿Quién ha hecho esto?   5. La luna se había puesto cuando salí.   6. Hemos escrito la carta.   7. El maestro había interrumpido al niño.   8. Cuando hubo comido fue a dar un paseo.   9. Las barcas han salido del puerto.   10. No he podido distinguir la luz.

Exercise 4
1. Río de Janeiro es una de las más hermosas ciudades del mundo.   2. El burro iba (andaba) más despacio que su amo (*owner, master*).   3. El sacerdote entró silenciosa y tristemente.   4. Vd. ha terminado (acabado) el trabajo muy de prisa (rápidamente).   5. (Él) viene amenudo (muchas veces; frecuentemente) a verme.

Exercise 5
La ciudad estaba rodeada de montañas.
A lo lejos distinguí con dificultad la entrada de la bahía.
Me apresuré a terminar el trabajo porque ya eran las once de la noche.
Antes de entrar llamé a la puerta.
Después de comer tomé una taza de café solo.

Exercise 6
el vapor   el transatlántico   el barco mercante   la barca de pesca

Exercise 7
Cuando llegó al muelle (alcanzó el muelle) el sol se ponía encima de la bahía. Ya se veían en el cielo algunas (una o dos) estrellas, y a lo lejos centelleaban las luces del pueblecito de Marín. Algunas barcas de pesca volvían (regresaban) al puerto, cargadas de sardinas, y un barco mercante, viejo y sucio, se hacía a la mar. Dentro de (En) media hora llegaría el transatlántico, trayendo (que traía) a su amigo de la América del Sur (de Sudamérica).

XV. COMUNICACIONES

Exercise 1
1. No hay muchos ríos navegables en España. El único río verdaderamente navegable es el Guadalquivir.   2. Un puerto fluvial es un puerto

que se encuentra a orillas de un río. 3. La ciudad que se encuentra
cerca de la desembocadura del Tajo se llama Lisboa. 4. Barcelona es el
puerto más importante de España. 5. El Estrecho de Gibraltar separa
España del África. 6. Las comunicaciones en España no han sido
fáciles por ser España un país muy montañoso. 7. Las letras RENFE
significan 'Red Nacional de Ferrocarriles Españoles'. 8. Sí, hay buenos
servicios de autocares en España. 9. Yo prefiero el tren (el autocar).
10. Sí, a mí me parece inútil emprender la construcción de nuevos
ferrocarriles. 11. Sí, he hecho varios viajes aéreos (No, no he hecho
ningún viaje aéreo). 12. La aviación ha desempeñado un papel más
importante en la América del Sur que en España como consecuencia de
las distancias tan enormes. 13. La velocidad de un avión moderno
sobrepasa la (velocidad) del sonido. 14. Sí, tiene aeropuerto (No, no
tiene aeropuerto) la ciudad donde vivo. 15. Ya no se usan bueyes en
Inglaterra.

Exercise 2
1. El avión va más de prisa que un tren. 2. Es la capital más bella de
Europa. 3. El río Guadalquivir no es tan largo como el Ebro. 4. Carlos
es mayor que Juan, pero no es tan grande. 5. España no tiene tantos
barcos mercantes como Noruega. 6. El viejo no estaba tan cansado
como el joven. 7. El burro anda despacio pero el buey anda más
despacio. 8. Trabaja lo menos posible. 9. Este libro es el peor de
todos. 10. Ella sabe cantar mejor que su hermana.

Exercise 3
1. El ferrocarril no está construído todavía. 2. El ferrocarril fue
construído por un ingeniero muy famoso. 3. El cuarto estaba iluminado
por gas. 4. La carta está escrita. 5. La carta fue escrita por un
abogado.

Exercise 4
1. Aquí se habla español. 2. Se dice que ha ido a Cuba. 3. Se baila
hasta medianoche. 4. Se ha desarrollado mucho el comercio en este
país. 5. Se abrió la puerta.

Exercise 5
1. Cuando hubo terminado su trabajo, salió. 2. Después de escribir la
carta, me la dio. 3. Cuando entré, mi hermano escribía una carta.
4. Creo que don José vendrá (viene) mañana. 5. Isabel estaba cantando
una canción.

Exercise 6
Basta decirlo una vez. ¡Basta! ¡No haga Vd. tanto ruido!
En cuanto a frutas yo prefiero las naranjas.
Se desarrolla mucho la industria en España.
Estoy muy cansado. Sin embargo le acompañaré a Vd. hasta la estación.
¿Para qué sirve este cuchillo? El cuchillo no sirve para nada.

Exercise 7
1. España es un país muy montañoso. 2. Muchos autocares recorren
las carreteras de España. 3. El buey arrastra el carro. 4. Este actor
desempeña un papel muy importante. 5. Sevilla está a unos ochenta
kilómetros de la desembocadura del río.

Exercise 8
Muchos de los ríos de la Gran Bretaña son navegables, y hay (existen)
innumerables canales que unen las diferentes ciudades. Fue una vez

posible viajar por casi todas partes por ferrocarril (en tren), pero la mayoría de (las más de) las líneas menores están ahora (ya) cerradas, y la situación ahora ha cambiado con la construcción de las autopistas y el rápido desarrollo del transporte aéreo. Sin duda (No cabe duda de que) el día no está muy distante (lejano) en que todas las grandes ciudades tendrán su aeropuerto.

RECAPITULATION III

Exercise 1

1. La magnífica catedral de Sevilla es una de las más grandes de España. 2. Al entrar en el cuarto (Entrando en el cuarto) la criada dejó caer todos los platos. 3. Me preguntó si quería (si a mí me gustaría) ir con él (acompañarle). 4. Hacía muy mal tiempo. 5. Dijo ayer que le gustaría venir también. 6. Ella es muy hermosa (bella; linda), pero no tan inteligente como su hermana. 7. ¿Había Vd. leído esta carta cuando vino a verme anteayer? 8. Por estar enferma su madre (Como su madre estaba enferma) no quiso (él) salir. 9. ¿Ha visto Vd. tantas corridas de toros como yo? 10. Cree (él) que soy mayor que mi hermano. 11. Se fundaron universidades en la ciudad de México (*N.B. In Spain the name is normally spelled* Méjico) y en el Perú durante el siglo XVI (diez y seis/dieciséis). 12. Siempre hablaba (él) lenta y cuidadosamente. 13. Se hizo a la vela hace cinco años y todavía está en el extranjero. 14. Cuando llegamos al muelle (alcanzamos el muelle) el transatlántico ya había entrado en la bahía. 15. Ella iba de compras cada mañana. 16. La autopista no está construída todavía. 17. ¿Quién lo ha hecho? No sé. 18. El marinero ha sido llevado (trasladado) al hospital. 19. Al abuelo no le gustaban las sardinas en lata. 20. El sol se ponía mientras que atravesábamos (cuando atravesamos) el lago.

Exercise 2

di/dimos   quise/quisimos   empecé/empezamos   sentí/sentimos   morí/ morimos   pedí/pedimos   me embarqué/nos embarcamos   fui/fuimos fui/fuimos   conduje/condujimos

Exercise 3

dijo/dijeron   fue/fueron   estuvo/estuvieron   puso/pusieron   sintió/ sintieron   contó/contaron   vio/vieron   dio/dieron   anduvo/anduvieron nació/nacieron

Exercise 4

1. Los gallegos viven en Galicia, región bastante aislada del resto de España y situada en el noroeste de la península. Además del castellano hablan gallego, su propia lengua, muy parecida al portugués. Son por la mayor parte pescadores y labradores y, por ser Galicia una región económicamente bastante pobre, muchos gallegos han emigrado a la América latina a probar fortuna en el Nuevo Mundo.

2. En el año 1492 (mil cuatrocientos noventa y dos) Cristóbal Colón hizo su primer viaje, y, después de una travesía que duró más de dos meses, alcanzó la isla de Guanahaní a la cual dio el nombre de Salvador. Había descubierto el Nuevo Mundo, creyendo haber llegado a las Indias Orientales. Vasco Núñez de Balboa fue el primer europeo que vio el Pacífico (llamado por él Mar del Sur). El portugués Cabral descubrió la costa del Brasil en 1500 (mil quinientos), y Hernando Magallanes salió

de España en 1519 (mil quinientos diecinueve) y pasó por el estrecho que lleva su nombre.

3. En el pueblo de Fuente Calderón la tienda más importante es la tienda de comestibles a donde van todos los días las mujeres de la vecindad. Aquí se puede comprar casi todo lo que se necesita para la vida diaria— leche, mantequilla, queso y huevos; té, café y azúcar; aceite y vino; conservas y sardinas en lata.

4. Un barco de velas necesitaba meses y meses para atravesar los océanos; el viaje desde Birmingham hasta Londres por los canales duraba algunos días; se empleaban bueyes para arrastrar el arado (*plough*), y, hasta el siglo XIX (diecinueve) fue el caballo el medio de transporte más rápido. Pero con la invención de la locomotora de vapor empezó una nueva época, y, hoy día, por medio del teléfono y de la radio es posible comunicar instantáneamente con las partes más remotas del mundo. A bordo de un avión moderno podemos cruzar los océanos en algunas horas, y el automóvil ha revolucionado el transporte terrestre. ¡Y todo esto dentro del espacio de menos de dos siglos!

5. En la costa atlántica de España, cerca de la frontera portuguesa, está situada la ciudad de Vigo, a orillas de la mayor ría de Galicia. La vista de la bahía desde la ciudad es verdaderamente magnífica, sobre todo cuando se pone el sol. Esta bahía, sin duda una de las más hermosas del mundo, ofrece un abrigo (*shelter*) excelente contra las tempestades que ocurren con tanta frecuencia en la costa occidental de la península.

XVI. VIAJE EN TERCERA CLASE

Exercise 1

1. Esperábamos la llegada del tren. 2. El tren traía media hora de retraso. 3. Cuatro jóvenes estaban sentados en el baúl. 4. Sí, me gusta mucho jugar a los naipes (No, no me gustan los juegos de naipes). 5. El caballero gordo fumaba un pitillo y trataba de leer su periódico. 6. El pobre viajante de comercio dijo muy tristemente: No hay remedio. 7. El caballero colocó su maleta en la red. 8. La señora charlaba ruidosamente con su amiga. 9. El caballero bajó del coche y fue a tomar una taza de café. 10. La señora lanzó un grito porque el tren salía ya de la estación y el caballero no había vuelto. ¡Había olvidado su maleta! 11. Nosotros arrojamos la maleta por la ventanilla. 12. El caballero volvió algunos minutos después, cuando el tren había salido de la estación. 13. Cuando entró el caballero la señora hablaba de un traje (vestido) que había comprado. 14. ¡No se puede repetir lo que dijo el caballero cuando buscó su maleta! 15. El caballero gordo viajaba en tercera clase.

Exercise 2

1. El caballero fumó un pitillo. 2. Mi amigo vino a las siete de la tarde. 3. No pude encontrar mi maleta. 4. El chico no supo hacerlo. 5. La maleta cayó en el andén. 6. Nosotros buscamos el dinero. 7. Yo busqué el dinero. 8. Yo empecé el trabajo. 9. Colón hizo varios viajes al Nuevo Mundo. 10. Los convidados se sentaron.

Exercise 3

1. Yo acabo de leer la carta. 2. A pesar del frío fue a nadar. 3. Se fue (se marchó) tristemente. La mujer se moría (se estaba muriendo). 4. Los viajeros subieron al tren. 5. Arrojó (lanzó) el periódico (el

diario) por la ventanilla (*carriage window*). 6. Saqué dos pesetas de la caja. 7. Fueron despertados a las siete. 8. Entramos otra vez (Volvimos a entrar). 9. ¿Por qué encendió su cigarrillo (pitillo)? 10. Su padre no hizo caso de ella.

Exercise 4
la llegada/la salida estar de pie/estar sentado (*seated*); echado (*lying down*) subir/bajar sentarse/levantarse afortunadamente/desafortunadamente

Exercise 5
jugué/jugaron dije/dijeron lancé/lanzaron supe/supieron cogí/ cogieron anduve/anduvieron conduje/condujeron quise/quisieron seguí/siguieron fui/fueron

Exercise 6
El tren traía diez minutos de retraso y todos los viajeros esperaban (estaban aguardando) en el andén o en la sala de espera. Por fin llegó el tren y subí a un coche de tercera clase. Un caballero gordo me siguió y se sentó cerca de la ventanilla al lado de dos señoras que charlaban (estaban charlando/hablando). Había también dos niños con su madre, comiendo (que comían) melones. Cuando llegó el tren a la próxima estación (alcanzó el tren la próxima estación) el caballero bajó, diciendo que iba a tomar una taza de café.

XVII. ESPAÑA VISTA POR LOS EXTRANJEROS

Exercise 1
1. Este pueblo español no tiene nombre porque existe solamente (sólo) en la imaginación. 2. Según la idea tradicional los españoles son pequeños, morenos, celosos, perezosos y violentos. 3. Las mujeres siempre se visten de negro. 4. El domingo (Los domingos) van los habitantes de este pueblo a la iglesia a oír misa. 5. De noche se oye música por las calles. 6. Por las calles andan hombres misteriosos envueltos en sus capas. 7. Bajo sus capas se divisa la forma de una espada o de un puñal. 8. Un mendigo anda tristemente por la callejuela. 9. No, (ya) no hay muchos mendigos en Inglaterra. 10. Cervantes escribió *Don Quijote* (El autor de *Don Quijote*/del *Quijote* fue Cervantes). 11. Las calles de una ciudad moderna se alumbran por electricidad. 12. Muchos escritores españoles han protestado porque esta representación de la vida española es tan exagerada (por ser tan exagerada esta representación de la vida española). 13. El legendario bandido inglés se llama 'Robin Hood'. 14. No, ya no hay (ya no se emplean) serenos en Inglaterra. 15. La gente va a la iglesia a oír misa.

Exercise 2
1. You must do it at once (it must be done at once). 2. You have to (must) work. 3. The old man must be very tired. 4. How much do you owe me? 5. We must not sell it. 6. You ought not to (should not) speak so quickly. 7. I have to (am to) visit him tomorrow. 8. The important thing is not to arrive late. 9. This handkerchief smells of fish. 10. This church is most beautiful.

Exercise 3
1. No puedo hacerlo. 2. Había empezado a escribir (*he had begun to write*) la carta. (Había empezado por escribir (*he had begun by writing*))

la carta.)   3. Pienso ir a Barcelona.   4. El caballero trataba de encender el pitillo.   5. ¿Quiere Vd. venir conmigo?   6. Es imposible llegar
antes del anochecer.   7. El marinero se decidió a volver a Nueva York.
8. ¿Se atreve Vd. a entrar en aquella casa?   9. Volvió a subir al árbol.
10. Acabó por leer este libro (*He finished by reading this book*). (Acabó de
leer este libro (*He finished reading this book*).)

Exercise 4
solamente/sólo   pasearse/dar un paseo   guapo/lindo, hermoso   echar/
arrojar, lanzar   aguardar/esperar

Exercise 5
1. Fui a la ciudad.   2. Tú no tuviste mucha suerte.   3. El camarero no
trajo el vino.   4. Pagué cincuenta pesetas.   5. Dijimos la verdad.
6. No me fue posible.   7. El viejo murió.   8. No hicimos caso de él.
9. La chica se puso muy pálida.   10. El soldado se levantó temprano.

Exercise 6
Jóvenes que pelan la pava (que tocan la guitarra a la reja de su novia),
hombres misteriosos envueltos en sus capas negras que esperan en la
esquina de la calle, mendigos que piden limosna a la luz pálida de un
farol, la voz del sereno—tal es la representación tradicional de la vida
española. ¿Existe de veras (verdaderamente) la España de Carmen, o
existe solamente (sólo) en la imaginación de los extranjeros? ¿Encontramos la contestación a esta pregunta (la solución de este problema) si
vamos a Barcelona o a Madrid, o debemos visitar algún pueblecito del
campo?

XVIII. CONTRASTE

Exercise 1
1. El hotel lleva el nombre de las Cuatro Naciones.   2. Está situado en
la falda de la sierra (montaña).   3. Desde la terraza de este hotel se
puede ver un magnífico paisaje, la estupenda perspectiva de los elevados
picachos de la cordillera.   4. Una cordillera es una larga cadena de
montañas.   5. Este hotel fue construído por un arquitecto europeo de
fama universal.   6. Hay más de cien habitaciones lujosas.   7. Ofrece al
turista toda clase de comodidades.   8. La venta en lo alto de la sierra
se llama la venta del Gato.   9. El mesón es bajo y negro, de aspecto
pobre y mugriento.   10. Pastores, cabreros y a veces arrieros que
llegan con sus animales se reúnen en la venta.   11. La cocina está
iluminada por una lámpara de petróleo.   12. Sí, me gustaría mucho
pasar la noche en esta venta, para poder encontrar a la gente de la
vecindad (No, no me gustaría. Prefiero las comodidades de un hotel
moderno).   13. Los pastores guardan las ovejas y los cabreros las
cabras.   14. En este viejo mesón no hay calefacción central. Un brasero
debajo de la mesa sirve pare calentar los cuartos.   15. Las camas son
duras.

Exercise 2
1. Desde aquí se pueden ver los elevados picachos de los Pirineos.   2. El
hotel fue construído por un arquitecto moderno.   3. Edificios muy altos
tienen generalmente ascensores.   4. Los arrieros pasan la noche (trasnochan) en la venta.   5. En las aldeas se usan braseros para calentar los
cuartos.

Exercise 3
la sierra/la cordillera   la alcoba/el dormitorio (cuarto de dormir)
célebre/famoso   la venta/el mesón   me gusta más/prefiero

Exercise 4
1. Este vino es para ti.   2. El barco sale para Buenos Aires.   3. El mendigo andaba por las calles.   4. Hay que estudiar mucho para hacerse médico.   5. Le llamé por teléfono.   6. Viene generalmente por la tarde.   7. Es demasiado estúpido para comprender.   8. Fue matado por el toro.   9. Mi amigo venía a verme dos veces por semana.   10. Hay que comer para vivir, no vivir para comer.

Exercise 5
1. Sé que vendrá algún día.   2. Nunca he visto tales montañas.   3. El cabrero no tiene ningún dinero.   4. El inglés quería otro vaso de cerveza.   5. Tal situación es imposible.

Exercise 6
1. He roto la taza.   2. ¿Ha vuelto su hermano ya?   3. La sierra estaba cubierta de nieve.   4. ¿Quién ha hecho esto?   5. El camarero ha traído dos vasos.   6. ¿Ha visto Vd. esta ciudad?   7. Don Carlos ha escrito dos cartas.   8. Los arrieros han llegado a la venta.   9. ¿Quién ha descubierto el Pacífico?   10. La pobre mujer ha caído enferma.

Exercise 7
España, como hemos visto, es una tierra (un país) de contrastes. Hoteles modernos se pueden encontrar en los más (en la mayoría) de los sitios (lugares) frecuentados por los turistas, pero el viajero puede descubrir todavía viejas ventas (viejos mesones) a donde vienen a pasar la tarde pastores y cabreros, y donde arrieros que van de ciudad en ciudad (de pueblo en pueblo) pasan la noche (trasnochan) antes de continuar el viaje (seguir su camino) al día siguiente. En tales ventas se le da al viajero una comida sencilla de sopa, pan, legumbres y vino. Las camas son amenudo (muchas veces/frecuentemente) duras, pero ¡el verdadero viajero no hace caso de eso! (el verdadero viajero no tiene inconveniente/ al verdadero viajero lo mismo da).

XIX. VISITA A UNA FÁBRICA

Exercise 1
1. Es una fábrica de tejidos.   2. El señor González estará libre dentro de algunos minutos.   3. Don Carlos dijo: ¡Qué tal! ¿Has tenido buen viaje? ¿Cómo está la familia?   4. La lana es la materia prima de la industria.   5. La mejor raza de carnero es la del merino.   6. La lana se vende generalmente en pública subasta.   7. Sí, se produce mucha lana en la República Argentina, sobre todo en Patagonia.   8. Se teje la lana, después de hilar.   9. No, nunca he visto funcionar un telar mecánico (Sí, cuando visité una fábrica en una ocasión).   10. Sí, todavía se hacen estas operaciones a mano en algunas partes del mundo, en países no industrializados.   11. Todavía se hacen tejidos en casa en algunas islas escocesas, por ejemplo en las Hébridas.   12. No, nunca he visitado una fábrica moderna (Sí, he visitado varias fábricas/he trabajado en una fábrica de tejidos).   13. Para teñir se usan tintes vegetales y minerales.   14. En la provincia de Barcelona se fabrican tejidos de todas clases, de lana, de algodón y de seda.   15. Una persona que trabaja en una fábrica se llama un operario (obrero).

Exercise 2

asiento/sentarse   fábrica/fabricar   tejido/tejer   peine/peinar   tinte/ teñir   operario/operar   viaje/viajar

Exercise 3

1. ¿Estás seguro de que nadie te vio? (*Are you sure nobody saw you?*) 2. Alguien entró en la casa (*Somebody entered the house*).   3. Desgraciadamente no tengo nada (*Unfortunately I have nothing/I haven't anything*). 4. ¿Quiere Vd. darme algo que hacer? (*Will you give me something to do?*)   5. No me gusta a mí tampoco (*I don't like it either*).   6. No he visto nunca a su tío (*I have never seen his uncle*).   7. ¿Ha visitado Vd. jamás esta ciudad? (*Have you ever visited this town (city)?*)   8. No hay que darlo a nadie (*You must not give it to anybody/It must be given to nobody*). 9. ¿Quiere Vd. darlo a alguien? (*Will you give it to someone?*)   10. No tiene nada que decir (*He hasn't anything to say/He has nothing to say*).

Exercise 4

1. Pregunté por don Carlos.   2. El mendigo pedía limosna.   3. El viejo piensa muchas veces en los días pasados.   4. ¿Quiere Vd. ver al negociante?   5. ¿Qué piensa Vd. de esta idea?   6. Hay que comer para vivir. 7. Pagué diez pesetas por este libro.   8. Compré el reloj al joyero.   9. Lo hizo para (sin) mí.   10. El hombre salió después de comer.   11. El caballero estaba buscando la maleta.   12. El padre consintió en el matrimonio.   13. Acabo de terminar el trabajo.   14. ¿Debe Vd. hacerlo en seguida?   15. No vuelva Vd. a decir tal cosa.

Exercise 5

1. Siéntese Vd./siéntense Vds.   2. Hágalo Vd./háganlo Vds. inmediatamente.   3. Escriba Vd./escriban Vds. la carta.   4. Permanezca Vd./permanezcan Vds. aquí.   5. Pídale Vd./pídanle Vds. permiso.   6. Busque Vd./busquen Vds. al jefe de estación.   7. Empiece Vd./empiecen Vds. el trabajo.   8. Vuelva Vd./vuelvan Vds. en seguida.   9. Diga Vd./digan Vds. siempre la verdad.   10. Póngalo Vd./pónganlo Vds. sobre la mesa.

Exercise 6

1. No se siente Vd./no se sienten Vds.   2. No lo haga Vd./no lo hagan Vds. inmediatamente.   3. No escriba Vd./no escriban Vds. la carta. 4. No permanezca Vd./no permanezcan Vds. aquí.   5. No le pida Vd./no le pidan Vds. permiso.   6. No busque Vd./no busquen Vds. al jefe de estación.   7. No empiece Vd./no empiecen Vds. el trabajo.   8. No vuelva Vd./no vuelvan Vds. en seguida.   9. No diga Vd./no digan Vds. siempre la verdad.   10. No lo ponga Vd./no lo pongan Vds. sobre la mesa.

Exercise 7

1. Salió sin hablar.   2. Antes de escribir la carta Juan cerró la puerta cuidadosamente.   3. Después de comer (de almorzar) el gerente fue (se fue) a la oficina (al despacho).   4. Voy a verla ahora.   5. Al entrar (entrando) en la estación encontró a su amigo (dio con su amigo).

Exercise 8

En algunas partes de la Gran Bretaña se fabrican todavía en casa tejidos de lana.   Sin embargo (No obstante) los procedimientos empleados en una fábrica moderna son casi los mismos. Primero (en primer lugar) se lava la lana para quitar la suciedad y la grasa, y luego (entonces/ después) se peina o se carda para separar las fibras. Después se hila, se tiñe y se teje.

XX. EL INDIANO

Exercise 1

1. La fecha que llevaba la carta que recibió Castrol fue: el 21 (veinte y uno/veintiuno) de julio de 19—— (La carta estaba fechada el 21 de julio de 19—). 2. Tardó más de dos meses en contestar. 3. Su amigo trabajaba en una Compañía de Telefonos. 4. Cuatro pasajeros cabían en el camarote del barco. 5. Llegó el señor Castrol a Cuba cansado y lleno de nostalgia. 6. Su tío se llamaba Augusto. 7. Se dedicó con entusiasmo al cultivo de la caña de azúcar. 8. Se casó con una hermosísima cubana. 9. La travesía fue terrible. 10. Castrol heredó la hacienda porque su tío había muerto. 11. Desembarcó en el puerto de la Coruña. 12. Piensa pasar unos seis meses en Galicia. 13. Los vecinos le llaman 'indiano' porque creen que, habiendo vuelto de las Indias, es millonario. 14. La señora Castrol tiene mucha dificultad en entender el gallego porque ella es cubana y solamente (sólo) habla español. 15. No, no escribo muchas cartas (Sí, escribo cartas cada semana (todas las semanas) a mis amigos.

Exercise 2

No me traiga Vd. dos vasos. 2. No abra Vd. la caja. 3. No me sigan Vds. 4. No venga Vd. a verme mañana. 5. No atraviese Vd. la calle.

Exercise 3

1. Hace dos años que estoy aquí (Estoy aquí desde hace dos años/Llevo dos años aquí). 2. Hace diez días. 3. Siento mucho haber escrito esa carta. 4. Pasamos (hemos pasado) las de Caín. 5. ¿Piensa Vd. vivir (¿Tiene Vd. intención de vivir) en Cuba? 6. Vd. no cabe aquí (No hay sitio aquí para Vd.). 7. Tendremos mucho gusto en verle a Vd. la semana que viene (Estaremos muy contentos de verle la semana próxima). 8. ¿Se mareó Vd.? 9. Andando el tiempo conseguí (obtuve) otro sitio (otra colocación). 10. ¿Le dio Vd. las gracias?

Exercise 4

1. El viejo se está muriendo. 2. ¿Quién está leyendo en alta voz? 3. Están construyendo una casa. 4. La chica estaba pidiendo dinero. 5. ¿En qué estás pensando?

Exercise 5

(a) la sorpresa/sorprender la contestación/contestar el recuerdo/recordar la dirección/dirigir
(b) gustar/el gusto atravesar/la travesía cultivar/el cultivo telefonear/el teléfono
(c) tardar/tarde la gratitud/grato la amabilidad/amable la enfermedad/enfermo el mar/marítimo

Exercise 6

N.B. The forms given in brackets would be used in the case of writing to a more familiar friend.

el 10 de abril de 19—

Estimada (Querida) Antonia: Recibí su carta (tu carta) ayer. Siento tener que decirle a Vd. (decirte) que no podré verla (verte) el miércoles que viene, porque mi madre está muy enferma, (por estar muy enferma mi madre), y tengo que quedarme en casa para ayudar a mi hermana.

¿Sabía Vd. (Sabías tú) que Juan ha regresado de Cuba? Le vi anteayer en la calle. Todo el mundo cree que debe de ser millonario, pero me dijo que ¡sólo tenía bastante dinero para pagar su billete!

Hágame el favor (*Hazme el favor) de escribirme otra vez lo más pronto posible (cuanto antes).

Con un cordial apretón de manos,

Su amiga,

Anita

(Tu amiga que te quiere mucho,

Anita)

RECAPITULATION IV

Exercise 1

1. Leyó todo el periódico (el periódico entero). 2. No pudimos llegar a (alcanzar) la cumbre. 3. El niño (la niña) se durmió en el autobús (autocar). 4. (Ella) acababa de escribir la carta cuando se abrió la puerta. 5. Vd. debe tratar de hablar más corrientemente. 6. Vd. no debería (debiera) decir tales cosas. 7. Las montañas estaban cubiertas de nieve. 8. Andábamos (Solíamos andar/dar un paseo/pasearnos) por las calles cada tarde (todas las tardes). 9. Nadie ha empeza do a trabajar todavía. 10. ¿Cuántas cerillas caben en esta cajita? (¿Cuántas cerillas contiene esta cajita?). 11. ¿Se da Vd. cuenta de lo serio de la situación? 12. Hace una semana que nieva (Está nevando desde hace una semana). 13. Lo supo hace dos días. 14. Nació el 7 (siete) de julio de 1899 (mil ochocientos noventa y nueve). 15. ¿Qué tiene Vd. para mí? 16. Aquel hombre es demasiado viejo para trabajar. 17. ¡Qué chica tan linda (bonita/guapa/hermosa)! 18.¿ Es aquella lana bastante fuerte para hilar? 19. Debe de tener mucho dinero. Compra todo lo que ve. 20. ¿En qué está pensando Vd.?

Exercise 2

1. El niño aprende a leer. 2. Voy a comprar esos libros. 3. Pagó diez pesetas por la pluma. 4. No podré acompañarle a Vd. mañana. 5. ¿Sabe Vd. nadar? 6. Insistió ella en venir conmigo. 7. Lo haré antes de acostarme. 8. El cazador ha sido matado por el león. 9. ¿Tiene Vd. ganas de vivir en la ciudad? 10. Es imposible vivir sin comer.

Exercise 3

Cuando supo el caballero que habían arrojado (lanzado) su maleta por la ventanilla se puso muy furioso y empezó a jurar. Pero cuando llegaron a la próxima estación bajó del tren para telefonear a la estación donde había perdido su equipaje (maleta). Habló con el jefe de estación, explicándole lo que había ocurrido.

–¡Pierda Vd. cuidado, señor! – le contestó el jefe. –Uno de los mozos ha encontrado su maleta en el andén y la ha traído aquí a mi oficina. ¿Cuándo vendrá Vd. a buscarla?

El caballero, muy contento, le dio las gracias, asegurándole que regresaría por el próximo tren.

Pero, desgraciadamente, al dejar la cabina de teléfono, vio salir el último tren, y tuvo que pasar la noche en la sala de espera, y sólo al día siguiente pudo regresar a la estación donde había perdido su maleta.

XXI. LAS REGIONES DE ESPAÑA (1)

Exercise 1

1. España tiene la forma de una elevada meseta. 2. La ciudad de Madrid está situada en el centro de la península. 3. España tiene cinco

* Hazme *See under* 'Familiar Imperative' page 239.

ríos importantes, a saber: el Ebro, el Duero, el Tajo, el Guadalquivir y el Guadiana.   4. El único río verdaderamente navegable es el Guadalquivir, desde la desembocadura hasta el puerto fluvial de Sevilla.   5. Se llama esta cadena de montañas la Cordillera Cantábrica.   6. El clima de los Países Vascongados es templado y bastante lluvioso.   7. El río Ebro desemboca en el Mediterráneo cerca de Tarragona.   8. La república de Andorra se encuentra en un valle aislado de los Pirineos, entre España y Francia.   9. El centro industrial de Cataluña está situado en Barcelona.   10. Si seguimos la costa del Mediterráneo hasta Andalucía pasamos por las célebres huertas de Valencia, Alicante y Murcia.   11. La región andaluza se llama 'el jardín de España' por la riqueza de su suelo y la gran variedad de sus frutas.   12. El punto culminante de la Sierra Nevada es el Mulhacén, monte más elevado de la península.   13. El clima de Andalucía es seco y caluroso.   14. Sí, la Gran Bretaña tiene montañas, en Escocia, en el País de Gales y en el norte de Inglaterra.   15. Tres ríos españoles penetran también en Portugal, a saber: el Duero que desemboca en Oporto, el Tajo que desemboca en Lisboa y el Guadiana que desemboca cerca de Huelva.

Exercise 2
1. Barcelona es más grande que Sevilla.   2. Tiene más de cien pesetas.   3. No tengo que escribir más que dos cartas (Sólo tengo dos cartas que escribir).   4. No está tan enfermo como yo.   5. Tiene más dinero de lo que Vd. cree (piensa).   6. Esta casa tiene más ventanas que aquélla.   7. Si viene dele Vd. esto.   8. El clima de España no es tan lluvioso como el de la Gran Bretaña e Irlanda.   9. ¿Cuántos mapas tiene Vd.? (N.B. el mapa).   10. Las tres quintas partes de la granja (quinta) estaban debajo del agua.

Exercise 3
1. Una llanura elevada se llama una meseta.   2. El Mulhacén se encuentra a unos 3500 (tres mil quinientos) metros encima del nivel del mar.   3. El clima de Inglaterra es por lo general lluvioso.   4. Un río desemboca (desagua) en el mar.   5. El alpinista alcanzó la cumbre de la sierra.   6. Una larga cadena de montañas se llama una cordillera.   7. Lisboa es la capital de Portugal.   8. Algunas partes de España son muy áridas pero Andalucía es muy fértil.   9. El que ha estudiado la ciencia de la navegación es un navegante.   10. Un barco costanero es un barco que sigue la costa.

Exercise 4
montaña/llanura   riqueza/pobreza   nacer/morir   bajar/subir   seco/lluvioso   rápido/lento   occidental/oriental   alto/bajo

Exercise 5
antiguo/viejo   caluroso/caliente   parecido a/semejante a   región/comarca   hermoso/bello, lindo

Exercise 6
Las costas de la Gran Bretaña son mucho más largas que las de España. Por otra parte es España un país mucho más montañoso.   El clima de España es por regla general más seco, pero en el extremo noroeste de la península es casi tan lluvioso como en Irlanda (llueve casi tanto como en Irlanda). Ambos (Los dos) países tienen muchos importantes puertos de mar, pero, mientras que los más de los ríos (la mayoría de los ríos)

de la Gran Bretaña son navegables, los de España son demasiado rápidos. Por (A causa de) la fertilidad (lo fértil) de su suelo, Andalucía ha sido llamada (se ha llamado Andalucía) el jardín de España, y produce (allí se producen) muchas frutas que no se pueden cultivar en este país.

XXII. LAS REGIONES DE ESPAÑA (2)

Exercise 1

1. La parte de España limitada por Portugal al oeste se llama Extremadura. 2. La antigua provincia de Extremadura es una comarca fría, elevada y de vastas soledades. 3. El clima de la meseta central es muy caluroso en verano y muy frío en invierno. 4. La cordillera más grande de la América del Sur es la de los Andes. 5. La lengua castellana nació en Castilla la Vieja. 6. En la península ibérica se hablan cuatro lenguas (idiomas), a saber: el castellano, el portugués, el catalán (lenguas romances) y el vascuence (lengua de la región pirenaica). El gallego es una forma del portugués y también existen varios dialectos del castellano y del catalán. 7. No, en el Brasil se habla portugués. 8. A mí me gustaría visitar sobre todo las ciudades moriscas de Sevilla y de Granada. 9. Yo prefiero la soledad de la sierra. 10. No es verdad. Muchas veces, sobre todo en invierno, está tempestuoso el Mediterráneo. La 'Costa Brava' significa la costa de las tempestades (tormentas). 11. En España no hay grandes lagos como en otras partes de Europa. 12. Fue la tierra de los castillos, construídos durante las luchas (guerras) entre moros y cristianos. 13. La sierra que está situada al norte de Madrid se llama la sierra de Guadarrama. 14. Ciudades en Castilla son: Burgos, Ávila, Madrid, Toledo, Ciudad Real, etc. 15. Se describe el clima de Madrid así: 'Nueve meses de invierno, tres meses de infierno.'

Exercise 2

1. No se cultiva el té en España. 2. El rey Alfonso X (décimo) fue llamado 'el Sabio'. 3. El señor González vino a comer. 4. ¿Cómo está Vd. señor González? 5. Los niños iban a la iglesia. 6. Deme Vd. la mano. 7. Se lavaba la cara. 8. Es abogado. 9. Este vino cuesta 90 (noventa) pesetas la botella. 10. Este labrador tiene cien ovejas y mil cerdos (puercos). 11. La vi el otro día. 12. ¿Puede Vd. darme otro vaso, por favor? 13. Tal cosa es imposible. 14. Es un arquitecto de fama universal. 15. Es una casa tan grande.

Exercise 3

1. I can't help admiring her. 2. Can't you come tomorrow? 3. Couldn't you do the same? 4. That isn't worthwhile (isn't worth the trouble). 5. What's the price of that book? 6. This pen is worthless. 7. Better late than never. 8. How much do you owe me? 9. You ought not to say that. 10. He must be very ill.

Exercise 4

1. ¿Le gusta a Vd. la soledad de las montañas? 2. Las poblaciones andaluzas son muy alegres. 3. Lo opuesto de riqueza es pobreza. 4. Una región sin vegetación es un desierto. 5. Castilla la Vieja es la cuna del idioma castellano. 6. El buque se fue a pique en una tempestad (tormenta). 7. La carretera sigue el valle del río Ebro. 8. Un cielo sin nubes es un cielo despejado. 9. Roma es una ciudad muy antigua (vieja). 10. En Barcelona y en Valencia se habla catalán.

Exercise 5
Las llanuras de la Meseta Central fueron una vez los campos de batalla de moros y cristianos. Los moros (árabes) desembarcaron en España cerca del año 711 (setecientos once), conquistaron la mayor parte del país, y establecieron reinos independientes. Aun atravesaron los Pirineos, y lograron llegar hasta Poitiers (alcanzar Poitiers) en Francia. En el año 1492 (mil cuatrocientos noventa y dos), después de (al cabo de) más de siete siglos, perdieron los moros su última ciudad española (de España)— Granada. La Reconquista del país por los cristianos se inició (empezó) en los Montes Cantábricos, y, en el reinado de los Reyes Católicos se unieron los varios reinos de España.

XXIII. DON QUIJOTE

Exercise 1
1. Cervantes escribió el *Quijote*. 2. Cervantes nació en el siglo XVI (diez y seis/dieciséis). (En 1547—mil quinientos cuarenta y siete). 3. La Mancha es una región de (en) Castilla la Nueva. 4. Cervantes, al describir a los españoles de todas las clases sociales, pintó al igual que Shakespeare, un cuadro del hombre universal, de todos los tiempos. 5. La novela de la literatura inglesa que más me gusta es *Cumbres borrascosas* (*Wuthering Heights*) por Emily Brontë. 6. Don Quijote quería ayudar a los débiles y proteger a las mujeres. 7. Sancho Panza era el escudero de don Quijote. 8. Sancho, el realista, ayudó a su amo a llevar a cabo sus aventuras fantásticas. 9. Sí, he leído (No, no he leído) la historia de los molinos de viento. 10. El caballo de don Quijote se llama Rocinante. 11. No, Sancho no tiene caballo, sino un burro. 12. Sancho Panza era grosero e ignorante pero lleno de sentido común. 13. Sí, he leído la historia de Lancelote, el caballero andante de la corte del rey Arturo. 14. Una persona que sueña con ideales se llama un idealista. 15. A una persona práctica damos el nombre de realista.

Exercise 2
1. Sancho no es idealista, sino realista. 2. Sancho tiene un burro, pero don Quijote tiene un caballo. 3. No tengo hambre, sino sed. 4. Yo tengo hambre, pero mi hermano tiene sed. 5. La chica no llora, sino ríe.

Exercise 3
(a) detrás de/delante de   más de/menos de   dentro de/fuera de   después de/antes de   cerca de/lejos de
(b) Ramón caminaba hacia la aldea./Hacía mucho frío cuando salimos. Además de un burro tenía un caballo./Tenía más de tres caballos. La chica tenía los cabellos negros./Había dos caballos en la cuadra.

Exercise 4
1. No lo hagas en seguida. 2. No pongas el libro en la mesa. 3. No habléis más de prisa. 4. No os sentéis. 5. No me digas lo que hizo. 6. No te vayas. 7. No lo escribas con tinta. 8. No comáis todo. 9. No me deis aquella novela. 10. No te levantes.

Exercise 5
1. El *Quijote* es la obra maestra de Cervantes. 2. Un pintor pinta cuadros (pinturas). 3. Un novelista escribe novelas. 4. Un rey vive en un palacio. 5. Sancho era el escudero de don Quijote. 6. Don Quijote creía que los molinos de viento eran gigantes. 7. Sancho está lleno de sentido común. 8. Un gigante no es débil sino muy fuerte.

9. Don Quijote y Sancho Panza son los dos principales personajes de la novela.   10. Un hombre que guarda cabras es un cabrero.

Exercise 6
Desde muchos puntos de vista se puede comparar el novelista Dickens con Cervantes. Aquél, como (al igual que) Cervantes, describe a los hombres de su tiempo, pero pinta también un cuadro del hombre universal. Cuando pensamos en Dickens no podemos menos de recordar también a tales personajes como los maestros de escuela, los comerciantes (los mercantes), los abogados, los ladrones y los mendigos que llenan las páginas de sus libros. Dickens también soñó con un mundo ideal.

XXIV. LA ESPAÑA COMERCIAL

Exercise 1
1. España es un país más agrícola que industrial.   2. No se ha desarrollado tanto la industria debido en gran parte a la falta de comunicaciones adecuadas.   3. Sí, existen muchos yacimientos minerales en España—carbón de piedra, cobre, azogue.   4. Se cultiva el arroz en Valencia.   5. Se extrae aceite de la aceituna.   6. El vino español quizá(s)/tal vez el más célebre es el vino de Jerez.   7. Ganado lanar significa ovejas, carneros. Ganado vacuno significa vacas, bueyes.   8. Se cultiva el maíz sobre todo en Galicia y en Asturias.   9. Las industrias metalúrgicas están situadas en Vizcaya.   10. Se encuentran minas de cobre en Río Tinto cerca de Huelva en el suroeste de España.   11. Almadén está cerca de Ciudad Real en Castilla la Nueva.   12. Se distingue Almadén por sus yacimientos de azogue (mercurio).   13. En las llanuras de la Meseta Central se producen cereales, vino, ganado vacuno y lanar.   14. Se exportan sardinas en lata.   15. Las naranjas se cultivan en Valencia y en Andalucía (Sevilla).

Exercise 2
1. Here lies don Paco. May he rest in peace.   2. She hasn't come yet.   3. It isn't raining any more (It's stopped raining).   4. As we have already said.   5. Come here at once!   6. The more he has, the more he wants.   7. According to the newspapers the thief has been taken off to jail.   8. He will come the day after tomorrow.   9. It's enough (Suffice) to say it once.   10. What a beautiful girl!

Exercise 3
la flor/florecer   el humo/fumar   el producto/producir   el yacimiento/yacer   la pintura/pintar

Exercise 4
1. Los pescadores volvieron/volvían/volverán/habrán vuelto al puerto.
2. El guardia dirijó/dirigía/dirigirá/habrá dirigido la circulación.
3. Nos sentamos/nos sentábamos/nos sentaremos/nos habremos sentado a la mesa.
4. Sentí/ sentía/sentiré/habré sentido mucho no poder hacer eso.
5. El viajero anduvo/andaba/andará/habrá andado hasta el muelle.

Exercise 5
1. En Río Tinto hay importantes yacimientos de cobre.   2. Muchas industrias florecen en Cataluña. Es una región muy industrial.   3. Irlanda es un país casi completamente agrícola.   4. En las islas Canarias se

cultivan muchos plátanos. 5. Los chinos y los japoneses comen mucho arroz. 6. El trigo y el maíz son cereales. 7. Bilbao se distingue por sus industrias metalúrgicas. 8. En el sur del País de Gales hay importantes minas de carbón (importantes fundiciones). 9. El mercurio se llama también azogue. 10. El olivo da aceitunas.

Exercise 6
1. Denme Vds. esos libros. 2. Coma Vd. todas las frutas. 3. Hablen Vds. más despacio. 4. Escriba Vd. la carta. 5. ¡Váyase Vd.!

Exercise 7
1. No lo tome Vd. 2. Vaya Vd. a lavarse. 3. Hágame Vd. el favor de (Tenga Vd. la bondad de/Sírvase Vd.) dármelo en seguida. 4. ¡Dios nos ayude! 5. Levantémonos ahora.

Exercise 8
España es un país de gran variedad y de clima extremo. Al norte de los Montes Cantábricos (de la Cordillera Cantábrica) el clima es mucho más lluvioso que en otras partes, mientras que en Málaga el clima es parecido (semejante) al del África al otro lado del Estrecho (más allá del Estrecho). Se cultivan todas clases de frutas, desde manzanas y peras hasta naranjas y dátiles. Aunque en gran parte (esencialmente) un país agrícola, España tiene también muchos centros industriales, por ejemplo las industrias textiles de (en) Cataluña y las fundiciones de hierro de (en) las Provincias Vascongadas. Aun antes de la época (del tiempo) de los romanos se distinguía España por sus ricos yacimientos minerales.

XXV. EN LA FRONTERA

Exercise 1
1. Llegó el viajero a la frontera a principios del mes de julio. 2. Quería ir a Barcelona. 3. El pueblo de Puigcerdá está en la frontera franco-española en los Pirineos. 4. España tiene dos fronteras terrestres, a saber: una frontera con Francia, otra con Portugal. 5. El aduanero sacó un billete de mil pesetas. 6. El viajero le preguntó cómo sabía que le devolvería el dinero. 7. Puigcerdá dista unos 170 (ciento setenta) kilómetros de Barcelona. 8. No, al dar el dinero al viajero, le dijo el aduanero que no era rico. 9. El viajero tenía el aspecto sucio (mugriento). 10. Después de darle el dinero el aduanero le ofreció la hospitalidad de su casa. 11. Las últimas palabras del jefe de aduanas se encuentran en el *Quijote* de Cervantes. 12. Aquella edad se llama 'dichosa' porque los que vivían en ella ignoraban estas dos palabras de 'tuyo' y 'mío'. 13. Antes de despedirse del viajero el aduanero le dijo: ¡Buen viaje, amigo mío! ¡Vaya Vd. con Dios! 14. Sí, pienso (espero/tengo intención de) ir a España algún día (el año que v'ene/este verano). (Ya he visitado a España en varias ocasiones). 15. Yo preferería ir por tierra (en coche/en tren/en autocar/por mar/en barco/por avión.

Exercise 2
1. He had the letter written. 2. Let me pass. 3. I advise you not to do that. 4. When he arrived at the station he saw the train going out. 5. I think I have seen her before.

Exercise 3
(a) el principio/principiar   el calor/calentar   cansado/cansar   la maravilla/maravillarse   el compañero/acompañar

(*b*) la generosidad/generoso ignorar/ignorante la cortesía/cortés la suciedad/sucio lamentar/lamentable

Exercise 4

1. Ramón vuelve siempre a las diez de la noche./Vuelva Vd. a escribir la carta./¿Cuándo me devolverá Vd. mi dinero?
2. Oyó llegar el tren y salió de la sala de espera./La niña escuchaba la música.
3. Su amigo le dio un billete de banco./La cocina da al corral/Di con mi amigo en una tienda.
4. Antes de comer se lavó las manos./Había una mesa delante de la pizarra.
No estoy cansado, sino aburrido (*bored*)./Yo voy a Madrid, pero mi hermano va a Sevilla.

Exercise 5

1. The gentleman is smoking a cigarette. 2. Follow this narrow street (alley). 3. I have bought two arm-chairs. 4. The little old lady gave me the letter. 5. Speak just a little more quickly. 6. The traveller (passenger) threw the paper through the (carriage) window. 7. Around here (In these parts) you can see a lot of olive groves (a lot of olive groves can be seen). 8. The donkey was walking (going) very slowly along the road (highway). 9. His (her) mother gave him (her) a red handkerchief. 10. The gypsies went (drew) away from the great (rambling) house.

Exercise 6

Para los que no suelen marearse uno de los modos más agradables de viajar desde Inglaterra hasta España es sin duda por mar, quizá(s) a bordo de un (algún) barco mercante. Por supuesto (Naturalmente) otros viajeros pueden preferir ir por tierra, en coche (automóvil), en tren o por avión. Pero ¿a qué parte de España quiere Vd. ir? (¿qué parte de España quiere Vd. visitar?) ¿Cuánto tiempo podrá Vd. pasar en ese país? Mi hermano, que vive en España desde hace muchos años, (que lleva muchos años en España) dice que es lástima que Vd. no pueda (*subjunctive following expression of emotion*) permanecer allí un año entero (pasar un año entero allí), y entonces ¡podría Vd. visitar todas las partes del país!

RECAPITULATION V

Exercise 1

1. España es un país más montañoso de lo que Vd. cree. 2. Si viene, pregúntele Vd. si piensa (si tiene intención de) quedarse. 3. El alumno tenía más de veinte errores (faltas). 4. ¿Cuánto cuesta por kilo? 5. El vino es más caro (El vino cuesta más) en Inglaterra que en España. 6. No escribía piezas de teatro (piezas dramáticas), sino novelas. 7. Pasamos por delante del teatro y tomamos la primera calle de la derecha. 8. Ella reía cuando entré. 9. Deme Vd. un paquete de cigarrillos, por favor (Hágame el favor de darme un paquete de cigarrillos). 10. El viajero fue a pie desde Madrid hasta Zaragoza. 11. Ya no llueve. Vamos a salir. 12. ¡Venga Vd. aquí en seguida! (¡Ven acá en seguida!) 13. Cuanto más estudia, tanto menos parece saber. 14. Lo haré mandar (enviar) a Madrid. 15. ¿La oyó Vd. entrar? 16. Se podía ver el agua que subía lentamente (Se veía subir lentamente el agua). 17. No quiere que (él) haga eso. 18. Cuando ella venga, dele Vd. esta

carta. 19. Le aconsejamos a Vd. no vender hasta el año que viene (hasta el año próximo). 20. Más vale ser pobre que malo.

Exercise 2

1. A excepción del río Guadalquivir, a cuyas orillas está situado el puerto fluvial de Sevilla a unos ochenta kilómetros de la desembocadura, los demás ríos son poco navegables. El Tajo, río más largo de la península, nace cerca de Teruel, pasa por Toledo, y, penetrando en Portugal, desemboca en Lisboa. El Duero, otro gran río, penetra también en Portugal y desemboca en el Atlántico en Oporto. Durante parte de su curso el Guadiana sirve de frontera entre España y Portugal antes de desaguar en el mar no lejos de Huelva. El Ebro, que nace en los Montes Cantábricos, es el único de los cinco grandes ríos que desemboca en el Mediterráneo.

2. Andalucía es sin duda la parte más fértil y más rica de toda España. Aquí se cultivan frutas de todas clases y se ha llamado esta región 'el jardín de España'. Durante siete siglos fue dominada por los conquistadores árabes, y las ciudades de Córdoba, Granada y Sevilla son joyas de la arquitectura morisca. Es una comarca también muy montañosa, el punto culminante siendo el Mulhacén, monte más alto de la Sierra Nevada.

3. La Meseta Central, dividida en fajas por grandes cordilleras, es una comarca de clima extremo, muy fría en invierno, muy calurosa en verano.

4. Cataluña es una región del *noreste de España que se extiende desde los Pirineos hasta el Mediterráneo, y cuya ciudad más importante es Barcelona, centro industrial y puerto de mar. Aquí se habla catalán, una de las lenguas romances.

5. Don Quijote, héroe de la famosa novela de Cervantes, es conocido por el mundo entero. Acompañado de su fiel escudero, Sancho Panza, camina don Quijote por las soledades montañosas de la Mancha, montado en su caballo Rocinante. Quiere ayudar a los débiles y proteger a las mujeres en nombre de su amada Dulcinea del Toboso, en quien descubre todas las perfecciones femeninas.

Exercise 3

Aunque parezca algo increíble,[2] esta historia del aduanero en Piugcerdá es perfectamente (absolutamente) verdadera (auténtica). Pero, desgraciadamente (desafortunadamente) no es posible (es imposible/no se puede) asegurar a todos los viajeros que atraviesen[2] la frontera española que los aduaneros sean[3] por todas partes tan amables y generosos como nuestro amigo don Andrés. Siento mucho decir que el pobre(de) don Andrés murió durante la Guerra Civil Española, pero con él repitamos:[4] ¡Que venga el día[5] en que las palabras de 'tuyo' y 'mío' ya no existan[6] (cesen de existir/hayan desparecido). La Edad de Oro de don Quijote existía en la mente de Cervantes. Quizá(s)/Tal vez[7] sea un día (algún día) una realidad.

Notes on the use of the Subjunctive

1. *Aunque parezca increíble* (Incredible as it may seem): i.e. there is doubt whether such a story may be believed or not.

* nordeste *or* noreste.

Aunque may be followed however by the indicative when a fact is stated. For example: *Aunque es muy rico, nunca da nada a nadie* (Although he is very rich, he never gives anything to anybody).

2. *Atraviesen* (All travellers who cross the frontier): i.e. all travellers, any traveller who might happen to cross the frontier.

Compare: *La mayoría de los turistas que visitan nuestro pueblo son alemanes* (The majority of tourists who visit our town are Germans). A fact, therefore the use of the indicative.

Ofrezcamos nuestra hospitalidad a todos los turistas que visiten nuestro pueblo (Let us offer hospitality to all tourists who visit our town), i.e. to any tourist who may happen to visit the town. But perhaps no tourists may happen to pay the town a visit!

3. *No es posible asegurar . . . que sean . . .; Asegurar* (to assure) is followed by the indicative. For example: *Me asegura que no tiene dinero* (He assures me he has no money). Such a verb, however, when made negative, is followed by the subjunctive: *No puedo/Es imposible asegurarle que no sea mentira* (I cannot (It is impossible to) assure him that it is not a lie).

4. *Repitamos:* The first person plural imperative form 'Let us repeat'/ 'May we repeat'.

5. *Que venga el día:* 'May the day come'.

6. *Que venga el día en que las palabras . . . ya no existan:* i.e. the day may come when these words cease to exist. On the other hand such a day may never come.

Compare: *Cuando llueve siempre tomo mi paraguas* (When it rains I always take my umbrella; i.e. I always take it).

Cuando venga ella dele Vd. este libro (When she comes give her this book; i.e. she may or may not come).

7. *Quizá(s),/Tal vez/Acaso* (Perhaps) may be followed by either the indicative or subjunctive, depending on the attitude of mind of the speaker.

Quizás sea algún día una realidad: 'Perhaps one day it will (may) be a reality'. (Here the speaker has doubts).

Tal vez vendrá: 'Perhaps he will come'. (Here the speaker considers it likely).

But: *Es posible que sea un día una realidad.* In this case the subjunctive must be used, as with all cases of impersonal verbs suggesting doubt, impossibility, mere possibility or probability.

E.g. *Es imposible que lo haga* (It is impossible for him to do it).

Es dudoso que me devuelva el dinero (It is doubtful whether he will pay me back the money).

VOCABULARIES

THESE vocabularies are meant to be more than mere lists of words. The use of words which might present some difficulty is illustrated throughout by means of short phrases or sentences.

Generally speaking, the usages illustrated in the vocabulary are those which have occurred in the texts.

There are no separate lists of irregular or radical changing verbs. All irregular verb forms are given in full under the respective infinitive, listed alphabetically in the Spanish-English section.

Radical changing verbs are indicated in the Spanish-English section thus:

contar (ue)	of the type: contar—cuento
empezar (ie)	of the type: empezar—empiezo
pedir (i)	of the type: pedir—pido—pidió
morir (ue-u)	of the type: morir—muero—murió
sentir (ie-i)	of the type: sentir—siento—sintió

Verbs of the type **conocer** which insert 'z' before the 'c' of the first person singular of the present indicative and throughout the present subjunctive, are indicated thus:

conocer (zc)—conozco—conozca

All nouns given in the vocabulary are preceded by the definite article. The definite article is bracketed in the following cases:

(el) inglés — where a word may be either a noun or an adjective. E.g. el inglés—the Englishman; la nación inglesa—the English nation.

(la) España ⎫ names of countries with which the article is not
(el) Portugal ⎰ normally used.

Where the article is not bracketed, it is an indication that the article *is* normally used with the name of the country:

el Brasil, e.g. ir al Brasil—to go to Brazil

The following abbreviations are employed:

el agua (f)	Nouns which are of feminine gender, although preceded by the masculine article.

adj.	adjective.
adv.	adverb.
Imp.	imperfect.
irr.	irregular.
Fam. I.	familiar imperative.
Fut.	future indicative.
P.I.	present indicative.
P.P.	past participle.
Prep.	preposition.
Pret.	preterite.
Pr. P.	present participle.
P.S.	present subjunctive.

N.B.—The Spanish Alphabetical Order

As CH, LL, and Ñ are considered as separate letters and follow respectively C, L, and N, it is obvious that the alphabetical order differs from that of the English. Thus, in the following vocabulary, **collar** comes after **color**; **charlar** comes after **cuyo**; **puñal** comes after **punto**.

SPANISH–ENGLISH VOCABULARY

A

a, to, at, on, from, by
  aprender a leer — to learn *to*
    read
  ir a Madrid — to go *to*
    Madrid
  ir a pie — to go *on foot*
  estar a la puerta — to be *at*
    the door
  comprar algo a una persona
    — to buy something *from* a
    person
  hacerlo a mano — to do it *by*
    hand
abandonar, to abandon
el abanico, fan
la abeja, bee
abierto, open, opened
  la puerta está abierta — the
    door is open
  ¿Quién ha abierto la puerta?
    — Who has opened the
    door?
el abogado, lawyer
el abril, April
abrir, to open. P.P. abierto
abundante, plentiful, abundant
abundar, to abound, be
  plentiful
el abuso, misuse, abuse
acá, here (hither). ¡Ven acá! —
  Come here!
acabar, to finish, complete
  acabar el trabajo — to finish
    the work
acabar de, to have just
  acabo de terminar — I have
    just finished

el aceite, oil
la aceituna, olive
aceptar, to accept
acercarse, to approach, draw
  near
  acercarse a la ciudad — to
    approach the town
acompañar, to accompany
aconsejar, to advise
  le aconsjo a Vd. volver a
    hacerlo — I advise you to
    do it again
acordarse (ue), to remember
  acordarse de algo — to
    remember something
acostarse (ue), to retire, go to
  bed
el actor, actor
acuerdo, estar de acuerdo con
  alguien — to be in
    agreement with someone
adecuado, adequate
adelante, forward, onwards
  de hoy en adelante — from
    today on
  ¡adelante! — come in!
además, moreover; besides
  además tiene mucho
    dinero — moreover, he has
    a lot of money
  además de esto — besides
    this
la administración,
  administration
admirar, to admire
admitir, to admit
adónde, whither. ¿Adónde va
  Vd.? — Where are you
    going to?

la aduana, customs, customs
    office
el aduanero, customs officer
aéreo, aerial. el transporte
    aéreo — air transport
el aeropuerto, airport
el aeroplano, aeroplane
aficionado, fond of
    ser aficionado al alpinismo —
      to be fond of mountain
      climbing
    los aficionados al cine — film
      'fans'
afortunadamente, fortunately
afortunado, fortunate
las afueras, outskirts, suburbs
la agencia, agency
ágil, agile, nimble
agradable, pleasant, agreeable
agrícola, agricultural. Un país
    agrícola — an agricultural
    country
el agua (f), water
aguardar, to await, wait (for)
ahora, now
los ahorros, savings. Una caja
    de ahorros — savings bank
el aire, air. Al aire libre — in the
    open air
aislado, isolated
el ajo, garlic
alabar, to praise
alcanzar, to reach, attain
la alcoba, alcove, bedroom
la aldea, village
el aldeano, villager
alegre, glad, happy, merry
la alegría, merriment, joy
alejarse, to go away. Alejarse
    de la aldea — to go away
    from the village
(el) alemán, German
(la) Alemania, Germany

algo, something; somewhat
    tener algo que decir — to have
      something to say
    estar algo cansado — to be
      somewhat tired
el algodón, cotton
alguien, someone
alguno (algún), some, any, a
    few
    algún día — some day
    algunas vacas — a few cows
el alma (f), soul
almorzar (ue), to have lunch
el almuerzo, lunch
el alpinismo, mountaineering
el alpinista, mountaineer
alrededor, around. Sentados
    alrededor de la mesa —
    seated around the table
la altitud, altitude
alto, high, tall. En lo alto de la
    sierra — high up in the
    mountain
alumbrar, to light up,
    illuminate
allí, there
la amabilidad, friendliness,
    kindness
amable, friendly, kind. Es Vd.
    muy amable — it's very
    kind of you
amar, to love
(la) América, America
la amiga, friend
el amigo, friend
el amo, master, owner
el anciano, old man
(la) Andalucía, Andalusia
(el) andaluz, Andalusian
andante, un caballero andante
    — a knight *errant*
andar (irr.), to walk, go
    Pret. anduve, anduviste,

anduvo, anduvimos,
anduvisteis, anduvieron
andando el tiempo—as time
went on
el andén, platform (railway)
el animal, animal
el anochecer, nightfall, dusk.
Al anochecer—at nightfall
ansiosamente, anxiously
antes, before
¿Por qué no vino Vd. antes?
—Why didn't you come
before?
antes de salir—before going
out
la anticipación, anticipation
la antigüedad, antiquity
antiguo, old, ancient
el año, year
tener diez años de edad—
to be ten years old
a los pocos años—after a
few years
aprender, to learn. Aprender a
escribir—to learn to write
apresurarse, to hasten.
Apresurarse a contestar—
to hasten to reply
aprovechar, to take advantage
of, profit by
aprovechar la ocasión—to
seize the opportunity
aquel, that (over there)
aquél, that one; the former
aquí, here
(el) Aragón, Arragon
el árbol, tree
la aridez, aridness, barren-
ness
árido, arid, barren
el arquitecto, architect
la arquitectura, architecture

arrastrar, to drag, draw, pull.
El buey arrastra el carro—
the ox draws the cart
arriba, upstairs; at the top
las ventanas de arriba—the
upstairs windows
el arriero, muleteer
arrojar, to throw, hurl
el arroyo, stream, rivulet
el arroz, rice
asar, to roast
el ascensor, lift, elevator
el asco, repugnance. Esto me
da asco—this makes me
feel sick
el asesinato, murder
el asiento, seat. Tome Vd.
asiento—please sit down
el aspa (f), sail (of a windmill)
el aspecto, aspect, appearance.
Hombre de aspecto sucio—
a dirty-looking man
astuto, cunning
la atención, attention. Con
atención—attentively
atentamente, attentively
atento, attentive
atestado, crowded. Un teatro
atestado de gente—a
theatre crowded with
people
el Atlántico, Atlantic
atravesar (ie), to cross, traverse
atreverse, to dare. Atreverse a
hacer algo—to dare to do
something
el atún, tunny-fish
aun, even. Aun hoy día—even
nowadays
aún, still, yet.
el autobús, bus
el autocar, (motor) coach

avanzar, to advance. A una hora avanzada—at a late hour

la avenida, avenue

la aventura, adventure

(el) aventurero, adventurous; adventurer

el avión, aeroplane

ayer, yesterday

la ayuda, help, assistance

ayudar, to help. Me ayudó a hacerlo—he helped me to do it

el azogue, mercury, quicksilver

el azúcar, sugar

azul, blue

B

el bacalao, cod-fish

la bahía, bay

bailar, to dance

el baile, dance, ball

bajar, to lower; come down, descend bajar del tren—to get out of the train

bajo, low, lower la Baja California—Lower California hablar en voz baja—to speak in a low voice

bajo (prep.), under. Bajo la mesa—under the table

el balcón, balcony

Baleares, las Islas Baleares—the Balearic Islands

el banco, seat, bench; bank sentarse sobre un banco—to sit down on a bench el Banco de España—the Bank of Spain

el bandido, bandit

el banquete, banquet

bañarse, to bathe, have a bath

el baño, bath. El cuarto de baño—bathroom

el barbero, barber

la barca, boat, fishing boat

el barco, ship, boat. Barco mercante—freighter

el barrio, quarter, district. El barrio chino—the Chinese quarter

bastante, enough, quite, fairly tener bastante dinero—to have enough money no tener bastante dinero para comprarlo—not to have enough money to buy it es bastante rico—he is fairly rich

bastar, to suffice basta mencionar esto—it is enough to mention this

el bastón, cane, walking stick

la batalla, battle

el baúl, trunk (luggage)

beber, to drink

la belleza, beauty

bello, beautiful

la biblioteca, library

la bicicleta, bicycle. Ir en bicicleta—to cycle

bien, well

el billete, ticket. Un billete de ida y vuelta—a return ticket

blanco, white

la boda, marriage, wedding

el bolígrafo, ball-point pen

la bolsa, purse; Stock Exchange

el bolsillo, pocket

bonito, pretty

bordo, ir a bordo—to go on board (ship)

el borrico, donkey

el bosque, wood, copse
el brasero, brazier
el Brasil, Brazil
(el) brasileño, Brazilian
el brazo, arm
Bretaña, la Gran, Great Britain
bueno (buen), good. Buenos
   días—good morning
el buey, ox, bullock
el bullicio, bustle, confusion
el buque, ship. Buque de
   guerra—warship
el burro, donkey
la busca, search. En busca de
   aventuras—in search of
   adventures
buscar, to seek, look for. Buscar
   la verdad—to seek the
   truth
la butaca, arm-chair; stall seat
   (theatre)

C

el caballero, gentleman, knight.
   Caballero andante—knight
   errant
la caballerosidad, chivalry,
   gentlemanliness
el caballo, horse. Ir a caballo—
   to ride on horseback
los cabellos, hair. Tener los
   cabellos rubios—to have
   fair hair
caber (irr.), to fit, be able to be
   contained, hold
   P.I. quepo, cabes, cabe,
     cabemos, cabéis, caben
   Pret. cupe, cupiste, cupo,
     cupimos, cupisteis,
     cupieron
   Fut. cabré, cabrás, cabrá,
     cabremos, cabréis, cabrán
   P.S. quepa, quepas, quepa,

     quepamos, quepáis,
     quepan
¿Cuántas personas caben
   en este cuarto?—How
   many people does this
   room hold?
la cabeza, head
el cabo, end; headland
   al cabo de ocho días—at the
   end of a week
   llevar a cabo—to carry out
   al fin y al cabo—finally
   el Cabo de Buena Esperanza
   —the Cape of Good Hope
la cabra, goat
el cabrero, goatherd
cada, each, every. Cada día—
   every day
la cadena, chain. Una cadena
   de oro—a gold chain
caer (irr.), to fall
   P.I. caigo, caes, cae, caemos,
     caéis, caen
   Pret. caí, caíste, cayó,
     caímos, caísteis, cayeron
   P.S. caiga, caigas, caiga,
     caigamos, caigáis, caigan
   P.P. caído. Pr. P. cayendo
   Dejó caer el vaso—he
   dropped (let fall) the glass
   ¡Ya caigo!—Now I
   understand (tumble to it)!
el café, café; coffee
Caín, Cain (Bible). Pasar las
   de Caín—to have an awful
   time
la caja, box. La cajita—little
   box
el cálculo—calculation, sum
la calefacción, heating. La
   calefacción central—
   central heating
el calendario, calendar

calentar (ie), to heat, warm
caliente, hot, warm. Agua
    caliente—hot (warm) water
el calor, heat
    tener calor—to be hot
    (person)
    hacer calor—to be hot
    (weather)
caluroso, hot. Un día muy
    caluroso—a hot day
la calle, street
la callejuela, narrow street,
    alley
la cama, bed
el camarero, waiter
el camarote, cabin, berth
caminar, to walk, travel
el camino, way, road
el campanario, belfry
el campesino, peasant,
    countryman
el campo, country, countryside;
    field
el canal, canal. El Canal de la
    Mancha—the English
    Channel
Canarias, las Islas Canarias—
    the Canary Islands
la canción, song
cansado, tired, weary. Estar
    cansado—to be tired
cansar, to tire, weary
Cantábricos, los Montes
    Cantábricos—Cantabrian
    mountains
cantar, to sing
la caña, reed, cane. La caña de
    azúcar—sugar cane
la capa, cloak, cape
la capital, capital (city)
el carabinero, frontier guard
la caravana, caravan (desert)
el carbón, coal

la cárcel, prison
cardar, to card (wool)
cargado, laden. Cargado de
    mercancías—laden with
    merchandise
el cariño—affection, love
la carne, meat, flesh
el carnero, sheep, ram
la carnicería, butcher's shop
el carnicero, butcher
la carretera, main road,
    highway
el carro, cart
la carta, letter
la cartera, wallet, portfolio
la casa, house, home
    la casa de comercio—
        business house, firm
    la casa de correos—post office
    la casa de huéspedes—
        lodging house
    volver a casa—to return home
    estar en casa—to be at home
    en casa de un amigo—at a
        friend's
casarse, to get married
    Se casó con la princesa—he
        married the princess
el caserón, big, rambling house
casi, almost
el caso, case
    en este caso—in this case
    no hacer caso de alguien—
        not to take any notice of
        someone
(el) castellano, Castilian
(la) Castilla, Castile. Castilla la
    Vieja (la Nueva)—Old
    (New) Castile
el castillo, castle
(el) catalán, Catalan
(la) Cataluña, Catalonia
(el) católico, Catholic

el cazador, huntsman
célebre, famous, celebrated
los celos, jealousy
celoso, jealous
la cena, supper
cenar, to have supper
centellear, to twinkle
el céntimo, centime (100th part
  of the peseta)
central, central. La América
  central—Central America
el centro, centre
cerca, near. Cerca de la iglesia
  —near to the church
cerda, el ganado de, pigs, swine
el cerdo, hog, pig
los cereales, cereals
la cerilla, wax vesta, match
cerrar (ie), to close, shut
la cerveza, beer
el cielo, sky, heaven
cien, a hundred. Cien caballos—
  a hundred horses
la ciencia, science, knowledge
científico, scientific
ciento (cien), hundred. El 10
  por ciento—10 per cent.
el cigarrillo, cigarette
cinco, five
cincuenta, fifty
el cine, cinema
la circulación, traffic,
  circulation. Dirigir la circulación—to direct the traffic
citar (se), to cite, quote; make
  an appointment
  citar un pasaje de Cervantes
  —to quote a passage from
  Cervantes
  los dos amigos se citaron para
  las once—the two friends
  arranged to meet at eleven
  o'clock

la ciudad, city, town
la civilización, civilisation
civilizador, civilising
la clase, class, kind
  la sala de clase—the
  classroom
  de todas clases—of all kinds
  en tercera clase—in third class
el clima, climate
el cobre, copper
la cocina, kitchen
el coche, car, coach (of train).
  Ir en coche—to go by car
coger, to seize, take, catch
la colina, hill
colocar, to put, place
Colón, Cristóbal, Christopher
  Columbus
la colonia, colony
la colonización, colonisation
el colono, colonist
el color, colour
el collar, necklace. Un collar de
  perlas—a pearl necklace
la comarca, region, district
el combate, combat, fight
la comedia, comedy, play.
  Echar una comedia—to
  show a play
el comedor, dining-room
comenzar (ie), to commence,
  begin
comer, to eat, dine
comercial, commercial
el comercio, commerce, trade,
  business
  la casa de comercio—
  business house
los comestibles, eatables,
  foodstuffs
  la tienda de comestibles—
  store, grocery
la comida, meal, dinner

como, like, as
  como su hermano—like his
    brother
  no come tanto como yo—he
    doesn't eat as much as I do
cómo, how. ¿Cómo está Vd.?
    —How are you?
la comodidad, comfort
el compañero, companion
la compañía, company. La
    compañía de navegación—
    steamship company
comparar, to compare
el compatriota, fellow
    countryman
completamente, completely
completo, complete. Por
    completo—completely
la compra, purchase. Ir de
    compras—to go shopping
el comprador, buyer
comprar, to buy
comprender, to understand;
    comprise
  ¿Comprende Vd. esta
    teoría?—Do you
    understand this theory?
  El libro comprende cuatro
    tomos—the book
    comprises four volumes
común, common, general. El
    sentido común—common
    sense
la comunicación,
    communication
con, with
concentrar, to concentrate
el concierto, concert
el conde, count (noble)
conducir (irr.), to lead, conduct
  P.I. conduzco, conduces,
    conduce, conducimos,
    conducís, conducen

Pret. conduje, condujiste,
    condujo, condujimos,
    condujisteis, condujeron
P.S. conduzca, conduzcas,
    conduzca, conduzcamos,
    conduzcáis, conduzcan
El camino conduce al pueblo
    —the road leads to the
    village
Conducir al ciego—to lead
    the blind man
confrontar, to confront
confuso, confused
conmoverse (ue), to be
    disturbed, touched
conocer (zc), to know (be
    acquainted with). ¿Conoce
    Vd. a mi amigo?—Do you
    know my friend?
conocido, known, famous. Un
    actor muy conocido—a
    well-known actor
el conocimiento, knowledge,
    acquaintance.
    Conocimientos científicos
    —scientific knowledge
la conquista, conquest
el conquistador, conqueror
conquistar, to conquer
la consecuencia, consequence,
    result. Como consecuencia
    de—as a result of
consentir (ie-i), to consent.
    Consentir en el matrimonio
    —to consent to the
    marriage
considerable, considerable,
    numerous
considerar, to consider
consiguiente, por, consequently,
    therefore
consolarse (ue), to console
    oneself, be consoled

constituir, to constitute
la construcción, construction,
    building. En construcción
    —under construction
construir, to construct, build
consultar, to consult
contar (ue), to count, tell, relate
contemplar, to contemplate,
    gaze upon
contestar, to answer. Contestar
    a una pregunta—to answer
    a question
el continente, continent,
    mainland
la continuación, continuation
continuar, to continue
contra, against
contrario, contrary. Al
    contrario—on the
    contrary
el contraste, contrast
la conversación, conversation
el convidado, guest
el coñac, cognac, brandy
la copa, wine glass
copiar, to copy
cordialmente, cordially
la cordillera, mountain chain,
    range
el corral, yard; corral (for
    cattle)
el correo, post, mail. Enviar por
    el correo—to send by post
    la casa de correos—post office
la corrida, la corrida de toros—
    bullfight
la cortesía, courtesy
la Coruña, Corunna
la cosa, thing
la costa, coast
costanero, coastwise. Vapor
    costanero—coaster
costar (ue), to cost. Cuesta

demasiado—it costs too
    much
costoso, dear, expensive, costly
crecer (zc), to grow, develop.
    Aquí crecen muchas
    rosas—many roses grow
    here
creer, to believe, think
    ¿Lo cree Vd.?—do you
    believe it?
    Creo que ha salido—I think
    he has gone out
la cría, breeding, raising
    (animals, etc.); young (of
    animals)
    la cría de ganado—stock
    breeding
    la cría de la pata—the
    young of the duck
la criada, maid servant
el criado, man servant
criar, to bring up, breed, raise
cristalino, crystalline, clear
(el) cristiano, Christian
criticar, to criticise
la crueldad, cruelty
el cuaderno, copy book
la cuadra, stable
el cuadro, picture
el cual, which, who
cuál, which?
cuando, when. De vez en
    cuando—from time to time
cuándo, when?¿Cuándo vendrá?
    —When will he come?
cuanto, en cuanto a su padre—
    as for his father
cuánto, how much, many?
    ¿Cuánto vale?—How
    much does it cost?
cuarenta, forty
el cuarto, room. El cuarto de
    baño—bathroom

cuarto, fourth

cuatro, four

(el) cubano, Cuban

cubierto, covered. La sierra está cubierta de nieve—the mountain range is covered with snow

cubrir, to cover. P.P. cubierto

la cuenta, account, bill. Darse cuenta de algo—to realise something, to take something into account

el cuento, story, tale. Decir un cuento—to tell a story

el cuerpo, body

el cuidado, care, worry ¡Cuidado!—Take care! Look out! Pierda Vd. cuidado—don't worry

culminante, culminating

cultivar, to grow, cultivate. Cultivar patatas—to grow potatoes

el cultivo, cultivation

la cultura, culture

la cumbre, top, summit

el cumpleaños, birthday. El día de su cumpleaños—his birthday

la cuna, cradle, origin

el cura, parish priest

cuyo, whose, of which

CH

charlar, to talk, chat

la chica, girl

el chico, boy

la chimenea, chimney, funnel; fireplace

(el) chino, Chinese

el chocolate, chocolate

la chuleta, chop, cutlet. Una chuleta de ternera—a veal chop

D

la dama, lady

dar (irr.), to give
P.I. doy, das, da, damos, dais, dan
Pret. di, diste, dio, dimos, disteis, dieron
P.S. dé, des, dé, demos, deis, den
dar las gracias a alguien—to thank someone
la ventana da al corral—the window overlooks the yard
dar con alguien—to meet, come across someone
dar la vuelta al mundo—to travel round the world
dar un paseo—to go for a walk

el dátil, date (fruit)

de, of, from, as, in, by
a principios de julio—at the beginning *of* July
es de Madrid—he is *from* Madrid
trabajar de criada—to work *as* a maid
de este modo—*in* this way
amado de todos—loved *by* all

debajo, under. Debajo del árbol—under the tree

deber, to owe; be obliged to, must
Vd. no debe hacer eso—you must not do that
¿Cuánto me debe Vd.?—How much do you owe me?

debe de estar muy enferma —
she must be very ill

yo debería (debiera) salir — I
ought to go out

debido, due, owing. Debido a la
sequía — owing to the
drought

débil, weak, feeble

decidirse, to decide. Decidirse a
volver — to decide to return

decir (irr.), to say, tell
P.I. digo, dices, dice, decimos,
decís, dicen
Pret. dije, dijiste, dijo,
dijimos, dijisteis, dijeron
Fut. diré, dirás, dirá, diremos,
diréis, dirán
P.S. diga, digas, diga,
digamos, digáis, digan
P.P. dicho
Pr. P. diciendo
Fam. I., di
decir un cuento — to tell a
story
es decir — that is to say
a decir verdad — to tell the
truth, truth to tell
se dice que ... — they say
that ...

dedicarse, to devote oneself
dedicarse al cultivo de
naranjas — to go in for
orange growing

el dedo, finger; toe
el dedo del pie — toe. El dedo
de la mano — finger

dejar, to leave, let, allow
déjeme Vd. salir — let me go
out
dejar la aldea — to leave the
village
dejar caer — to drop (let fall)

delante, in front. Delante de la
casa — in front of the house
pasar por delante de la casa
— to pass the house

delicioso, delightful, delicious

demasiado (adj.), too much,
many. Come demasiado
pan — he eats too much
bread

demasiado (adv.), too. Ser
demasiado pobre para
comprarlo — to be too poor
to buy it

dentro, inside, within
meter dentro de la caja — to
put inside the box
dentro de ocho días — within
a week

el dependiente, clerk, employee,
shop assistant

el deporte, sport

el deportista, sportsman

el derecho, duty; law
estudiar el derecho — to
study law
derechos de aduana —
customs duties

derecho, right; straight
a la derecha — on the right
(hand)
un camino derecho — a
straight road

desaparecer (zc), to disappear

desarrollarse, to develop, unfold.
La industria se ha
desarrollado mucho en los
últimos años — the industry
has developed a great deal
in the last few years

el desarrollo, development

desayunarse, to have breakfast

el desayuno, breakfast

descansar, to rest

el descanso, rest. Un día de descanso — a day of rest

desconocido, unknown

describir, to describe. P.P. descrito

la descripción, description

descriptivo, descriptive

descrito, described

descubierto, discovered, uncovered

el descubrimiento, discovery

descubrir, to discover. P.P. descubierto

desde, from, since
desde Madrid hasta Toledo — from Madrid to Toledo
desde las tres hasta las cinco — from three to five o'clock
desde entonces — since then, from that time on

desdeñoso, scornful

desear, to wish, desire. Desear comer — to want to eat

desembarcar, to disembark, land, go ashore

la desembocadura, mouth of a river

desembocar, to flow into the sea (of rivers)
El Ebro desemboca en el Mediterráneo — the Ebro flows into the Mediterranean

desempeñar, to carry out, fulfil
desempeñar un papel — to play a part, role

desgraciadamente, unfortunately

el desierto, desert

despacio, slowly

el despacho, office, study

despedirse (i), to take leave, say good-bye. Despedirse de un amigo — to say good-bye to a friend

despejado, clear. Un cielo despejado — a cloudless sky

despertar (ie), to awaken. Despertar al niño — to awaken the child

despertarse (ie), to wake up. Despertarse a las siete — to wake up at seven

el despoblado, barren country, desert

despoblado, barren, depopulated, deserted

después, after, afterwards
¿Qué hace Vd. después? — What do you do afterwards?
después de escribir la carta — after writing the letter
después del desayuno — after breakfast

detrás, behind. La silla está detrás de la mesa — the chair is behind the table

devolver (ue), to return, pay back. Devolver el dinero — to pay back the money

el día, day. Buenos días — good morning

el diálogo, dialogue

diariamente, daily, every day

el diario, newspaper

diario, daily

dibujar, to draw, sketch

dicho, above mentioned. Volvió en dicho vapor — he returned by the above-mentioned steamer

dichoso, happy, blessed

diferente, different

difícil, difficult

la dificultad, difficulty

el dinero, money

Dios, God

directamente, directly, straight

dirigir, to direct. Dirigir la
circulación — direct the
traffic

dirigirse, to make one's way

el discípulo, pupil

la distancia, distance

distar, to be distant. Este pueblo
dista cien kilómetros de
Madrid — this village is a
hundred kilometres from
Madrid

distinguir, to distinguish,
perceive. Distinguir la
sierra lejana — to make out
the distant mountain range

distinguirse, to be outstanding.
Esta provincia se distingue
por sus vinos — this pro-
vince is famous for its wines

la diversidad, variety, diversity

la diversión, amusement,
diversion

dividir, to divide

divisar, to see, perceive.
Divisar algo a lo lejos — to
make something out in the
distance

doce, twelve

dócil, docile

el domingo, Sunday. La isla de
Santo Domingo —
Dominican Republic

don, doña, title used in Spanish
with Christian names
don Pedro. doña María

donde, where. La ciudad donde
vive — the town where he
lives

dónde, where?
¿Dónde está? — Where is he?
¿A dónde va Vd.? — Where
are you going?
¿De dónde viene Vd.? —
Where are you coming
from?

dormir (ue-u), to sleep. Dormir
la siesta — to take the
afternoon nap

dormirse (ue-u), to fall asleep.
El viejo se durmió — the old
man fell asleep

el dormitorio, bedroom

dos, two

la duda, doubt. Sin duda —
without doubt

el dueño, master, owner

durante, during. Durante la
semana — during the week

durar, to last

duro, hard (not soft)

el duro, five peseta coin

E

e, and. Españoles e ingleses —
Spaniards and Englishmen

económico, economical,
economic

echar, to throw, throw away.
Echar una comedia, to put
on, show a play

la edad, age
tener diez años de edad — to
be ten years old
la edad de oro — the golden
age

el edificio, building, edifice

el ejemplo, example. Por
ejemplo — for example

elevado, high, elevated

la embarcación, boat, lifeboat,
    vessel
embarcarse, to embark, go
    aboard ship
embargo, sin, nevertheless
empezar (ie), to begin.
    Empezar a llover—to begin
    to rain
el empleado, employee
emplear, to employ, use
emprender, to undertake.
    Emprender la construcción
    de un ferrocarril—to
    undertake the building of
    a railway
en, in, at, to, into
    estar en Madrid—to be *in*
    Madrid
    estar en la escuela—to be *at*
    school
    de ciudad en ciudad—from
    town *to* town
    meter la mano en el bolsillo
    —to put one's hand *into*
    one's pocket
enamorado, in love. Estar
    enamorado—to be in love
encantador, enchanting,
    charming
encender (ie), to light, kindle.
    Encender un cigarrillo—to
    light a cigarette
encima, above. Encima de la
    puerta—above the door
encontrar (ue), to meet,
    encounter, find
el enemigo, enemy
enérgico, energetic
la enfermedad, illness
enfermo, ill. Estar enfermo—to
    be ill
engañarse, to be deceived
la enhorabuena, congratulation.

Dar la enhorabuena a
    alguien—to congratulate
    someone
enorme, enormous
la ensalada, salad, lettuce
enseñar, to show, teach.
    Enséñeme Vd. a escribir—
    teach me to write
entender (ie), to understand
entero, entire, whole
entonces, then. Desde
    entonces—from that time
    on
la entrada, entrance; entrance
    ticket
    la entrada del palacio—the
    entrance to the palace
    comprar dos entradas para la
    corrida—to buy two
    tickets for the bullfight
entrar, to enter, go in, come in.
    Entrar en la casa—to enter
    the house
entre, between, amongst
    entre el río y la montaña—
    between the river and the
    mountain
    entre los pueblos de la
    América del Sur—amongst
    the peoples of South
    America
entregar, to hand, hand over,
    deliver
el entremés, entremets, side-dish
el entusiasmo, enthusiasm
envuelto, wrapped. Envuelto
    en—wrapped (up) in
el episodio, episode
la época, epoch, period
equivocarse, to be mistaken
errante, wandering, errant
el error, error, mistake
(la) Escocia, Scotland

escoger, to choose

esconder, to hide

escribir, to write. P.P. escrito

el escritor, writer, author

escuchar, to listen. Escuchar la
música — to listen to the
music

el escudero, shield bearer, squire

la escuela, school. Ir a la
escuela — to go to school

ese, that

ése, that one

eso, that. A eso de las tres —
about three o'clock

el espacio, space, period,
interval. Por espacio de
cien años — for a period of a
hundred years

la espada, sword

(la) España, Spain

(el) español, Spanish, Spaniard

especial, special

esperar, to wait; hope
esperar a un amigo — to wait
for a friend
espero que sí — I hope so

la espina, thorn

la esquina, corner. La esquina
de la calle — the corner of
the street

el establecimiento,
establishment

la estación, station; season
la estación de ferrocarril —
railway station
el año tiene cuatro estaciones
— the year has four seasons

el estado, state. Los Estados
Unidos de Norteamérica —
the United States

el estanco, shop where
Government monopolies
are sold; tobacconist's

estar, to be
P.I. estoy, estás, está,
estamos, estáis, están
Pret. estuve, estuviste,
estuvo, estuvimos,
estuvisteis, estuvieron
estar en Madrid — to be in
Madrid
estar cansado — to be tired
estar trabajando — to be
working
estar para salir — to be about
to go out

este, this

éste, this one, the latter

estimado, esteemed, dear.
Estimado amigo — dear
friend

estimar, to esteem, estimate

esto, this

estrecho, narrow

el estrecho, strait. El estrecho
de Gibraltar — the straits
of Gibraltar

la estrella, star

estrenarse, to show for the first
time (theatre, etc.)
la comedia se estrena esta
noche — the play is being
shown for the first time
tonight

el estreno, première, first
showing of a play, etc.

estupendo, stupendous, terrific,
marvellous

estúpido, stupid

eterno, eternal

(la) Europa, Europe

(el) europeo, European

exactamente, exactly

la exactitud, exactitude,
precision

exagerar, to exaggerate

examinar, to examine
la excelencia, excellence
excelente, excellent
la excepción, exception
la excursión, excursion, trip
existir, to exist
experimentar, to experience
el explorador, explorer
la exportación, export
exportar, to export
expresivo, expressive
extenderse (ie), to extend, stretch. Este territorio se extiende desde Méjico hasta Chile—this territory stretches from Mexico to Chile
la extensión, extent, stretch
extenso, extensive, far-reaching
extraer (irr.) (see 'traer'), to extract. Se extrae mucho aceite—a great deal of oil is extracted
extranjero, foreign
el extranjero, foreigner; foreign land
    los extranjeros—foreigners
    ir al extranjero—to go abroad
    estar en el extranjero—to be abroad
extraño, strange
extremo, extreme
el extremo, extreme, end, corner. De un extremo a otro de la península—from one end of the peninsula to the other

F

la fábrica, factory
fabricar, to manufacture
fácil, easy
la facilidad, facility, ease

fácilmente, easily
la faja, strip, belt
la falda, skirt; slope
    una falda de seda—a silk skirt
    la falda de la montaña—the slope of the mountain
la falta, lack, want; fault
    por falta de dinero—through lack of money
    no me hace falta—I don't need it
    una falta de gramática—a grammar mistake
faltar, to lack, be wanting
    me falta dinero—I am short of money
la fama, fame, glory
la familia, family
famoso, famous
fantástico, fantastic
la farmacia, pharmacy, chemist's shop
el faro, lighthouse
el farol, street-lamp
el favor, favour. Haga el favor de darme esa carta—please give me that letter
la fe, faith, religion
el febrero, February
la fecha, date. ¿Qué fecha es? —What date is it?
feliz, happy
femenino, feminine
feo, ugly
férreo, pertaining to iron. La vía férrea—railroad
el ferrocarril, railway
ferroviario, pertaining to railways. Una compañía ferroviaria—a railway company
fértil, fertile
la fertilidad, fertility

la fibra, fibre
la figura, figure, face. El
    caballero de la Triste
    Figura — the Knight of the
    Sorrowful Countenance
    (Don Quixote)
fijo, fixed
filosóficamente, philosophically
filosófico, philosophical
el filósofo, philosopher
el fin, end
    por fin — finally
    a fines de diciembre — at the
    end of December
final, final
la finca, estate, property
fino, fine, delicate
físico, physical
la flor, flower
florecer (zc), to flower, flourish
fluvial, fluvial. Un puerto
    fluvial — a river port
la fonda, inn, refreshment room
la forma, form, shape
la fortuna, fortune. Probar
    fortuna — to seek one's
    fortune
(el) francés, French,
    Frenchman
(la) Francia, France
la frase, sentence
frecuentar, to frequent
fresco, cool, fresh
el fresco, coolness. Tomar el
    fresco — to enjoy the cool
    air
frío, cold
el frío, cold
    tener frío — to be cold
    hacer frio — to be cold
    (weather)
la frontera, frontier
fronterizo, frontier, border.

Un pueblo fronterizo — a
    frontier village
la fruta, fruit. La naranja es
    una fruta muy jugosa — the
    orange is a very juicy fruit
el frutero, fruiterer
el fruto, fruit, produce. Los
    frutos de la tierra — the
    fruits of the earth
el fuego, fire
la fuente, well, fountain
fuera, outside, besides
    estar fuera de casa — to be
    away from home
    fuera de la finca heredó otras
    propiedades — besides the
    estate he inherited other
    property
fuerte, strong
fumar, to smoke. Fumar en
    pipa — to smoke a pipe
funcionar, to function, work.
    Esta máquina no funciona
    — this machine doesn't
    work
fundar, to found, establish
la fundición, foundry
furioso, furious, angry
el fútbol, football
    jugar al fútbol — to play
    football
    un partido de fútbol — a
    football match

G

Gales, el País de Gales — Wales
    Nueva Gales del Sur —
    New South Wales
(la) Galicia, Galicia. Province
    of north-western Spain
(el) gallego, Galician
la galleta, biscuit
la gallina, hen

el gallinero, hen-run, poultry-yard

la gana, wish, desire
de mala gana — unwillingly
tener ganas de hacer algo — to want to do something

el ganado, cattle, stock
el ganado vacuno — cattle, cows
el ganado lanar — sheep
el ganado de cerda — swine, pigs

ganar, to earn, gain. Gana mucho dinero — he earns a lot of money

el gas, gas

gastar, to spend

los gastos, expenses

el gato, cat

general, general. Por lo general, por regla general — generally, as a rule

generalmente, generally

la generosidad, generosity

generoso, generous

la gente, people. Hay mucha gente — there are a lot of people

la geografía, geography. Una lección de geografía — a geography lesson

el gerente, manager

el gesto, gesture. Hacer gestos — to gesticulate

el gigante, giant

el gitano, gipsy

la gloria, glory

el gobernador, governor

gobernar (ie), to govern

el gobierno, government

el golfo, gulf, bay. El Golfo de Vizcaya — the Bay of Biscay

gordo, fat, stout

gozar, to enjoy. Este actor goza de fama universal — this actor enjoys universal fame

las gracias, thanks
Dar las gracias a alguien por algo — to thank someone for something
Gracias a Dios — thanks to God

grande (gran), great, big
una casa grande — a large house
un gran hombre — a great man
la Gran Bretaña — Great Britain

la grasa, fat, grease

la gratitud, gratitude

grato, pleasing. Un recuerdo grato — a pleasant memory

grave, serious, grave. Una enfermedad grave — a serious illness

gritar, to shout

el grito, shout, yell. Dar gritos — to shout out

grosero, uncouth, coarse

el grupo, group

guapo, handsome, smart, beautiful

guardar, to guard

el guardia, policeman

la guerra, war

la guitarra, guitar

gustar, to please
A mí no me gusta el té — I don't like tea
¿Le gusta a Vd. leer? — Do you like to read?

el gusto, taste, pleasure
  Tendré mucho gusto en
    hacerlo — I shall be very
    glad to do it
  con mucho gusto — with
    pleasure

H

la Habana, Havana
haber (irr.), to have (auxiliary)
  P.I. he, has, ha, hemos,
    habéis, han
  Pret. hube, hubiste, hubo,
    hubimos, hubisteis,
    hubieron
  Fut. habré, habrás, habrá,
    habremos, habréis, habrán
  P.S. haya, hayas, haya,
    hayamos, hayáis, hayan
  He escrito la carta — I have
    written the letter
  Vd. ha de saber — you must
    know
había (from 'haber'), there was,
    there were. Había dos
    caballos en el prado —
    there were two horses in
    the meadow
la habitación, room, apartment
el habitante, inhabitant
habitar, to live, dwell
el habla (f), speech. Países de
    habla española —
    Spanish-speaking countries
hablar, to speak, talk
  hablar con alguien — to talk
    to someone
  hablar de algo — to talk about
    something
  hablar español — to speak
    Spanish
  hablar el castellano — to
    speak Castilian

habrá (from 'haber'), there will
    be. Habrá mucha gente —
    there will be a lot of people
hacer (irr.), to do, make
  P.I. hago, haces, hace,
    hacemos, hacéis, hacen
  Pret. hice, hiciste, hizo,
    hicimos, hicisteis, hicieron
  Fut. haré, harás, hará,
    haremos, haréis, harán
  P.S. haga, hagas, haga,
    hagamos, hagáis, hagan
  P.P. hecho
  Fam. I. haz
  ¿Qué hace Vd.? — What are
    you doing?
  hace mucho calor — it is very
    hot
  hacer preparar la comida
    — to have the meal
    prepared
  hace muchos años — many
    years ago
  hacer una pregunta — to ask
    a question
  hacerse médico — to become
    a doctor
hacia, towards. El chico
    caminaba hacia la aldea —
    the boy was walking
    towards the village
la hacienda, farm, plantation,
    estate
hallar, to find
el hambre (f), hunger. Tener
    hambre — to be hungry
hasta, until; as far as; even
    hasta medianoche — until
    midnight
    hasta la iglesia — as far as the
    church
    hasta el cura le conocía —
    even the priest knew him

hay (from 'haber'), there is, there are
  no hay tinta — there is no ink
  hay que escribir la carta — the letter must be written

he aquí, here is, behold. Heme aquí — here I am

hecho, done, made. Dicho y hecho — no sooner said than done

el hecho, deed, fact

heredar, to inherit

la hermana, sister

el hermano, brother

hermoso, beautiful

el hidalgo, noble, gentleman, knight

el hierro, iron

la hija, daughter

el hijito, little son

el hijo, son

hilar, to spin

la historia, story, history

histórico, historical

el hombre, man

honrado, honest, honourable

la hora, hour, time. ¿Qué hora es? — What time is it?

la hortaliza, green vegetable

el hospital, hospital

la hospitalidad, hospitality

el hotel, hotel

hoy, today

huele (from 'oler'), to smell. Huele a pescado — it smells of fish

la huerta, kitchen garden, cultivated land

el huésped, guest. La casa de huéspedes — lodging house

el huevo, egg

el humo, smoke

hundirse, to sink. El vapor se hundió — the steamer sank

I

(la) Iberia, Iberia

ibérico, Iberian

el ibero, Iberian

la idea, idea

el ideal, ideal

el idealista, idealist

el idioma, language

la iglesia, church

ignorante, ignorant

ignorar, to be ignorant of, not to know

iluminar, to illuminate, light

ilustrado, illustrated. Una revista ilustrada — an illustrated magazine

la imaginación, imagination

imaginario, imaginary

el imperio, empire

la importancia, importance

importante, important

importar, to matter, be of importance. Eso no importa — that does not matter

imposible, impossible. Es imposible escribir con este lápiz — it is impossible to write with this pencil

impropio, unsuitable. Un río impropio para la navegación — a river unsuitable for navigation

la impureza, impurity

el inca, Inca (of Peru)

el inconveniente, inconvenience, objection. Si Vd. no tiene inconveniente — if you have no objection independiente, independent

el indiano, former emigrant who has returned to his native Spain

indicar, to indicate, point out

índico, Indian. El océano Índico—the Indian Ocean

la industria, industry

industrial, industrial

infantil, childish

el ingeniero, engineer

ingenioso, ingenious

(la) Inglaterra, England

(el) inglés, Englishman, English

inmediatamente, immediately

innumerable, innumerable

inocente, innocent

el insecto, insect

insistir, to insist. Insistir en hacerlo—to insist on doing it

el instrumento, instrument. Un instrumento de música—a musical instrument

la inteligencia, intelligence

inteligente, intelligent

la intención, intention. Tener intención de hacer algo— to intend to do something

interesante, interesting

interesar, to interest

el interior, interior, hinterland

interior, inside, interior. Ropa interior—underclothing

interminable, interminable

interrumpir, to interrupt

intrépido, intrepid

introducir (irr.) (see 'conducir'), to introduce, insert. Introducir la llave en la cerradura—to insert the key in the lock

inútil, useless

la invención, invention

el invierno, winter

ir (irr.), to go

   P.I. voy, vas, va, vamos, vais, van

   Pret. fui, fuiste, fue, fuimos, fuisteis, fueron

   P.S. vaya, vayas, vaya, vayamos, vayáis, vayan

   Pr. P. yendo

   Imp. iba, ibas, iba, íbamos, ibais, iban

   Fam. I. ve

   voy a acostarme—I am going to bed

   vamos a ver—let us see

   se fue en seguida—he went away at once

   ir a pie—to walk, go on foot

   ir en coche—to ride, go by car

(la) Irlanda, Ireland

la isla, island

el itinerario, itinerary

izquierdo, left. A la izquierda —on the left (hand)

J

jamás, ever, never

   para siempre jamás—for ever and ever

   no viene jamás—he never comes

el jamón, ham

el Japón, Japan

(el) japonés, Japanese

el jardín, flower garden

el jefe, chief, head. El jefe de estación—station master

Jerez—vino de Jerez—sherry

la jícara, special cup for
drinking chocolate
el, la, joven, young man, young
woman
joven, young
la joya, jewel
el joyero, jeweller
el juego, game, play
jugar (ue), to play. Jugar a los
naipes—to play at cards
el julio, July
el junio, June
jurar, to swear

K

el kilo(gramo), kilogram
el kilómetro, kilometre

L

el labrador, farmer
el labriego, farm worker,
labourer
el lado, side. Al lado de—at the
side of
el ladrón, thief
el lago, lake
lamentable, lamentable
lamentar, to lament
la lámpara, lamp. Una
lámpara de petróleo—a
paraffin lamp
la lana, wool. Medias de lana—
woollen stockings
lanar, pertaining to wool. El
ganado lanar—sheep
lanzar, to throw, hurl
el lápiz, pencil
largo, long
la lata, tin. Una lata de sardinas
—a tin of sardines

latino (adj.), Latin. La
América latina—Latin
America
el lavado, washing. El lavado de
la lana—wool washing
lavar, to wash. Lavar la ropa—
to wash the clothes
lavarse, to have a wash, wash
oneself
la lección, lesson
la leche, milk
leer, to read
legendario, legendary
la legumbre, vegetable
lejos, far, distant
estar lejos de casa—to be far
from home
a lo lejos—in the distance
la lengua, tongue, language
lentamente, slowly
lento, slow
León, León (province of Spain)
la letra, letter (of the alphabet)
levantar, to lift. Levantar los
ojos—to raise the eyes
levantarse, to get up, rise.
Levantarse temprano—to
get up early
la leyenda, legend
libre, free
estar libre—to be free, at
liberty
al aire libre—in the open air
limitado, bounded, limited.
Limitado por Portugal al
oeste—bounded by
Portugal in the west
la limosna, alms. Pedir limosna
—to beg alms
el limpiabotas, boot-black
limpio, clean

la línea, line. Una línea recta—
a straight line

Lisboa, Lisbon

la lista, list. La lista de platos—
the menu

la literatura, literature

lo (que), that which, what.
Eso es lo que me gusta—
that's what I like

la locomotora, locomotive,
engine

lograr, to succeed, achieve.
Lograron alcanzar la
cumbre—they succeeded in
reaching the summit

la lotería, lottery, sweepstake

luego, then, presently. Hasta
luego—good-bye for the
present

lúgubre, gloomy

lujoso, luxurious

la luna, moon. Hay luna—it is
moonlight

la luz, light

LL

llamar, to call. Llamar al
camarero—to call the
waiter

llamarse, to be called. ¿Cómo se
llama Vd.?—What is your
name?

la llanura, plain, flat country

la llegada, arrival

llegar, to arrive. Llegar al
pueblo—to reach the
village

lleno, full. Lleno de agua—full
of water

llevar, to carry, wear, take
away, bear
llevar un vestido azul—to
wear a blue dress

llevar carbón en un carro
—to carry coal in a cart

¿Quiere Vd. llevarme con
Vd.?—Will you take me
with you?

lleva quince días en
Barcelona—he has been
a fortnight in Barcelona

llevar a cabo—to carry out,
accomplish

llorar, to cry, weep

llover (ue), to rain

la lluvia, rain

lluvioso, rainy. Un clima
lluvioso—a rainy climate

M

la madera, wood. Una casa de
madera—a wooden house

la madre, mother

el maestro, master. El maestro
de escuela—schoolmaster
la obra maestra—
masterpiece

Magallanes, Magellan. El
estrecho de Magallanes—
the straits of Magellan

magnífico, magnificent

el maíz, maize. El pan de maíz
—maize bread

majestuoso, majestic

mal, badly

la maleta, suit case

malo (mal), bad
el pan es malo—the bread is
bad
un mal negocio—a bad piece
of business

maltratar, to ill-treat

la mamá, mummy, mother

la Mancha, province of Spain.
El canal de la Mancha—the
English Channel

manejar, to handle, manage.
Dos obreros pueden manejar
esta máquina—two
workmen can manage this
machine

la mano, hand. Hacer algo a
mano—to do something by
hand

la mantequilla, butter

la manufactura, manufacture

la mañana, morning. Por la
mañana—in the morning

mañana, tomorrow. Mañana
por la mañana—tomorrow
morning

el mapa, map

la máquina, machine

el, la, mar, sea
el mar Mediterráneo—the
Mediterranean Sea
hacerse a la mar—to set sail

la maravilla, marvel

maravillarse, to wonder, marvel.
Maravillarse de algo—to
wonder at something

maravilloso, marvellous

la marcha, march. Ponerse en
marcha—to set off

marcharse, to go away

marearse, to be sea-sick

el marfil, ivory. La Costa del
Marfil—the Ivory Coast

el marinero, sailor

marítimo, maritime

(el) Marruecos, Morocco

más, more, most
¿Quiere Vd. más?—Do you
want more?
más de cien pesetas—more
than a hundred pesetas

no tengo más que cinco—I
haven't more than five
más hermoso—more
beautiful
el más hermoso—the most
beautiful

el matador, killer, bullfighter

matar, to kill

la materia, material. La
materia prima—raw
materials

el matrimonio, marriage,
matrimony; married couple

el mayo, May

mayor, greater, greatest; older,
eldest
la mayor parte—the largest
part
mi hermano mayor—my
elder brother

el mecánico, mechanic,
engineer

mecánico, mechanical

la medianoche, midnight

el médico, doctor

el medio, middle; way, means.
En medio de la plaza—in
the middle of the square

medio, half. Una media hora—
half an hour

el Mediterráneo, Mediterranean

(el) Méjico, Mexico

mejor, better, best
su mejor amigo—his best
friend
este lápiz es mejor que el
mío—this pencil is a better
one than mine

la melancolía, melancholy,
gloom

melancólicamente, gloomily

melancólico, gloomy,
melancholy

el melón, melon
mencionar, to mention
el mendigo, beggar
menor, smaller, smallest;
    younger, youngest
    no tengo la menor duda — I
    have not the slightest
    doubt
    es menor que su hermana —
    she is younger than her
    sister
menos, less, least
    menos de diez — less than ten
    por lo menos — at least
    no puedo menos de admirarla
    — I cannot help admiring
    her
la mente, mind
el mercado, market
la mercancía, merchandise
mercante, mercantile. Un
    vapor mercante — freighter
merced, vuestra, your Honour.
    (Contracted to Vd.)
el mercurio, mercury
el merino, merino (sheep)
el mes, month
la mesa, table
la meseta, table-land, plateau
el mesón, inn
metalúrgico, metallurgical
meter, to put. Meter cerillas en
    una cajita — to put matches
    into a box
el metro, metre. Cien metros
    encima del nivel del mar —
    a hundred metres above
    sea-level
el miedo, fear. Tener miedo a
    alguien — to be frightened
    of someone
el miembro, member
mientras (que), whilst

mil, a thousand
    mil libros — a thousand books
    miles de libros — thousands of
    books
el millonario, millionaire
la mina, mine. Una mina de
    cobre — a copper mine
el mineral, mineral. Un país
    rico en minerales — a
    country rich in minerals
mineral, mineral. El aceite
    mineral — mineral oil
el minuto, minute. Esperar
    cinco minutos — to wait
    five minutes
mirar, to look at, consider
la misa, Mass. Oír misa — to
    hear Mass
mismo, same, self, very
    el mismo día — the same day
    yo mismo — I myself
    ahora mismo — this very
    minute
misterioso, mysterious
moderno, modern
el modo, way, means. De este
    modo — in this way
molestar, to disturb
el molino, mill. El molino de
    viento — windmill
la moneda, coin. Una moneda
    de plata — a silver coin
montado, mounted. Montado
    en un burro — mounted on
    a donkey
la montaña, mountain
el montañés, mountaineer,
    mountain dweller
montañoso, mountainous
el monte, mountain; forest
    el monte más alto de
    España — the highest

mountain in Spain

el cazador se fue al monte —
the huntsman went off into
the woods

moreno, dark complexioned,
brown

morir (ue-u), to die. P.P.
muerto

morirse (ue-u), to be dying

morisco, Moorish

el moro, Moor

la mosca, fly (insect)

el mostrador, counter (for
display)

mostrar (ue), to show

la moza, girl

el mozo, boy, lad; porter;
waiter

mucho, much, many

mucho dinero — a lot of
money

trabajar mucho — to work a
great deal (hard)

el muelle, quay, wharf; spring

descargar un vapor en el
muelle — to discharge a
steamer on the quay

el muelle de un reloj — the
spring of a watch

la muerte, death

muerto, dead

mugriento, grimy, dirty

la mujer, woman; wife

la mula, mule

el mundo, world. Todo el
mundo — everybody

municipal, municipal

el museo, museum. El museo de
pinturas — art gallery

la música, music

el músico, musician

muy, very

N

nacer (zc), to be born; to rise
(of rivers)

nació en España — he was
born in Spain

el Ebro nace en los Montes
Cantábricos — the Ebro
rises in the Cantabrian
mountains

el nacimiento, birth

la nación, nation

nacional, national

la nacionalidad, nationality

nada, nothing. No tengo nada —
I have nothing

nadar, to swim

nadie, nobody. No ha venido
nadie — nobody has come

el naipe, playing card. Jugar a
los naipes — to play cards

la naranja, orange

natal, native. La tierra natal —
native land

el natural, native. Un natural
de Galicia — a native of
Galicia

natural, natural

naturalmente, naturally

navegable, navigable

la navegación, navigation

el navegante, navigator

navegar, to navigate, sail

necesitar, to need. No lo
necesito — I don't need it

el negociante, business-man

negro, black

nevar (ie), to snow

ni, nor. No tengo ni pluma ni
tinta — I have neither pen
nor ink

la niebla, mist, fog

la nieve, snow

ninguno (ningún), no, none.
No tiene ningún dinero—he has no money at all
la niña, little girl, child
el niño, little boy, child
el nivel, level. Mil metros sobre el nivel del mar—a thousand metres above sea-level
no, no, not
el noble, noble, nobleman
noble, noble
la noche, night
por la noche—at night
de noche—by night
buenas noches—good night
nombrar, to name
el nombre, name
el norte, north
(el) norteamericano, North American
(la) Noruega, Norway
(el) noruego, Norwegian
la nostalgia, homesickness
la noticia, piece of news.
Noticias de casa—news from home
la novela, novel
el novelista, novelist
la novia, sweetheart, fiancée
el novio, fiancé, suitor
la nube, cloud
nueve, nine
nuevo, new
el número, number
numeroso, numerous
nunca, never. No trabaja nunca—he never works

O

o, or
el obispo, bishop

la obligación, obligation
la obra, work (of art, literature, etc.). Una obra maestra—masterpiece
el obrero, workman
obtener (irr.), to obtain. (Conjugated like 'tener')
la ocasión, occasion, opportunity. Aprovechar la ocasión—to take advantage of the opportunity
occidental, western
el océano, ocean
ochenta, eighty
ocho, eight
el oeste, west
oficial, official
la oficina, office
ofrecer (zc), to offer
oír (irr.), to hear
P.I. oigo, oyes, oye, oímos, oís, oyen
Pret. oí, oíste, oyó, oímos, oísteis, oyeron
P.S. oiga, oigas, oiga, oigamos, oigáis, oigan
P.P. oído
Pr. P. oyendo
Fam. I. oye
oír misa—to hear Mass
le oyó entrar—he heard him come in
oler (ue), to smell. (Before the diphthong ue this verb takes 'h')
P.I. huelo, hueles, huele, olemos, oléis, huelen
P.S. huela, huelas, huela, olamos, oláis, huelan
oler a ajo—to smell of garlic
el olivar, olive grove
el olivo, olive tree

olvidar, to forget

once, eleven

la operación, operation

operar, to operate, work

el operario, workman, operative

lo opuesto, opposite. Lo opuesto de 'negro' es 'blanco'—the opposite of 'black' is 'white'

orgullosamente, proudly

oriental, eastern

el origen, origen

la orilla, bank, shore. A orillas del río—on the banks of the river

la oscuridad, darkness, obscurity

oscuro, dark, obscure

otro, other, another. Tráigame otro vaso de vino—bring me another glass of wine

P

la paciencia, patience

paciente, patient

el Pacífico, Pacific (ocean)

el padre, father

pagar, to pay. Pagar diez pesetas por el libro—to pay ten pesetas for the book

el país, country (political)

el paisaje, countryside, landscape

la palabra, word

el palacio, palace

pálido, pale. Ponerse pálido— to turn pale

el pan, bread

la panadería, baker's shop

el panadero, baker

el panecillo, roll (bread)

el panorama, panorama

el pañuelo, handkerchief

el papá, father, daddy

el papel, paper. Desempeñar un papel—to play a part

el paquete, parcel, packet

para, for, in order to

comemos para vivir—we eat to live

este libro es para usted—this book is for you

salir para Madrid—to set out for Madrid

hablar para sí—to talk to oneself

parecer (zc), to seem, appear

a mi parecer—in my opinion

¿Qué le parece?—What do you think about it?

parece estar contento—he appears to be content

parecerse (zc), to resemble. Se parece mucho a su hermano —he is very like his brother

parecido, similar. Es un animal muy parecido al tigre—it is an animal very similar to the tiger

la parra, vine

la parte, part

por todas partes—everywhere

en parte—partly

por otra parte—on the other hand

particular, private

el pasado, past

pasado, past. Pasado mañana— the day after tomorrow

el pasajero, passenger (by sea)

pasar, to pass, spend

pasar la noche en el campo— to spend the night in the country páseme Vd. el pan—pass the bread

pasar por la ciudad—to pass through the town

pasar las de Caín—to have an awful time

pasearse, to take a walk, ride

el paseo, walk, ride; avenue
dar un paseo en coche—to go for a ride in a car
dar un paseo—to go for a walk
el Paseo de Colón—Columbus Avenue

el pastor, shepherd

el patio, courtyard

la patria, native land

la pava, turkey-hen. Pelar la pava—to pay court to a lady (literally, 'to pluck the turkey')

la paz, peace

pedir (i), to ask for
pedir limosna—to beg alms
no me pidió nada—he asked me for nothing

peinar, to comb

pelar, to pluck. Pelar la pava—to pay court to a lady. (See 'pava')

la película, film

el peligro, danger

la pelota, ball, pelota. Jugar a la pelota—to play ball, pelota

la pena, trouble, sorrow. No vale la pena—it's not worth the trouble

penetrar, to penetrate

la península, peninsula

pensar (ie), to think; intend
¿Qué piensa Vd. de esto?—What do you think of this?

pensar en algo—to think of something

pienso ir a Madrid—I intend to go to Madrid

peor, worse, worst
la peor ciudad del mundo—the worst city in the world
de mal en peor—from bad to worse

pequeño, small, little

perder (ie), to lose

perezoso, lazy

la perfección, perfection

el periódico, newspaper

permanecer (zc), to remain, stay

pero, but

la persona, person

el personaje, character (in a play, book, etc.)

la perspectiva, perspective, view

pertenecer (zc), to belong. El libro me pertenece—the book belongs to me

pesar, a pesar de sus dificultades—in spite of his difficulties

la pesca, fishing

el pescado, fish (as a commodity)

el pescador, fisherman

pescar, to fish

la peseta, peseta. Spanish monetary unit

el peso, weight; Spanish-American dollar

el petróleo, petroleum, paraffin

el picacho, mountain peak

el pico, beak; peak
el pico de un pájaro—a bird's beak
el pico de Aneto—mountain peak in the Pyrenees

el pie, foot
 ir a pie — to go on foot
 estar de pie — to be standing
la pieza, room; play
 la casa tiene diez piezas — the
  house has ten rooms
 una pieza de teatro — a play
pintar, to paint
el pintor, painter
la pintura, painting
pique, irse a pique — to sink.
 El barco se fue a pique — the
  ship sank
el piso, storey, floor, flat. El
 piso bajo — ground floor
el pitillo, cigarette
la pizarra, blackboard
la plata, silver. El Río de la
 Plata — River Plate
el plátano, banana
el plato, dish, course; plate
 un plato de sopa — a plate of
  soup
 una comida de seis platos — a
  six-course meal
la playa, beach, shore
la plaza, square, place
 la plaza del mercado —
  market place
 la plaza de toros — bullring
la pluma, pen; feather
la población, population; town
pobre, poor
la pobreza, poverty
poco, little, few
 hace pocos días — a few days
  ago
 un poco de pan — a little bread
 hablar poco — to speak little
  (seldom)
poder(irr.), to be able
 P.I. puedo, puedes, puede,
  podemos, podéis, pueden

Fut. podré, podrás, podrá,
 podremos, podréis, podrán
Pret. pude, pudiste, pudo,
 pudimos, pudisteis,
 pudieron
P.S. pueda, puedas, pueda,
 podamos, podáis, puedan
Pr. P. pudiendo
no puedo hacerlo — I cannot
 do it
no podría hacerlo — I
 couldn't do it
¿Puede Vd. venir mañana? —
 Can you come tomorrow?
no puedo menos de decirlo —
 I cannot help saying so
político, political
polvoriento, dusty
poner (irr.), to put, place
 P.I. pongo, pones, pone,
  ponemos, ponéis, ponen
 Fut. pondré, pondrás,
  pondrá, pondremos,
  pondréis, pondrán
 Pret. puse, pusiste, puso,
  pusimos, pusisteis, pusieron
 P.S. ponga, pongas, ponga,
  pongamos. pongáis, pongan
 P.P. puesto
 Fam. I. pon
 poner el dinero sobre la mesa
  — to put the money on the
  table
 el sol se pone — the sun is
  setting
 ponerse un traje — to put on
  a dress
 ponerse pálido — to turn pale
 ponerse en marcha — to set off
por, for, through, along, in, on, by
 por eso — *for* that reason
 pasar por la ciudad — to pass
  through the town

pasar por la calle—to go
along the street

por la tarde—*in* the
afternoon

Una novela escrita por
Cervantes—a novel written
by Cervantes

por fin—finally

por supuesto—of course

porque, because

por qué, why?

(el) portugués, Portuguese

el porvenir, future

posible, possible. Es posible que
venga—it is possible he
may come

los postres, dessert

práctico, practical

el prado, meadow

preciso, necessary. No es
preciso enviarlo en seguida
—it is not necessary to
send it immediately

preferir (ie-i), to prefer. Prefiero
hacerlo ahora—I prefer to
do it now

la pregunta, question. Hacer
una pregunta—to ask a
question

preguntar, to ask, enquire.
Preguntar por alguien—to
enquire about someone

preparar, to prepare

prestar, to lend

pretencioso, pretentious

la prima, cousin

prima, la materia, raw material

primero (primer), first
el primer día—the first day
por primera vez—the first
time

primero (adv.), at first, firstly

primitivo, primitive

el primo, cousin

principal, main, principal

principiar, to begin. Principiar
a comer—to begin to eat

el principio, beginning. A
principios de enero—at the
beginning of January

la prisa, haste
tener prisa—to be in a hurry
de prisa—quickly

probar (ue), to try, taste.
Probar fortuna—to seek
one's fortune, try one's
luck

procedente, procedente de—
proceeding from, deriving
from

proceder, to proceed, come
from. La lana procede del
carnero—wool comes from
the sheep

el procedimiento, process

la producción, production

producir (irr.) (see 'conducir'),
to produce

el producto, product, produce

productor, productive. Un país
productor—a productive
country

el profesor, teacher

prohibir, to prohibit. Se
prohíbe fumar—no
smoking

la propiedad, property,
possession, estate

el propietario, proprietor,
landlord, owner

la proporción, proportion

proteger, to protect

protestar, to protest

la provincia, province

próximo, next. La semana
próxima—next week

público, public. Vender en
pública subasta—to sell by
auction

el pueblecito, small village

el pueblo, village; people,
nation. El pueblo
mejicano—the Mexican
people

la puerta, door

el puerto, port, harbour

pues, for, well, then, so. Hasta
mañana pues—until
tomorrow then, so until
tomorrow

el punto, point, dot
desde este punto de vista—
from this point of view
punto y coma—semicolon
(i.e. dot and comma)

el puñal, dagger

el puro, cigar. Fumar un puro—
to smoke a cigar

puro, pure. Agua pura—pure
water

Q

que, that, which, what, who,
whom, than
el lápiz que está sobre la
mesa—the pencil that is on
the table
el señor que ha venido—the
gentleman who has come
la señora que he visto—the
lady (whom) I have seen
lo que me gusta—what I like
es mayor que yo—he is older
than I

qué, what, what a, how
(interrogative and
exclamatory)
¿Qué vio Vd.?—What did
you see?

¡Qué día!—What a day!
¿Qué tal?—How goes it?

quedar, to rest, remain.
¿Cuánto dinero le queda a
Vd.?—How much money
have you left?

quedarse, to remain. Se quedó
en la ciudad—he remained
in the town

quejarse, to complain. Se queja
de todo—he complains of
everything

querer (irr.), to love, like, want
P.I. quiero, quieres, quiere,
queremos, queréis, quieren
Fut. querré, querrás, querrá,
querremos, querréis,
querrán
Pret. quise, quisiste, quiso,
quisimos, quisisteis,
quisieron
P.S. quiera, quieras, quiera,
queramos, queráis,
quieran
Fam. I. quiere
Quiere a su madre—he loves
his mother
No quiero hacerlo—I don't
want to do it
¿Qué quiere decir esto?—
What does this mean?

querido, dear, beloved

el queso, cheese

quien, who, whom
el señor quien vino—the
gentleman who came
la amiga a quien vi—the
friend whom I saw

quién, who, whom
(interrogative)
¿Quién vino?—Who came?
¿A quién ha visto Vd.?—
Whom did you see?

¿De quién es este lápiz? —
Whose is this pencil?
quieto, quiet, peaceful
la quietud, peace, quietude
don Quijote, don Quixote
quince, fifteen
quinto, fifth
quizá(s), perhaps. Quizá (or)
quizás vendrá mañana —
perhaps he will come
tomorrow

R

radiar, to broadcast
la radio, radio, wireless
rápidamente, rapidly
rápido, rapid, swift
el rato, while, interval.
Esperar un rato — to wait a
short while
la raza, race, breed. La raza
humana — the human race
la razón, right, reason. Tener
razón — to be right. No
tener razón — to be wrong
el realista, realist
recibir, to receive
recordar (ue), to recall,
remember
recorrer, to travel over.
Recorrer el país — to travel
all over the country
el recreo, recreation. El patio
de recreo — playground
el recuerdo, memory, souvenir.
Recuerdos a su señora —
remember me to your wife
la red, net(work), luggage rack
regalar, to give, present. Me
regaló un reloj — he
presented me with a
watch

el regalo, gift
la región, region, district
la regla, rule, ruler. Por regla
general — as a general rule
regresar, to return
el regreso, return
el reino, kingdom
reír (i), to laugh. Reírse de
alguien — to laugh at
someone
la reja, grating, barred window
relacionado, related, connected.
Relacionado con —
connected with
el reloj, clock, watch
un reloj de bolsillo — pocket
watch
un reloj de pared — wall clock
el remedio, remedy. No hay
remedio — it can't be
helped
el rendimiento, yield
renombrado, famous, renowned
repetir (i), to repeat
la representación,
representation, showing,
play, performance
representar, to represent, show
la república, republic
reservar, to reserve, book
resistir, to resist. Resistir a la
tentación — to resist
temptation
el respecto, con respecto a esto
— with respect to this
el restaurante, restaurant
retirado, retired
retirar, to retire, withdraw, take
out. Retirar la mosca del
vaso — to take the fly out
of the glass
retirarse, to retire, retreat

el retraso, delay. El tren trae
   diez minutos de retraso—
   the train is ten minutes
   late
la reunión, reunion, gathering,
   meeting
reunirse, to gather, assemble
el rey, king
la ría, estuary
rico, rich
el río, river
la riqueza, wealth
rodeado, surrounded. Rodeado
   de colinas—surrounded by
   hills
rojo, red
(el) romano, Roman
romper, to break. P.P. roto—
   broken
   Se ha roto el brazo—he has
   broken his arm
la ropa, clothes, clothing
la rosa, rose
roto, broken
el ruido, noise
ruidosamente, noisily
la ruina, ruin
el rumbo, course, direction,
   route. Con rumbo a Buenos
   Aires—bound for Buenos
   Aires
(el) ruso, Russian

S

el sábado, Saturday. Viene los
   sábados—he comes on
   Saturdays
saber (irr.), to know, know
   how, be able
   P.I. sé, sabes, sabe, sabemos,
     sabéis, saben
   Fut. sabré, sabrás, sabrá,
     sabremos, sabréis, sabrán

   Pret. supe, supiste, supo,
     supimos, supisteis,
     supieron
   P.S. sepa, sepas, sepa,
     sepamos, sepáis, sepan
   No sé qué hacer—I don't
     know what to do
   ¿Sabe Vd. nadar?—Do you
     know how to swim?
el sabio, wise man
sabio, wise, learned
sabroso, tasty, enjoyable,
   delicious
sacar, to take out, pull out.
   Sacar un billete—to get a
   ticket
el sacerdote, priest
la sala, drawing-room. La sala
   de clase—classroom
la salchicha, sausage
la salida, way out, exit,
   departure
salir (irr.), to come out, go out,
   leave
   P.I. salgo, sales, sale,
     salimos, salís, salen
   Fut. saldré, saldrás, saldrá,
     saldremos, saldréis,
     saldrán
   P.S. salga, salgas, salga,
     salgamos, salgáis, salgan
   Fam. I. sal
   ¿A qué hora sale el tren?—
     What time does the train
     leave?
   Salir para España—to set
     out for Spain
   Salir del comedor—to leave
     the dining-room
saltar, to jump, leap
la salud, health. ¡Salud!—
   Good health!
saludar, to greet, salute

salvar, to save

san. (See 'santo')

la sangre, blood

Santo (San), Saint
San Pedro—Saint Peter
Santo Domingo—Dominican
Republic

santo (adj.), holy. La Semana
Santa—Holy Week

la sardina, sardine

seco, dry

la sed, thirst. Tener sed—to be
thirsty

la seda, silk

seguida, en seguida—at once,
immediately

seguir (i), to follow, go on
Sígame Vd.—follow me
seguir un camino—to follow
a road
seguir hablando—to go on
talking

según, according to. Según el
diario—according to the
newspaper

el segundo, second. Dos minutos
cincuenta segundos—two
minutes fifty seconds

segundo, second. La segunda
vez—the second time

seguro, sure, certain. Estoy
seguro de que vendrá—I
am sure he will come

el sello, seal, postage stamp

la semana, week

semejante, similar, like. Dos
cosas semejantes—two
similar things

sencillo, easy, simple

sentado, seated. Estar sentado
—to be seated

sentarse (ie), to sit down.
¡Siéntese Vd.!—Sit down!

el sentido, sense, feeling
los cinco sentidos—the five
senses
el sentido común—common
sense

sentir (ie, i), to feel; be sorry,
regret
Se siente enfermo—he feels ill
Siento mucho haber dicho
eso—I am very sorry I said
that

el señor, gentleman; Mr.   Muy
señor mío—Dear Sir (as in
letters)

la señora, lady, wife; Mrs.

la señorita, young lady; Miss

el señorito, young man; Master

separar, to separate

el se(p)tiembre, September

ser (irr.), to be
P.I. soy, eres, es, somos, sois,
son
Pret. fui, fuiste, fue, fuimos,
fuisteis, fueron
Imp. era, eras, era, éramos,
erais, eran
P.S. sea, seas, sea, seamos,
seáis, sean
Fam. I. sé
Son molinos de viento—they
are windmills
Es de Vd.—it is yours
Son las once—it is eleven
o'clock

el sereno, night-watchman

sereno, clear, fine

el servicio, service. Un buen
servicio de autobuses—a
good bus service

el servidor, servant. S.S.S. (su
seguro servidor)—Yours
faithfully (literally, Your
faithful servant)

servir (i), to serve
    servir la sopa — to serve the
      soup
    No sirve para nada — it is of
      no use for anything
    Sírvase Vd. darme la carta —
      please give me the letter
sesenta, sixty
setenta, seventy
Sevilla, Seville
si, if, whether
    Me preguntó si vendría — he
      asked me whether I would
      come
    Si viene, se lo daré — if he
      comes I shall give it to him
sí, yes
sí, oneself, himself, etc. Hablar
    para sí — to talk to oneself
siempre, always
la sierra, mountain chain
la siesta, siesta, nap. Dormir la
    siesta — to take an
    afternoon nap
siete, seven
el siglo, century
significar, to signify, mean
siguiente, following. Al día
    siguiente — on the following
    day
silbar, to whistle
la silla, chair
el sillón, arm-chair
simpático, affable, pleasant,
    charming
sin, without
    No se marche Vd. sin mí —
      don't go away without me
    salir sin hablar — to go out
      without speaking
    sin embargo — nevertheless
sinfónico, symphonic,
    symphony

sino, but (after negative). No
    está cansado sino enfermo
    — he isn't tired but ill
la situación, situation, position
situado, situated
sobre, on, over
    El libro está sobre la mesa —
      the book is on the table
    sobre todo — above all,
      especially
sobre todo. (See 'sobre')
la sociedad, society
el socio, member, partner
el sol, sun
    Hace sol — it is sunny
    El sol sale — the sun rises
    El sol se pone — the sun sets
    tomar el sol — to enjoy the
      sunshine
solamente, only
el soldado, soldier
la soledad, solitude
solemne, solemn
soler (ue), to be wont to,
    accustomed to. (This verb
    is found only in the present
    indicative and the
    imperfect indicative.)
    Suele llegar a las ocho — he
      usually arrives at eight
solitario, solitary, lonely
sólo, only
    sólo cien pesetas — only a
      hundred pesetas
    no sólo... sino también...
      not only . . . but also . . .
solo, alone
    Viene siempre solo — he
      always comes alone
    café solo — black coffee
      (coffee alone)
la soltera, spinster
el soltero, bachelor

el sombrero, hat

el son, sound. Al son de la música—at the sound of the music

sonreír (i), to smile

el soñador, dreamer

soñar (ue), to dream. Soñar con la felicidad—to dream of happiness

la sopa, soup

sorprender, to surprise, take by surprise. Nos sorprendió la noche—night overtook us

la sorpresa, surprise

la subasta, auction. Vender en pública subasta—to sell by auction

subir, to rise, climb, get in
subir a un árbol—to climb a tree
subir al tren—to get in the train
El agua sube—the water is rising

súbitamente, suddenly

el submarino, submarine

la suciedad, dirt

sucio, dirty

la sucursal, branch (of a business)

(la) Sudamérica, South America

(el) sudamericano, South American

el suelo, ground, soil, floor
echar por el suelo—to throw on the ground (floor)
un suelo muy fértil—very fertile soil (land)

el sueño, dream; sleep
tener sueño—to be sleepy
El sueño de una noche de verano—'A Midsummer Night's Dream'

la suerte, luck, fortune. Tener suerte—to be lucky

suficiente, sufficient

supuesto, por, of course

el sur, south. La América del Sur—South America

surcar, to plough, furrow

T

el tabaco, tobacco

la taberna, tavern, inn

el Tajo, River Tagus

tal, such
tal hombre—such a man
¿Qué tal?—How goes it?

también, also

tampoco, either, neither. A mí no me gusta tampoco—I don't like it either

tan, so, such, as
tan difícil—so difficult
tan inútil como costoso—as useless as it is costly
un niño tan perezoso—such a lazy child

tanto, so much, so many, as much, as many
No tiene tanto dinero como yo—he hasn't as much money as I have
tantas cosas—so many things
por lo tanto—therefore

tardar, to delay. Tardar en venir—to be late in coming

la tarde, afternoon, evening
por la tarde—in the afternoon, evening
buenas tardes—good afternoon, evening

tarde, late. Llegar tarde—to arrive late

la tarea, task

la **tarjeta,** card. Una (tarjeta)
   postal — postcard

la **taza,** cup

el **té,** tea

el **teatro,** theatre

tejer, to weave

los **tejidos,** textiles

el **telar,** loom

telefonear, to telephone

el **teléfono,** telephone. Llamar
   por teléfono — to ring up

la **televisión,** television

el **televisor,** television set

la **temperatura,** temperature

la **tempestad,** storm, tempest

templado, mild, temperate

temprano, soon, early. Llegar
   temprano — to arrive early

el **tendero,** shopkeeper

tener, (irr.), to have, possess
   P.I. tengo, tienes, tiene,
      tenemos, tenéis, tienen
   Fut. tendré, tendrás, tendrá,
      tendremos, tendréis,
      tendrán
   Pret. tuve, tuviste, tuvo,
      tuvimos, tuvisteis, tuvieron
   P.S. tenga, tengas, tenga,
      tengamos, tengáis, tengan
   Fam. I. ten
   tener sed — to be thirsty
   tener hambre — to be
      hungry
   tener que salir — to have to
      go out
   tener diez años — to be ten
      years old
   tener sueño — to be sleepy
   tener ganas de hacer algo —
      to want to do something
   tener razón — to be right
   no tener razón — to be wrong

la **tentación,** temptation

teñir (i), to dye

tercero (tercer), third. El tercer
   día — the third day

terminar, to terminate, end

la **ternera,** veal. Una chuleta de
   ternera — a veal chop

la **terraza,** terrace

terrestre, pertaining to the land.
   Comunicaciones terrestres
   — land communications

terrible, terrible

el **territorio,** territory

la **tertulia,** gathering of friends,
   meeting, party

textil, textile. Las industrias
   textiles — textile industries

la **tía,** aunt

el **tiempo,** time; weather
   hace poco tiempo — a short
      time ago
   Hace buen tiempo — it is fine
      (weather)
   andando el tiempo — as time
      went on

la **tienda,** shop

la **tierra,** earth, land

la **tinta,** ink

el **tinte,** dye

el **tío,** uncle

el **tipo,** type

la **tiza,** chalk

tocar, to touch; play (musical
   instruments). Tocar el
   piano — to play the piano

todavía, still, yet. No ha venido
   todavía — he hasn't come
   yet

todo, all, every — everything
   todos los días — every day
   todo el mundo — everybody
   todo lo que ve — everything
      he sees

tomar, to take

tomar asiento — to take a seat

tomar el fresco — to enjoy the cool air

tomar refrescos — to take refreshment

el **torero**, bullfighter

el **torno de hilar**, spinning-wheel

el **toro**, bull

la **torre**, tower

total, total, complete

la **totalidad**, total, whole. La totalidad de la tripulación — the whole of the crew

trabajador, hardworking

trabajar, to work

el **trabajo**, work

la **tradición**, tradition

tradicional, traditional

la **traducción**, translation

traducir (irr.) (see 'conducir'), to translate. Traducir al castellano — to translate into Castilian

traer (irr.), to bring, carry

P.I. traigo, traes, trae, traemos, traéis, traen

Pret. traje, trajiste, trajo, trajimos, trajisteis, trajeron

P.S. traiga, traigas, traiga, traigamos, traigáis, traigan

Pr. P. trayendo

P.P. traído

Tráigame Vd. otro vaso — bring me another glass

el **traje**, suit, dress, costume

la **tranquilidad**, tranquillity, peace

tranquilo, tranquil, peaceful

el **transatlántico**, liner

el **transeúnte**, passer-by, pedestrian

el **tránsito**, traffic, transit

el **transporte**, transport

el **tranvía**, tram-car

trasladar, to move, transfer

trasnochar, to stay the night; sit up all night

tratar, to treat, consider, try Mc trata de amigo — he treats me as a friend tratar de nadar — to try to swim

tratarse, to be a question of. ¿De qué se trata? — What is it about?

la **travesía**, crossing, sea passage

tremendo, tremendous, terrific. Hace un calor tremendo — it's terribly hot

el **tren**, train

el **trigo**, wheat

la **tripulación**, crew (ship)

triste, sad

tristemente, sadly

la **tristeza**, sadness

el **turista**, tourist

U

u, or. Siete u ocho — seven or eight

últimamente, finally

último, final, last. Por último — finally

el **ultramar**, overseas. Países de ultramar — countries overseas

ultramarino, overseas. Posesiones ultramarinas — overseas possessions

los **ultramarinos**, foodstuffs from overseas. La tienda de ultramarinos — grocery store

únicamente, solely, only

único, sole, only. Un hijo
    único—an only child

unido, united. Los Estados
    Unidos—the United States

unir, to unite, link

universal, universal

el **Uruguay**, Uruguay

usar, to use, wear
    usar gafas—to wear glasses
    ropa usada—worn clothing

útil, useful

utópico, Utopian

la **uva**, grape

V

la **vaca**, cow

las **vacaciones**, holidays

vacuno, pertaining to cows.
    El ganado vacuno—cattle

(el) **valenciano**, Valencian

valer (irr.), to be worth
    P.I. valgo, vales, vale,
        valemos, valéis, valen
    Fut. valdré, valdrás, valdrá,
        valdremos, valdréis,
        valdrán
    P.S. valga, valgas, valga,
        valgamos, valgáis, valgan
    ¿Cuánto vale esto?—What's
        the price of this?
    No vale la pena de hacerlo—
        it's not worth doing
    No vale nada—it's worthless
    Más vale tarde que nunca—
        better late than never

el **valle**, valley

el **vapor**, steamship; steam

la **variedad**, variety

varios, various, several. Varios
    días—several days

(el) **vasco**, Basque

vascongado, Basque. Las
    Provincias Vascongadas—
    the Basque Provinces

el **vascuence**, Basque language

el **vaso**, glass. Un vaso de leche
    —a glass of milk

vasto, vast

la **vecindad**, vicinity, neigh-
    bourhood

el **vecino**, neighbour

la **vegetación**, vegetation

vegetal (adj.), vegetable. El
    aceite vegetal—vegetable
    oil

veinte, twenty

la **velocidad**, speed

vencer, to conquer, overcome

vender, to sell

venir (irr.), to come
    P.I. vengo, vienes, viene,
        venimos, venís, vienen
    Fut. vendré, vendrás, vendrá,
        vendremos, vendréis,
        vendrán
    Pret. vine, viniste, vino,
        vinimos, vinisteis, vinieron
    P.S. venga, vengas, venga,
        vengamos, vengáis, vengan
    Pr. P. viniendo
    Venga Vd. a verme—come
        and see me

la **venta**, sale; inn
    la venta pública—public sale,
        auction
    pasar la noche en la venta
        —to spend the night at the
        inn

la **ventana**, window

la **ventanilla**, window (carriage)

ver (irr.), to see
    P.I. veo, ves, ve, vemos, veis,
        ven

Pret. vi, viste, vio, vimos, visteis, vieron

P.S. vea, veas, vea, veamos, veáis, vean

P.P. visto

Imp. veía, veías, veía, veíamos, veíais, veían

Vamos a ver — let's see

No tiene nada que ver con eso — it's nothing to do with that

el verano, summer

la verdad, truth

decir la verdad — to speak the truth

Vd. vendrá mañana ¿verdad? — You will come tomorrow, won't you?

verdaderamente, really, truthfully

verdadero, true, real

verde, green

verificarse, to take place

¿A qué hora se verificará la boda? — What time will the wedding take place?

el vestido, dress. Un vestido azul — a blue dress

vestido, dressed. Vestido de verde — dressed in green

vestir (i), to dress. Vestir una muñeca — to dress a doll

vestirse (i), to dress, get dressed. Vestirse de negro — to dress in black

la vez, time, occasion

Una vez — once. Dos veces — twice

Algunas veces — sometimes. A veces — sometimes

Tres veces cuatro son doce — three times four is twelve

Muchas veces — often

L.S.—18

Por primera vez — for the first time

la vía, way. La vía férrea — the railway

el viajante, commercial traveller

viajar, to travel

el viaje, journey

el viajero, traveller, passenger

la víctima, victim

la vida, life

el vidrio, glass. Una botella de vidrio — a glass bottle

la vieja, old woman

el viejo, old man

viejo, old

el viento, wind. Un molino de viento — windmill

el vigilante, watchman

vigorosamente, vigorously

el vino, wine. El vino de Jerez — sherry

la viña, vineyard

violento, violent

la virtud, virtue

la visita, visit, call; visitor

visitar, to visit

la vista, view

una hermosa vista — a beautiful view

hasta la vista — au revoir

desde este punto de vista — from this point of view

visto, seen

vivir, to live

Vive en América — he lives in America

Ya no vive — he is no longer living

Vizcaya, Biscay. El Golfo de Vizcaya — the Bay of Biscay

vociferar, to shout aloud

volar (ue), to fly

volver (ue), to return, turn, come back

   P.P. vuelto

   No ha vuelto todavía — he has not returned yet

   volver a escribir la carta — to write the letter again

la voz, voice

el vuelo, flight

la vuelta, turn, return, walk

   dar la vuelta al mundo — to go round the world

   un billete de ida y vuelta — a return ticket

   dar una vuelta por la calle — to go for a stroll in the street

vuelto, returned. (See 'volver')

Y

y, and

ya, already, yet; now; soon

   ya no — no longer

   ya veremos — now we shall soon see

   ya hemos dicho — we have already said

   ya caigo — now I understand

   ya no llueve — it's no longer raining

yacer (zc), to lie

   P.I. first person singular yazco (or yazgo or yago)

   Aquí yace — here lies (inscription on tombstones)

el yacimiento, deposit. Un yacimiento de cobre — a deposit of copper

Z

zambullirse, to dive, plunge. Zambullirse en el agua — to dive into the water

la zapatería, shoemaker's shop

el zapatero, shoemaker

el zapato, shoe

ENGLISH–SPANISH VOCABULARY

A

a, an, un, una
  once a week—una vez por
    semana
  five pesetas a bottle—cinco
    pesetas la botella
to be able, poder; saber (to
  know how to)
  Can you swim?—¿Sabe Vd.
    nadar?
about, to talk about something
  —hablar de algo
  about thirty—cerca de
    treinta
  at about eleven o'clock—a
    eso de las once
abroad, to go abroad—ir al
  extranjero
  to live abroad—vivir en el
    extranjero
to accompany, acompañar
account, on account of the cold
  —a causa del frío
to admit, admitir
to advise, aconsejar
aerodrome, el aerodromo
aeroplane, el avión
affectionate, cariñoso
Africa, (el) Africa
after, después
  after supper—después de la
    cena
  after writing the letter—
    después de escribir la carta
afternoon, la tarde
  in the afternoon—por la
    tarde
  good afternoon—buenas
    tardes

afterwards, después, luego
again, otra vez
  to do something again—
    volver a hacer algo
age, la edad. To be ten years old
  —tener diez años de edad
ago, two years ago—hace dos
  años
agricultural, agrícola
air, el aire. By air—por avión
airport, el aeropuerto
all, todo
almost, casi
alms, to beg alms—pedir
  limosna
along, por; a lo largo de
already, ya
also, también
although, aunque
always, siempre
America, (la) América
and, y, e
Andalusia, (la) Andalucía
animal, el animal
another, otro
answer, la contestación, la
  respuesta; la solución
to answer, contestar, responder
any, alguno, algunos
anywhere, por cualquier parte
to appear (seem), parecer
apple, la manzana
Arab, el árabe
architect, el arquitecto
Argentine, la República
  Argentina
to arrive, llegar
as, como
  as well—también

as rich as he—tan rico como él
as many friends as he—
 tantos amigos como él
to ask, preguntar; pedir (to ask
 for). To ask a question—
 hacer una pregunta
to fall asleep, dormirse
to assure, asegurar
at, en, a
 at school—en la escuela
 at home—en casa
 at the door—a la puerta
Atlantic, el (océano) Atlántico
attention, la atención
 to pay attention—prestar
 atención
 not to pay any attention to
 (to take no notice of)—no
 hacer caso de
attentively, atentamente, con
 atención
aunt, la tía
avenue, la avenida, la alameda,
 el paseo
to await, esperar, aguardar
to awake, despertar; despertarse
awful, to have an awful time—
 pasar las de Caín

B

bad, malo
balcony, el balcón
ball-point pen, el bolígrafo
bandit, el bandido
bank, la orilla (of a river); el
 banco (finance). On the
 banks of the river—a
 orillas del río
barber, el barbero
basket, la cesta
Basque Provinces, las
 Provincias Vascongadas
to bathe, bañarse

battle, la batalla
battlefield, el campo de batalla
bay, la bahía
to be, ser; estar
beach, la playa
beautiful, hermoso, lindo, bello
because, porque. Because of the
 cold—a causa del frío
bed, la cama. To go to bed—
 acostarse
before, antes; delante
 before three o'clock—antes
 de las tres
 before going out—antes de
 salir
 before (in front of) the
 church—delante de la
 iglesia
beggar, el mendigo
to begin, empezar, principiar,
 comenzar. To begin to eat
 —empezar a comer
beginning, el principio. At the
 beginning of June—a
 principios de junio
behind, detrás. Behind the
 table—detrás de la mesa
to believe, creer
better, mejor. Better late than
 never—más vale tarde que
 nunca
big, grande
birthday, el cumpleaños
biscuit, la galleta
bishop, el obispo
black, negro. Dressed in black—
 vestido de negro
blue, azul
boarding house, la casa de
 huéspedes
book, el libro
border (frontier), la frontera
to be born, nacer

both, ambos, los dos. Ambos
(los dos) hermanos—both
brothers
bottle, la botella
box, la caja
branch (business), la sucursal
Brazil, el Brasil
bread, el pan
breakfast, el desayuno. To have
breakfast—desayunarse
to bring, traer
brother, el hermano
to build, construir, edificar
bullfight, la corrida de toros
bullfighter, el torero
bullock, el buey
bus, el autobús
business house, la casa de
comercio
business man, el negociante
but, pero; sino
butter, la mantequilla
to buy, comprar. To buy
something from someone—
comprar algo a alguien

C

café, el café
to call, llamar. To be called—
llamarse
can. (See 'to be able')
canal, el canal
Cantabrian, cantábrico
car, el automóvil, el coche
(motor-car); el tranvía
(tram-car)
caravan, la caravana
to card (wool), cardar
carefully, cuidadosamente
cargo steamer, el vapor
mercante
to carry, llevar
carter, el carretero

Catalonia, (la) Cataluña
cathedral, la catedral
Catholic, (el) católico
central, central
centre, el centro
century, el siglo
certain, cierto, seguro
to change, cambiar
character (in a play, book, etc.),
el personaje
charming, encantador
cheese, el queso
chemist, el boticario
child, el niño, la niña
Christian, (el) cristiano
church, la iglesia
cigarette, el cigarrillo, el pitillo
cigar, el puro, el habano
cinema, el cine
city, la ciudad
civil, civil
class, la clase
climate, el clima
cloak, la capa
to close, cerrar
coast, la costa
coffee, el café
cold, el frío; frío (adj.). To be
cold—tener frío (persons),
hacer frío (weather)
colonisation, la colonización
colony, la colonia
colour, el color
coloured, a coloured
handkerchief—un
pañuelo de color
to comb, peinar. To comb one's
hair—peinarse
to come, venir
to come in—entrar
to come back—volver,
regresar
to come with—acompañar

comedy, la comedia
commercial, comercial
to compare, comparar
compartment, el coche
to conquer, conquistar
to continue, continuar, seguir
contrast, el contraste
cool, fresco. To enjoy the cool
   air — tomar el fresco
corner, el extremo; la esquina
   (street corner); el rincón
   (of a room)
to cost, costar
to count, contar
country, el país (nation); el
   campo (countryside)
countryman, el campesino, el
   aldeano; el compatriota
of course, por supuesto,
   naturalmente
cousin, el primo, la prima
covered, cubierto
cow, la vaca
to cross, atravesar, cruzar
cup, la taza
customs officer, el aduanero
to go cycling, dar un paseo en
   bicicleta

D

to dance, bailar
date, la fecha. What is the
   date? — ¿Qué fecha es?
date (fruit), el dátil
daughter, la hija
day, el día
   day after tomorrow —
     pasado mañana
   day before yesterday —
     anteayer
a great deal, mucho
dear, querido (beloved) ; caro,
   costoso (costly)

to depart, salir, partir,
   marcharse
deposit (mineral), el yacimiento
to describe, describir
desert, el desierto, el despoblado
to develop, desarrollarse
development, el desarrollo
to die, morir
different, diferente, distinto;
   varios (several)
dining-room, el comedor
dinner, la comida. To have
   dinner — comer
dirt, la suciedad
dirty, sucio
to discover, descubrir
in the distance, a lo lejos
distant, lejos, lejano, distante
divided by, dividido por
to do, hacer
doctor, el médico
donkey, el burro
don Quixote, don Quijote
door, la puerta
to draw (sketch), dibujar
to dream, soñar
dream, el sueño
to dress, vestir; vestirse
dressed in, vestido de
to drink, beber
to drop, dejar caer
dry, seco
during, durante
dusty, polvoriento
dye, el tinte

E

early, temprano
to eat, comer
egg, el huevo
eight, ocho
either, o, u; tampoco. I haven't

it either—no lo tengo
tampoco
eleven, once
to employ, emplear
England, (la) Inglaterra
Englishman, el inglés
to enjoy, gozar
enough, bastante
to enter, entrar
episode, el episodio
especially, especialmente,
sobre todo
to establish, establecer, fundar
even, aun, hasta
evening, la tarde
in the evening—por la tarde
good evening—buenas tardes
ever, jamás
every, cada
everybody, todo el mundo
everything, todo
everywhere, por todas partes
to exaggerate, exagerar
for example, por ejemplo
excellent, excelente
except for, excepto, fuera de, a
excepción de
to exist, existir
expenses, los gastos
extreme, extremo

F

face, la cara
factory, la fábrica
to fall, caer
to fall asleep, dormirse
fame, la fama
family, la familia
far, lejos. As far as—hasta
farm, la granja, la finca
farmer, el labrador
father, el padre
fertility, la fertilidad

few, pocos. A few—algunos
fibre, la fibra
field, el campo, el prado
fifteen, quince
fifth, quinto
to fill, llenar
film, la película
to find, hallar, encontrar
fine (weather), it is fine—hace
buen tiempo
to finish, acabar, terminar
firm, la casa comercial, la
compañía
first, primero
firstly, primero
fish, el pescado (commodity);
el pez (individual fish)
fishing boat, la barca de pesca
five, cinco
fluently, corrientemente
fly (insect), la mosca
to follow, seguir
following, siguiente. On the
following day—al día
siguiente
fond of, to be fond of—ser
aficionado a
I am fond of oranges—me
gustan las naranjas
She is fond of her sister—
quiere mucho a su hermana
foot, el pie. On foot—a pie
football, el fútbol
for, para, por; porque
This is for me—esto es para mí
to buy it for ten pesetas—
comprarlo por diez pesetas
He won't go more quickly, for
he's tired—no quiere
andar más de prisa porque
está cansado
foreigner, el extranjero
to forget, olvidar

former, aquél, el primero
to found, fundar
foundry, la fundición
four, cuatro
France, (la) Francia
freighter, el barco mercante
frequented, frecuentado
friend, el amigo, la amiga
friendly, amable, simpático
to be frightened, tener miedo;
    temer. To be frightened of
    someone—tener miedo a
    alguien
from, de, desde
  from Madrid to Toledo—
    desde Madrid hasta Toledo
  from time to time—de vez
    en cuando
frontier, la frontera
fruit, la fruta; el fruto
  to eat fruit—comer frutas
  the fruits of the earth—los
    frutos de la tierra
full of, lleno de
furious, furioso

G

Galician, (el) gallego
game (pastime), el juego
garden, el jardín (flowers); la
    huerta (vegetables)
generally, generalmente, por
    regla general
generous, generoso
gentleman, el señor, el caballero
to get, obtener, conseguir
  to get into the train—subir al
    tren
  to get out of the car—bajar
    del coche
  to get up—levantarse
  to get to Madrid—llegar a
    Madrid

gipsy, el gitano
girl, la niña, la muchacha
to give, dar, regalar
glass (drinking), el vaso
to go, ir
  to go out—salir
  to go in—entrar
  to go for a walk—dar un
    paseo
  to go for a ride—dar un
    paseo en coche, en bicicleta,
    etc.
  to go away—marcharse, irse
  to go to bed—acostarse
goat, la cabra
goat-herd, el cabrero
God, Dios
golden, de oro
good, bueno
grandfather, el abuelo
grape, la uva
grease, la grasa
great, grande, ilustre
Great Britain, la Gran Bretaña
greatly, mucho
to grow, crecer; cultivar
guest, el convidado
guitar, la guitarra

H

half, half an hour—media hora;
    half-past one—la una y
    media
hand, la mano
handkerchief, el pañuelo
harbour, el puerto
hard, duro (not soft); difícil.
    To work hard—trabajar
    mucho
hat, el sombrero
to have, tener (to possess);
    haber (auxiliary)
  to have to—tener que

to have a glass of milk—
tomar un vaso de leche
head, la cabeza
to hear, oír
to help, ayudar. I can't help
doing it—no puedo menos
de hacerlo
hen, la gallina
here, aquí; acá (hither)
historical, histórico
to hold, caber (to be able to be
contained). This box holds
fifty matches—cincuenta
cerillas caben en esta
cajita
holidays, las vacaciones
home, at home—en casa. To go
home—volver a casa
hospital, el hospital
hot, caliente, caluroso
a hot day—un día caluroso
hot water—agua caliente
to be hot—tener calor
(persons), hacer calor
(weather)
hotel, el hotel
hour, la hora
house, la casa
how, cómo
How are you?—¿Cómo está
Vd.?
How much?—¿Cuánto?
How many?—¿Cuántos?
however, sin embargo; pero
hundred, ciento. A hundred
books—cien libros
to be hungry, tener hambre
husband, el marido, el esposo

I

ideal, el ideal
if, si

ill, enfermo
imagination, la imaginación
important, importante
impossible, imposible
in, en, dentro de, de, por
in the country—en el campo
in the morning—por la
mañana
at two in the afternoon—a las
dos de la tarde
the largest house in the
village—la casa más grande
de la aldea
dressed in black—vestido de
negro
in five days—dentro de cinco
días
incredible, increíble
independent, independiente
industrial, industrial
industry, la industria
inn, la venta, el mesón
innumerable, innumerable
insect, el insecto
intelligence, la inteligencia
intelligent, inteligente
to intend, pensar; tener
intención de
into, en
Ireland, (la) Irlanda
iron, el hierro

J

James, Jaime
job, el empleo, la colocación
(situation)
journey, el viaje
July, el julio
June, el junio
to have just, acabar de. I have
just finished—acabo de
terminar

K

kilo, el kilo (gramo)
kind (adj.), amable, simpático. Be so kind as to . . . —haga Vd. el favor de...
kind (sort), la clase. Of all kinds —de todas clases
king, el rey
kingdom, el reino
kitchen, la cocina
kitchen-garden, la huerta
to know, saber; conocer (to be acquainted with). To know how to do something— saber hacer algo

L

lad, el mozo, el muchacho
laden with, cargado de
lady, la señora, la dama
lake, el lago
lamp, la lámpara. Street lamp —el farol
land, la tierra; el país
to land, desembarcar
language, el idioma, la lengua
large, grande
last, último
  at last—por fin
  last night—anoche
late, tarde. To be ten minutes late—traer diez minutos de retraso
Latin (adj.), latino
to laugh, reír. To laugh at someone—reírse de alguien
lawyer, el abogado
to learn, aprender
to leave, dejar, abandonar; salir, partir
left, izquierdo. On the left—a la izquierda

less, menos
letter, la carta
life, la vida
light, la luz
to light, encender; alumbrar
like, como. Like (similar to)— parecido a
to like, gustar
  He likes onions—le gustan las cebollas
line, la línea
liner, el transatlántico
to link, unir
to listen, escuchar
little, pequeño
little boy, el niño, el chico, el muchacho
to live, vivir; habitar (to dwell)
London, Londres
long, largo
  a long time—mucho tiempo
  How long have you been in Madrid?—¿Cuánto tiempo lleva Vd. en Madrid?
no longer, ya no. They no longer live in Paris—ya no viven en París
to lose, perder
a lot, mucho. There were a lot of people—había mucha gente
to be in love, estar enamorado
lover, el amante, el novio, la novia
lunch, el almuerzo
to have lunch, almorzar

M

magazine, la revista
magnificent, magnífico
man, el hombre
manager, el gerente
to manufacture, fabricar

many, muchos
map, el mapa
March (month), el marzo
maritime, marítimo
market, el mercado
market place, la plaza del
    mercado
to get married, casarse. To
    marry someone — casarse
    con alguien
master, el maestro, el amo
match, la cerilla (wax vesta)
match (game), el partido
May, el mayo
meal, la comida
meat, la carne
Mediterranean, el Mediterráneo
to meet, encontrar. To come
    across — dar con
melon, el melón
merchandise, las mercancías
merchant, el comerciante
Mexican, (el) mejicano
Mexico, (el) Méjico
midnight, la medianoche
millionaire, el millonario
mind, la mente
not to mind, if you don't mind
    — si Vd. no tiene
    inconveniente
mineral (adj.), mineral
minus, menos
mistake, el error, la falta. To be
    mistaken — equivocarse
modern, moderno
to modernise, modernizar
money, el dinero
month, el mes
Moor (Arab), el moro
more, más
morning, la mañana
    in the morning — por la
    mañana
tomorrow morning —
    mañana por la mañana
most, el más, lo más. Most of
    these apples — la mayor
    parte de estas manzanas
mostly, generalmente, en gran
    parte
mother, la madre
mountain, la montaña, el monte
mountainous, montañoso
much, mucho
music, la música
must, to have to — tener que,
    haber de, deber. He must
    be ill — debe de estar
    enfermo (supposition, not
    obligation)
mysterious, misterioso

N

name, el nombre
to be named, llamarse
narrow, estrecho
nation, la nación
native, el natural
native land, la patria
naturally, naturalmente
navigable, navegable
near (to), cerca (de)
nearly, casi
neither . . . nor . . ., ni... ni...
    neither money nor friends
    ni dinero ni amigos —
net, network, la red
never, nunca
new, nuevo
newspaper, el periódico, el
    diario
next, próximo. Next week —
    la semana próxima, la
    semana que viene
night, la noche. Good night —
    buenas noches

nine, nueve

nineteen, diecinueve, diez
y nueve

no, no; ninguno
He has no money—no tiene
dinero
no hope—ninguna esperanza

nobody, nadie

noon, el mediodía. It is noon—
son las doce

north, el norte

North Sea, el mar del Norte

north-west, el noroeste

not, no

noted, ilustre, famoso,
renombrado. To be noted
for—distinguirse por

nothing, nada

novel (book), la novela

novelist, el novelista

now, ahora

nowadays, hoy día, en la
actualidad

O

occasion, la ocasión. On many
occasions—en muchas
ocasiones

o'clock, it is three o'clock—son
las tres

of, de

office, la oficina, el despacho

often, frecuentemente,
a menudo, muchas veces

oil, el aceite

old, viejo. To be eighty years
old—tener ochenta años de
edad

older, mayor

old man, el viejo, el anciano

old woman, la vieja, la anciana

on, sobre, en
on Sunday—el domingo

on the other hand—por otra
parte

once, una vez
at once, en seguida,
inmediatamente

one, uno, una

onion, la cebolla

only, solamente, sólo

open, opened, abierto

to open, abrir; abrirse. The
door opened—la puerta se
abrió

or, o, u

orange, la naranja

other, otro

ought, I ought to go—yo
debería (debiera) ir

over, sobre, encima. Over the
door—encima de la puerta

overland, por tierra

overlook, the window overlooks
the garden—la ventana da
al jardín

overseas, el ultramar. Countries
overseas—países de
ultramar

ox, el buey

P

packet, el paquete

page (book), la página

to paint, pintar

painting, la pintura

pale, pálido. To turn pale—
ponerse pálido

parents, los padres

Paris, París

part, la parte. For the most
part—principalmente, en
gran parte

partner, el socio

to pass, pasar. To pass the

school—pasar por delante de la escuela

passenger, el pasajero (by sea), el viajero

past, el pasado. It is half-past ten—son las diez y media

patient, paciente. To be very patient—tener mucha paciencia

to pay, pagar. To pay no attention to—no hacer caso de

pear, la pera

peasant, el campesino, el aldeano

pelota, el juego de pelota

pen, la pluma

pencil, el lápiz

peninsula, la península

people, la gente; el pueblo (nation)

per, three pesetas per kilo—a tres pesetas el kilo

perfectly, perfectamente

perhaps, quizá(s), tal vez

period, la época

peseta, la peseta

picture, el cuadro

pig, el cerdo, el puerco

it is a pity, es lástima

place, el sitio, el lugar

plain, la llanura

plate, el plato

plateau, la meseta

platform (railway), el andén

to play, jugar; tocar (musical instruments)

play (theatre), la pieza, la comedia, la representación

pleasant, agradable

please, por favor. Please give me the book—hágame Vd.

el favor de darme el libro, sírvase Vd. darme el libro

pleased, I am pleased to receive your letters—tengo mucho gusto en recibir sus cartas

plus, ten plus four is fourteen—diez y cuatro son catorce

point of view, el punto de vista. From this point of view—desde este punto de vista

policeman, el guardia

poor, pobre

port (harbour), el puerto

possible, posible

to prefer, preferir

to prepare, preparar

at present, ahora, actualmente, hoy día

to preserve, conservar

pretty, bonito

price, el precio. What is the price?—¿Cuánto vale?

priest, el sacerdote

process, el procedimiento

to produce, producir

to protect, proteger

to protest, protestar

province, la provincia

pupil, el alumno, la alumna

to purchase, comprar

to put, poner, meter (to put into)

to put on one's jacket—ponerse la chaqueta

to put on a play—echar una comedia

to put to sea—hacerse a la mar

Pyrenees, los Pirineos

Q

quarter (district), el barrio

quay, el muelle

question, la pregunta; el
　　problema (problem). To
　　ask a question—hacer una
　　pregunta
quickly, de prisa, rápidamente

R

radio, la radio
railway, el ferrocarril
to rain, llover
rain, la lluvia
rainy, lluvioso
rapid, rápido
to reach, alcanzar, llegar a
to read, leer
real, verdadero
to realise, darse cuenta. To
　　realise his mistake—darse
　　cuenta de su error
reality, la realidad
really, verdaderamente, de
　　veras
to recall, recordar, acordarse.
　　To recall something—
　　acordarse de algo, recordar
　　algo
to receive, recibir
reconquest, la reconquista
reign, el reinado
to remember, acordarse. Do you
　　remember his name?—¿Se
　　acuerda Vd. de su nombre?
to remove (take away), quitar
to repeat, repetir
representation, la
　　representación
representative, el representante
to resemble, parecerse. He
　　resembles his mother—se
　　parece a su madre
restaurant, el restaurante
to return, volver, regresar;
　　devolver (to pay back)

return, el regreso
rich, rico
to be right, tener razón
right, derecho. On the right
　　hand—a la derecha
to ring up, llamar por teléfono
to rise, subir (go up); levantarse
　　(get up); salir (of the sun)
river, el río
road, el camino, la carretera
Roman, (el) romano
room, el cuarto, la habitación.
　　There is no room for us
　　here—no cabemos aquí

S

sadly, tristemente
to sail, navegar. To set sail—
　　hacerse a la mar
sailor, el marinero
same, mismo
Saragossa, Zaragoza
sardine, la sardina
to say, decir
school, la escuela
sea, el (la) mar. By sea—por
　　mar
seaport, el puerto de mar
to be sea-sick, marearse
seated, sentado
to see, ver
to seek, buscar
to seem, parecer
to sell, vender
to send, enviar, mandar
to separate, separar
serenade, la serenata
serious, grave, serio
seriousness, lo serio
servant, el criado, la criada
service, el servicio
to set (of the sun), ponerse
to set sail, hacerse a la mar

several, unos, algunos, varios
Seville, Sevilla
sharp (time), en punto; at ten
    o'clock sharp—a las diez
    en punto
sheep, la oveja, el carnero
shepherd, el pastor
ship, el barco, el vapor
    (steamer), la embarcación
shop, la tienda
to go shopping, ir de compras
side, el lado
siesta, la siesta; to take the
    siesta—dormir la siesta
silently, silenciosamente
simple, sencillo, fácil
since, desde; porque (because);
    visto que (seeing that)
sister, la hermana
to sit down, sentarse
situation, la situación
sky, el cielo
to sleep, dormir. To fall asleep
    —dormirse
to be sleepy, tener sueño
slowly, despacio, lentamente
small, pequeño
to snow, nevar
snow, la nieve
so many, tantos
soil, el suelo
some, unos, algunos
sometimes, algunas veces, a
    veces
somewhat, algo, un poco
son, el hijo
soon, pronto, dentro de poco.
    As soon as possible—
    cuanto antes, tan pronto
    como posible
to be sorry, sentir. I am very
    sorry—lo siento mucho
soup, la sopa

south, el sur, el sud. South
    America—la América del
    Sur
Sovereigns, Catholic, los reyes
    católicos
Spain, (la) España
Spaniard, Spanish, (el) español
to speak, hablar
speed, la velocidad
to spend, pasar (time); gastar
    (money)
to spin, hilar
in spite of, a pesar de
sport, el deporte
square (place), la plaza
stamp (postage), el sello (de
    correo)
star, la estrella
to start, empezar, principiar
    (to begin); salir, ponerse en
    camino (to set out)
state, el estado. The United
    States—los Estados Unidos
    de Norteamérica
station, la estación (de
    ferrocarril)
to stay, permanecer, quedarse
steamer, el vapor
still (yet), todavía, aún
story, el cuento, la historia
stout, gordo
straits, el estrecho
street, la calle
street lamp, el farol
to stretch, extenderse
strong, fuerte
to study, estudiar
suburbs, las afueras
to succeed, lograr (to be
    successful)
such, tal; tan
    such a man—tal hombre

such a hot day—un día tan caluroso
sum, el cálculo
summer, el verano
summit, la cumbre
sun, el sol
to be sunny, hacer sol
supper, la cena. To have supper —cenar
sure, seguro. To be sure, certain —estar seguro
to swim, nadar

T

to take, tomar; llevar (to lead)
   to take a walk—dar un paseo
   to take out—sacar, retirar
to talk, hablar, charlar
tea, el té
to teach, enseñar
teacher, el maestro, el profesor
television, la televisión
to tell, decir
ten, diez
terribly, it is terribly hot—hace un calor tremendo
territory, el territorio
textile (adj.), textil
textiles, los tejidos
than, que, de
   he has more than I have— tiene más que yo
   he has more than twenty— tiene más de veinte
to thank, dar las gracias
thanks, gracias. Thank you very much—muchas gracias
that, que; eso, ese, ése; aquello, aquel, aquél
theatre, el teatro
then, entonces, después, luego (afterwards); pues (so)

there, allí
there is, are, hay
   there was, were—había
   there will be—habrá
thief, el ladrón
thing, la cosa
to think, pensar. To think of something—pensar en algo
third, tercero
to be thirsty, tener sed
this, esto; este; éste
thousand, mil
through, por
throughout, throughout the land—por todo el país
to throw, echar, arrojar, lanzar
ticket, el billete
time el tiempo; la hora; la época
   a long time ago—hace mucho tiempo
   What time is it?—¿Qué hora es?
   to have an awful time— pasar las de Caín
   as time went on—andando el tiempo
times, two times four—dos veces cuatro
tin, la lata. Tinned sardines— sardinas en lata
to, a, en, hasta (as far as)
   to go to Madrid—ir a Madrid
   from town to town—de ciudad en ciudad
tobacconist's, el estanco
today, hoy; hoy día (nowadays)
tomorrow, mañana. Tomorrow morning—mañana por la mañana
too, demasiado; también (also). Too tired to work— demasiado cansado para trabajar

tourist, el turista
town, la ciudad, la población
trade, el comercio
tradition, la tradición
traditional, tradicional
train, el tren
tram-car, el tranvía
to travel, viajar. To travel by
    air — viajar por aeroplano
traveller, el viajero; el viajante
    (commercial traveller)
trip, la excursión, el paseo
true, verdadero. It is true
    that . . . — es verdad que...
truth, la verdad
to try, tratar. To try to write
    — tratar de escribir
twelve, doce
twenty, veinte
twice, dos veces
to twinkle, centellear
two, dos

U

ugly, feo
umbrella, el paraguas
uncle, el tío
under, bajo, debajo. Under the
    table — debajo de la mesa
undoubtedly, sin duda
unfortunate, desgraciado,
    desafortunado
unfortunately,
    desgraciadamente,
    desafortunadamente
to unite, unir
united, unido
United States, los Estados
    Unidos de Norteamérica
universal, universal
university, la universidad
until, hasta
upstairs, arriba

up to, up to ten o'clock — hasta
    las diez
usually, generalmente, por
    regla general. He usually
    dines here — suele comer
    aquí

V

variety, la variedad
various (several), varios
vast, vasto
vegetable, la legumbre, la
    hortaliza
very, muy. To be very cold —
    tener mucho frío
vessel (ship), la embarcación, el
    barco
via, por. To go — ir por Irún
    via Irún
village, la aldea, el lugar, el
    pueblecito
to visit, visitar
voice, la voz
volume (book), el tomo

W

to wait, esperar, aguardar
waiter, el camarero, el mozo
waiting-room, la sala de espera
to walk, andar, caminar, ir a
    pie. To go for a walk — dar
    un paseo
walk, el paseo, la vuelta. To go
    for a stroll — dar una
    vuelta
to want, querer, desear
war, la guerra
warm, caliente, caluroso
    a warm day — un día caluroso
    warm water — agua caliente
    to be warm — tener calor
    (persons), hacer calor
    (weather)

to wash, lavar
  to have a wash—lavarse
watchman, el vigilante, el
  sereno
water, el agua (f)
way, el camino; el modo
  (manner)
  in this way—de este modo
weak, débil
to wear, llevar
weather, el tiempo
  it is fine weather—hace buen
  tiempo
to weave, tejer
Wednesday, el miércoles
week, la semana
well, bien
  as well—también
wharf, el muelle
what, qué; lo que
when, cuando, ¿cuándo?
  the day when he came—el día
  en que vino
where, donde, ¿dónde?
whereas, mientras que
whether, si
which, que; ¿qué? ¿cuál?
whilst, mientras (que)
  whilst he was speaking—
  mientras (que) hablaba
white, blanco
who, que, quien, ¿quién?
whole, todo
whom, que, ¿a quién?
whose, cuyo, ¿de quién?
why, ¿por qué?
wicked, malo

window, la ventana, la
  ventanilla (carriage)
wine, el vino
wise, sabio
to wish, desear, querer
with, con
without, sin
woman, la mujer
  old woman—la vieja
wool, la lana
woollen, de lana
word, la palabra
to work, trabajar
work, el trabajo; la obra
  (writing, painting, etc.)
workman, el obrero, el operario
world, el mundo
wrapped in, envuelto en
to write, escribir
to be wrong, no tener razón;
  equivocarse (to be
  mistaken)

Y

yard, el corral; el patio
  (courtyard)
yarn (textiles), la hilaza
year, el año
yes, sí
yesterday, ayer
  the day before yesterday—
  anteayer
yet, todavía, aún
young, joven
young man, el joven
young woman, la joven
youth, el joven (young man);
  la juventud (adolescence)